www.ingramcontent.com/pod-product-compliance
Lightning Source LLC
Chambersburg PA
CBHW050136170426
43197CB00011B/1852
* 9 7 8 1 6 7 8 1 5 8 0 4 0 *

عبد الكريم فندي

فصول من

ثورة أيلول

في كردستان العراق

مطبعة كلية الشريعة - جامعة دهوك / ١٩٩٥

شكر وتقدير

أتقدم بجزيل الشكر ووافر الامتنان للسيد **نيجيرڤان بارزاني** على تحمل سيادته نفقات طبع هذا الكتاب.

المؤلف

الاهداء

- الى روح البارزاني الخالد الذي خلف تراثاً ضخماً للشعراء والكتاب يستلهمون منهامداداً لأقلامهم .
- الى أرواح الذين بذلوا دماءهم الزكية من أجل كردستان دفاعاً عن العزة والكرامة .
- إليهم أقدم هذا الجهد المتواضع .

المؤلف

المقدمة

هذا الكتاب دراسة وجمع لحقائق تاريخية وسياسية لفترة هامة من حياة الشعب الكردي المعاصرة وتثبيت وترسيخ لما قدمه الپيشمه رگه من مواقف بطولية وشجاعة نادرة متحدين بذلك الانظمة الديكتاتورية التي حاولت جاهدة صهر وإذلال الكورد وإنكار حقوقهم المشروعة في العيش على أرض أجدادهم .

وبالرغم من بعد الفترة الزمنية والتي تزيد على ثلاثين عاماً ، فأن إستذكار أحداثها يكون في غاية الأهمية للاجيال المتعاقبة .

وكنت قد دونت بعض الملاحظات عن بعض الأحداث السياسية والمعارك الدفاعية التي خاضها الپيشمه رگه الابطال في المفكرات والاوراق الشخصية لسنوات عديدة أثناء فترة إلتحاقي ومساهمتي في الثورة ، وكنت متأكداً بأن يوم اعدادها وجمعها وطبعها على شكل كتاب خاص آتٍ دون شك .

وبعد الانتفاضة المباركة في آذار/ ١٩٩١ وصدور مجلة «مه تين» الدورة الثالثة والتي ساهمتُ بصورة فعالة في إصدارها أرتأيت نشر بعض تلك الذكريات والمدونات فيها على شكل حلقات تحت عنوان «يوميات ثورة أيلول» . وبعد نشر كل حلقة كان الأمل يحدوني بأن مزيداً من الاضافات والتعقيبات سترد الى المجلة حول مجريات الاحداث والمعارك التي فاتني ذكرها ولكن لم أجد من يدلو بدلوه في هذا الجهد لتوثيق جوانب منها او اضافة اليها . فكان لابد لي من بذل جهود اضافية او اخرى في البحث عن مزيد من المعلومات وإستقصائها من مصادر ووثائق رسمية للاستفادة منها أثناء طبعها . استهدفت من ذلك أن يكون الكتاب دراسة ميدانية ومرجعاً لمن يريد الاطلاع على جوانب من أحداث ومجريات ثورة أيلول منذ إندلاعها وحتى آذار/ ١٩٧٥.

ان الكتاب مختص بفصول من إحداث ثورة أيلول التي تعتبر جزءاً هاماً من تاريخ الحركة التحررية الكردية المعاصرة وأول ثورة كردستانية حققت أهدافها المعلنة .

ان الفترة التي خصص لها الكتاب مليئة بالاحداث التي لعبت دوراً في غاية الأهمية في مسار الحركة التحررية الكردية حيث إجتازت عقبات داخلية جسام كان أهمها تكتل قسم من أعضاء قيادة الحزب ومحاولتهم شق وحدة الحزب والپيشمه رگه ، وكانت باكوراتها كونفرانس «ماوه ت» غير الشرعي والمخالف للنظام الداخلي للحزب مستهدفين من وراءه إنشاء تكتل داخل الحزب لابعاد البارزاني عن قيادة الثورة ، والقيام بأعمال مضرة بمصلحة الحزب والثورة لاتتفق مع أبسط القيم الوطنية وإصدارهم بيانات تهاجم الپيشمه رگه وقادته مستهدفين من ذلك بث روح التفرقة وإشعال نار الاقتتال الداخلي في صفوف الثورة . وعندما فقدوا مصداقيتهم وخسروا الرهان تركوا صفوف الپيشمه رگه وإرتموا في الخندق المعادي للثورة الكردية وسلكوا كل المسالك لضعضعة كيانه ، الاّ أن إلتفاف أبناء الشعب الكردي والپيشمه رگه الأبطال حول قيادة البارزاني الخالد حالت دون تحقيق مارسموه للنيل منها ومن مكتسباتها .

حاولت قدر المستطاع إعطاء صورة حقيقية للقارىء الكريم عن مجريات الثورة عن المنطقة التي كنت متواجداً فيها بصورة خاصة أثناء الثورة والوقوف عند بعض المعارك المهمة والستراتيجية الجديرة بالدراسة والتمعن فيها وإنصافاً للپيشمه رگه الذين ساهموا في تلكم المعارك بشجاعة نادرة ونكران ذات ، فقد ورد أسماء البعض منهم على سبيل المثال ليكون تذكيراً للاجيال بها في الحاضر والمستقبل .

وإذا لاحظ القارىء الكريم بأنني ركزت على منطقة دون اخرى ، فأن ذلك لم يجر الاّ لسبب وهو أن معظم الحركات كانت تدور على الطريق المبلط دهوك - زاخو ، دهوك - ئاميدى وشهد هذا الخط معارك ومواجهات يومية بين القوات الحكومية وفصائل الپيشمه رگه .

وأجدني بعد هذا كله مدفوعاً برغبة صادقة رجاءً أن لايحمل أية جهة أو شخصية لم يرد ذكر له في متن الكتاب أو هوامشه نظرة سلبية . فالكل ساهموا

بوطنية وإخلاص ونكران ذات في صنع الانتصارات ومنهم من بذل روحه الطاهرة في سبيل الكوردايه تي .. لكن الأجتهاد وحده يختلف وهذا الاجتهاد قد يستوجب النقد وفي بعض الأحيان يكون النقد محقاً أو غير محق . ففي هذه الحالة أجد لسلامة الغرض وحسن النية دورهما في تجاوز هذه الأمور . وإن تخطىء يعني إنك تعمل وتنشط من أجل شعبك ووطنك .. وجَلَّ من لايخطىء .

وأجدني مديناً بالشكر والأمتنان للكثيرين من الأخوة والاصدقاء الذين كانوا خير عون وسند في إنجاز هذا الكتاب . والله الموفق

المؤلف

١٩٩٥/١١/١٠

الفصل الاول

الكرد وثورة ١٤ تموز١٩٥٨

علق الكرد آمالا كبيرة على ثورة ١٤ /تموز/ ١٩٥٨، فمنذ الساعات الاولى لاعلانها نظم ابناء مدن وقصبات كردستان مظاهرات ضخمة لمساندة وتأييد الثورة ،وإبرق قادة الحزب الديمقراطي الكردستاني مؤيدين الثورة ومتمنين ان تكون فاتحة عهد جديد لبناء صرح العلاقات العربية الكردية على مافيه خير الشعبين وتقدمهما.وضم مجلس السيادة كردياً من بين اعضائه الثلاثة والذي كان يتمتع بسلطة رئيس الجمهورية ، بالاضافة الى وزيرين كرديين شاركا في وزارة الثورة الاولى ، وبعد يومين اصدر البارتي بياناً دعا فيه الشعب الكردي الى وضع كافة امكاناته تحت تصرف قادة الثورة. اعقب ذلك تنظيم الوفود من مختلف مدن كردستان للتوجه الى العاصمة حيث شهدت بغداد اكبر حشد كردي حتى ذلك الوقت حيث ذهبت الجموع يوم ٢٧ /تموز على شكل مظاهرة الى وزارة الدفاع يتقدمهم قادة البارتي معلنيين تأييدهم التام للثورة وقادتها. وتفاءل الكرد خيراً بعد ان نص الدستور المؤقت الذي اصدرته الثورة في ٣٠ /تموز على شراكة العرب والكرد، وفي ١٩٥٨/٨/٢٩ وبعد غيبة دامت اكثر من (١٤) اربعة عشرة سنة ابرق البارزاني الخالد الى قائد الثورة ورئيس وزرائها عبد الكريم قاسم مهنئاً بنجاح الثورة ووصل البارزاني في ٦/ ١٠/ ١٩٨٥ الى بغداد وكان قد مر بالقاهرة واجتمع بالرئيس الراحل جمال عبد الناصر في ٤/ ١٠/ ١٩٥٨ . لقد كانت الخلافات قائمة بين قادة الثورة من الضباط الاحرار قبل قيامها وانسحب ذلك على مجلس الوزراء حيث كان يفتقر الى الانسجام والوحدة الفكرية ،ان هذه الخلافات وضعت بداية سيئة لمسيرة الثورة وتسربت الى صفوف الاحزاب التي سرعان ماانقسمت هي الاخرى بين مناصر ومعارض لقائد الثورة، وفتحت مجالاً امام الانتهازين واعداء الثورة الذين عبثوا بمقدرات الشعب ومهدوا السبيل امام الشوفينين للاستيلاء على الحكم وسلب حريات الشعب . **ومادكتاتورية وارهاب اليوم الا وليد ذلك الصراع(١)** ولم يمض وقت طويل حتى اشتد الخلاف بين عبد الكريم قاسم

وعبد السلام محمد عارف الذي اقصى من جميع مناصبه.وإلتف البعثيون والقوميون حول العقيد الركن عبد الوهاب الشواف آمر موقع الموصل الذي كان غاضباً وناقماً على قادة الثورة لاعتقاده بان منصبه ماهو إلا ابعاد له من بغداد .فراح الشواف يخطط للقيام بحركة عسكرية بدعم ومساندة من البعثيين والتيار القومي وبعض رؤوساء العشائر العربية والكردية الذين كانوا يكنون العداء لرئيس الوزراء قاسم. هذا في الوقت الذي كان البارزاني يعقد الاجتماعات في كركوك واربيل مع رؤوساء العشائر الكردية لنسيان الضغائن والاحقاد وحل الخلافات ، كان المتربصون يرفعون التقارير الى الجهات العليا مقترحين فيها مراعاة رؤوساء العشائر الذين وقفوا على طول الخط ضد البارزاني وحاربوا الى جانب سلطات العهد الملكي ضد ثورته، ويبرقون الى متصرفي الالوية بضرورة افهام رؤوساء العشائر بان الغاية من الاجتماعات هو ليس لدعم البارزاني، وكانوا يبعثون بالرسل الى رئيس مجلس السيادة ويهولون له الاحداث(٢) . وبعد ان فشل التمرد العسكري للشواف في ٨ /آذار/ ١٩٥٩ حاول الشوفينيون اسناد الفشل ومارافقه من اعمال القتل او النهب والسلب الى الپارتي وقائده وكأن كل ماحدث كان مخططاً نعم دافع الكرد عن عبد الكريم قاسم وثورة تموز لانهم كانوا يعقدون امالاً كبيرة عليها ولكن لم يكن لهم يد في الاعمال اللانسانية التي وقعت في الموصل بل كانت موضع استنكار واستهجان من قبل الپارتي والبارزاني الخالد .

وفي ٤ /نيسان/ ١٩٥٩ اصدر الپارتي جريدة «خه بات»باللغة العربية والتي عبرت من خلال صفحاتها عن افكار وتطلعات الكرد ، الا ان عدداً من الحالات ساعدت كثيراً على خلق جو من عدم الثقة بين الاطراف الوطنية في الساحة وكان بعض الضباط الشوفينين يبذلون قصارى جهودهم لمحاربة البارزاني ويفتعلون الازمات والمشاكل بوجه كل من يؤيد الپارتي. وحرضوا بعض رؤوساء العشائر على التمرد واعلان العصيان وهذا ماحدث في لولان في ١٦ /مايس/

١٩٥٩ ولعب العديد من المسؤولين دوراً سيئاً في اثارة الحساسيات بين ابناء كركوك وتحولت مسيرات الفرح والابتهاج بمناسبة الذكرى الاولى للثورة الى مسيرات دموية وتحولت المدينة الى ساحة قتال بين ابنائها. لقد دأب المتآمرون على الجمهورية ان يزرعوا بذور الشك بين قاسم والقوى المتحالفة معه ووقع تحت تأثير افكارهم وطروحاتهم الشوفينية والذين بذلوا كل مافي وسعهم من اجل تجريده من احد اقوى واخلص قوة له الاوهو الشعب الكردي وقائده البارزاني، وتحول البعث الى موقع العداء المكشوف لحكومة قاسم وحاولوا القيام باغتياله في ٧/ ١٠/١٩٥٩ اثناء مرور سيارته من شارع الرشيد الا ان الاكثرية الساحقة من ابناء العراق وقواه وقفوا الى جانب الثورة وقائدها ووقف الشعب الكردي الى جانب الثورة ضد مناورات وتحركات الشوفينين وعن هذه الفترة الحساسة يشير مسعود البارزاني الى حادثة مقتل احمد آغا الزيباري في ١٩٥٩/١١/٤ قرب بناية الاعدادية الشرقية بالموصل على ايدي اربعة من البارزانيين! انتقاماً لدماء ذويهم . فثارت ثائرة الرجعيين والشوفينين الحاقدين وجعلوا من الحادث حجة لتمرير مخططاتهم ضد ثورة تموز(٣) ، ورغم كل ذلك اصدرت الحكومة قانون الاحزاب في ٦ /كانون الثاني/ ١٩٦٠ فتقدمت الهيئة المؤسسة للپارتي بطلب الترخيص يوم السبت الموافق ٨ /كانون الثاني/ ١٩٦٠ وارفق بالطلب منهاج الحزب وقائمة تتضمن (٥٠) مؤيداً من مختلف الشرائح الاجتماعية في كردستان . وأجيز الحزب في ٨ /شباط بصورة رسمية **وبذلك يعد الپارتي اول حزب سياسي ينال الترخيص في العهد الجمهوري**. ومنذ الاشهر الاولى حاول قاسم كثيراً احداث انشقاق في صفوف الپارتي كبقية الاحزاب ولكن خاب ظنه وهو الامر الذي اثار سخطه مما حدا به القيام بمراجعة شاملة للوضع السياسي بداية عام ١٩٦٠ في الداخل وحاول اعادة التوازن الى القوى المتصارعة من اليمين واليسار وسعى من اجل ان يمسك بطرفي الميزان بيديه ويجعل من نفسه ومن الجيش القوة المهيمنة والحاسمة للمحافظة على

هذا التوازن والاستمرار في الحكم على هذا الاساس. الا انه اخطأ الحساب عند المباشرة باجراء هذه العملية عندما اعاد بعض الضباط الشوفينين الى قيادة وحدات الدروع والقوة الجوية بعد ان كان قد اتهمهم بالتآمرعليه وفي ربيع عام ١٩٦٠ تزامنت الاستفزازات المسلحة من بعض العشائر ضد البارزانيين مع ملاحقة اجهزة الامن والشرطة لكوادر الپارتي وكانت الامور تسيرنحو التدهور تدريجياً حيث حثت الحكومة **«بدر الدين علي » متصرف اربيل و«اسماعيل عباوى » مدير شرطة الموصل** على شن الحملات ضد البارزانيين بمساندة بعض رؤوساء العشائر الكردية فكانت سياسة قاسم تسير نحو مزيد من الدكتاتورية والفردية، وبدأت موجة الاضطهادات ضد العناصر الوطنية وارتفعت وتيرة الاحكام العرفية، والاغتيالات وحوادث العنف والاعتداء على اعضاء الحزب ومقراته. لقد لجأ قاسم الى نفس الاساليب التي كانت تستخدمها الحكومات الملكية والتي كانت تعتمد بشكل اساسي على النزاع بين العشائر وكان تقدير الحكومة بان البارزاني سيكون قلب المقاومة الكردية صحيحاً جداً ، لذلك لجأت الى اثارة القبائل المجاورة لها وحرضتها على افتعال الازمات والاشتباكات القبلية وشجع الاقطاعيين وبعض الاغوات ضد الپارتي وقائده البارزاني ووزعت الاسلحة على العشائر المجاورة لبارزان بغية خلق بؤر التوتر واشغال البارزاني بمعارك جانبية .لقد كانت سياستهم موجهة لتفرقة صفوف الكرد وتسعير العداء القومي فيما بينهم. ورغم كل هذه الاستفزازات لم يأخذها الپارتي بمأخذ الجد بل كان يحدوه الامل في تلافيها مع الحكومة الا ان اخطرها كان انحياز قاسم نحو القوى الشوفينية المتطرفة بغض النظر عن طبيعتها وتكوينها والتي شجعته على ان يسلك سياسة معادية للشعب الكردي وطليعته الپارتي . **واخطر ما تعرض اليه الكرد في ذلك الوقت كأمة عريقة تعيش على ارض وطنهاهي مقالة جريدة الثورة البغدادية القريبة من قاسم والتي دعت فيها الى وجوب صهر القومية الكردية في بودقة الامة العربية بالقوة اذا**

تطلب الامر ذلك. وتصدى الپارتي بشجاعة ووضوح لهذه الدعوة عبر جريدته المركزية «خه بات» التي ردت عليها بمقال في ٩/ ١٠/ ١٩٦٠ بعنوان « الامة الكردية والمادة الثانية من الدستور » ناقشت فيه التناقض الواضح الموجود بين المادتين الثانية والثالثة ، فاعتبرته الحكومة ماساً بوحدة البلاد وعلى اثر ذلك قدم الحاكم العسكري سكرتير الپارتي السيد ابراهيم احمد الى المجلس العرفي ، الا ان خه بات واصلت مقالاتها التي كانت ترد فيها على دعوات الصهر وتفضح فيها اراء الشوفينين(٤).

وسرعان ما تحولت قيادة ثورة تموز الى دكتاتورية فردية تساندها الشوفينية المقيتة وعادت التيارات السياسية في العراق حيث كانت قد كبحت جناح التيار القومي واستطاعت ان تحدث انشقاقات في داخل صفوف التيار الوطني فلم يبق امامهم سوى التيار الوطني الكردي المتمثل بالپارتي وقائده البارزاني ففي نهاية عام ١٩٦٠ اوصلت بالامور الى مرحلة حساسة حيث تراجعت الحكومة عن الاجراءات الايجابية التي قامت بها في بداية الثورة وبدأت بطرد الضباط والضباط الصف الكرد من الجيش او نقلهم الى المناطق الجنوبية وانحازت بشكل علني الى الاقطاعيين اعداء الپارتي والغت الدراسة الكردية في العديد من مناطق كردستان ومما زاد من حساسية وشكوك قاسم الدعوة التي تلقاها البارزاني من الحكومة السوفيتية في ٥/١١/ ١٩٦٠ للمشاركة في احتفالات أكتوبر فاستغل البارزاني فرصة وجوده في موسكو وشرح للمسؤولين السوفييت خطورة الوضع في العراق وطلب منهم التوسط لدى الحكومة العراقية لاعادة الاوضاع الى حالتها الطبيعية وعاد في ١٣ /كانون الثاني / ١٩٦١ الى بغداد .لقد وجد قاسم الپارتي وقائده عقبة كأداء في طريق دكتاتوريته الفردية التي اخذ يعمل لتثبيتها وبدأ بغلق مقرات الحزب ومطاردة قادته واعتقال اعضائه .وهكذا بدأت الاوضاع السياسية تتأزم واشتد الضغط والتجاوزات من قبل العشائر الموالية للحكومة على بارزان وبلغت شكوك قاسم حداً يصعب ازالتها

بأية وسيلة **فغادر البارزاني بغداد في اوائل اذار/ ١٩٦١ متوجهاً الى بارزان بصورة نهائية (٥)** وفي ٢٨ /آذار- اغلقت الحكومة جريدة «خه بات» وفي ظل هذا الوضع الخطير عقدت اللجنة المركزية للپارتي في ١٤ /نيسان - اجتماعاً في بغداد قررت فيه رفع مذكرة الى قاسم تضمنت جملة من المطاليب منها : **اطلاق الحريات وأعادة المفصولين والمبعدين الى اماكنهم، الكف عن التجاوزات على منطقة بارزان ، عدم خلق المشاكل ووضع العراقيل امام نشاط الپارتي وقرر الحزب بان لايكون البادىء في استخدام السلاح وبات البقاء في بغداد في تلك الظروف يشكل خطراً لذلك وبقرار من المكتب السياسي غادر بعض قادة الپارتي بغداد سراً متوجهين الى كردستان وقرروا تشكيل لجان ثورية لمواجهة اي هجوم قد تقوم به القوات الحكومية(٦)** . ومن جهة اخرى اجرى الپارتي اتصالات بالقوى الوطنية والقومية والديمقراطية في العراق وخارجه للتدخل لدى الحكومة العراقية للحيلولة دون وقوع حرب في كردستان .

لقد كان البارزاني يبذل اقصى جهوده لدفع غائلة الحرب ومآساتها عن الشعب وسلك كل المسالك لتحقيق حقوق الشعب الكردي من دون اراقة الدماء لقطع السبل امام المتربصين والحاقدين الذين يعملون لاشعال فتيل الحرب ودفع قاسم لتوجيه ضربة عسكرية الى الشعب الكردي وقائده البارزاني الذي تحلى بالصبر امام كل التحرشات والاستفزازات التي كانت تقوم بها العشائرالمجاورة لبارزان والمدفوعة من قبل الحكومة التي اختلطت عليها الامور ولم تستطع التمييز بين المخلصين والمتآمرين ، واراد اشعار قاسم بان الشعب الكردي ملتف حول الپارتي وقائده وان مرتزقته لايستطيعون الوقوف بوجه الشعب لذلك **قرر الپارتي في منطقة بادينان ان يضع حداً لتلك التحرشات والاستفزازات . فتحركت منظمات حزبية في ٣ /مايس/ ١٩٦١ من منطقة زاخو لضرب جماعة محسن برواري وكلحى ريكاني من الغرب** في الوقت الذي تقدم رتل آخر من البارزانيين من الشرق ولدى وقوع اول اشتباك بينهم وبين انصاره. انزلت بهم

ضربات ماحقة وقذفت بهم الى خارج الحدود نحو تركيا . وفي الوقت نفسه كانت لجان ومنظمات اخرى **في مناطق دهوك والشيخان قد حشدت انصارها في منطقة برواري ژيرى بقيادة علي العسكري عضو اللجنة المركزية للپارتي لضرب الزيباريين الذين رفعوا السلاح ضد البارزاني وضربت معاقلهم وانسحبوا على اثرها الى عقرة والموصل(٧)** وكانت فصائل اخرى من البارزانيين توجهت شرقاً الى منطقة برادوست لوضع حد لتحرشات مرتزقة قاسم وتمكنوا من السيطرة على المنطقة برمتها وانسحب البرادوستيون الى راوندوز واربيل ، وهكذا سيطر الپارتي وانصاره على مناطق العشائر المناوئة لبارزان والذين كانت الحكومة تسلحهم منذ اكثر من سنة وتجعل منهم ادوات لتنفيذ سياساتهم العنصرية ولكن سرعان ماخارت قواهم عند اول اصطدام ولكن قاسم لم يدرك بانه ليس باستطاعة هؤلاء الوقوف في وجه الپارتي وقائده البارزاني .وبذل البارزاني كل طاقته بان يتخذ الموقف القبلي الصرف من تلك الاشتباكات . واعلن بانه لا يريد قتال الحكومة وطلب منها بعدم زج الجيش في نزاع يمكن حصر نطاقه ضمن القبائل فقط. ولكن قاسم لم ياخذ بذلك بل زاد عنجهية وبدلاً من التوجه الى حل المشاكل القائمة عن طريق الحوار. حرك القطعات العسكرية الى كردستان .

وازاء هذا الوضع الخطير والمنذر بالشر رأى الپارتي ان يطالب الحكومة بضرورة الاقلاع عن هذه السياسة فوجهه مذكرة الى قاسم في ٣٠ تموز/ ١٩٦١ . حلل فيها الاوضاع داخل العراق مطالباً بانهاء الاوضاع الاستثنائية وتنفيذ مبادىء ثورة تموز التي تقر الحقوق الشرعية للشعب الكردي التي تعتبر الضمانة الاساسية لوحدة العراق واستقلاله السياسي (٨). وكان رد الحكومة على المذكرة تنظيم مظاهرة استفزازية امام مقر الحزب في بغداد والهتاف بشعارات معادية للكرد والپارتي. واعتبرت الحكومة المذكرة ظهوراً للاتجاهات الانفصالية وموجهة ضد الحكومة وعملت على تقوية سياسة العداء للكرد.

وركب قاسم بعدها الشطط وحاول اخضاع الشعب الكردي بالقوة المسلحة فزاد من الحشود العسكرية في كردستان وبدأ بعملية واسعة لشراء الذمم وفي نهاية تموز حرك القطعات من معسكراتها الدائمية الى المناطق الكردية وعسكر الفوج الثاني من اللواء الخامس في دهوك والفوج الثالث مع كتيبة المدفعية ومقر اللواء في عقرة بالاضافة الى سرايا من القوة السيارة في اتروش، بريفكا، سوار، بيبو والعمادية (٩) .

لجأ البارتي الي اسلوب اخر لاقناعه بعقم محاولاته وإظهار تضامن الشعب الكردي مع مذكرته فدعا جماهير كردستان الي تنظيم اضراب سلمي بمناسبة ذكرى اليوم الاسود في ٦ /ايلول. فنجح الاضراب في جميع المناطق وكان فريداً من نوعه وقاده ونظمه البارتي ببراعة ليثبت لقاسم بان البارتي هو الممثل الحقيقي للشعب الكردي وما مؤيدوه وانصاره الا حفنة من العملاء والمرتزقة في كل العهود وقد لفظهم الشعب الكردي بصورة نهائية.

هذا وفي الوقت ذاته سيطر انصار الحزب على قصبة العمادية ثم حرروا مدينة زاخو بعد ان انضم مأمور مركز الشرطة الى البيشمه ركه وسلمهم كل ما في المركز من اسلحة وتجهيزات وتوجه البيشمه ركه في اليوم التالي الى گلي زاخو ثم ناحية ناسهى ـ العاصي ـ فناحية سميل، وبدأت حشود الانصار بقيادة علي العسكري تتوجه الى مداخل مدينة دهوك والسيطرة على الطريق العام دهوك/العمادية وفي ٨ /ايلول انسحب الموظفون الاداريون وبعض منتسبي شرطة دهوك من المدينة الى داخل معسكر الفوج الثاني، الا ان بعد كل هذا لم يعِ قاسم الحقيقة ويستمع الى صوت العقل ونداء المنطق فزاد من حشود القوات المسلحة **وفي فجر ٩ /ايلول شن هجوماً جوياً على منطقة بادينان بصورة خاصة وكردستان بصورة عامة، حيث بدأت القوة الجوية بقصف القمم الجبلية المحيطة بمدينة دهوك وقصفت مركز الشرطة ومبنى القائمقامية وخزانات الماء فيها ،** فما كان من طريق امام البارتي الا حمل السلاح للدفاع عن وجوده وكرامته

وهكذا اندلعت ثورة ايلول التحررية رغم كل الجهود التي بذلها الپارتي والبارزاني الخالد للحؤول دون اراقة الدماء وانهارت بعض التجمعات والجبهات في مناطق عدة لان مسؤولي الحزب والتنظيمات لم يكونوا في مستوى مسوولياتهم من جهة ومن جهة اخرى كان القصف الجوي والمدفعي للقرى حالة جديدة بالنسبة لكثير من الناس مما ارتبك عليهم الامر فتركوا الجبهة ويشير محمود الدره الى هذه الفترة قائلاً « وكانت حركات « التمرد » علي اشدها في لواء الموصل « بادينان » وفي توقيت دقيق وكانت على جانب كبير من الخطورة بالنظر لسعة المنطقة وقوة «المتمردين » (١٠) .

لقد كتب البعض عن بدايات الثورة وعزتها الى تحركات اقطاعية تمردت على قاسم بسبب ضريبة الدخل وما الى ذلك الا أن هذه الافكار لاترقى الى الحقيقة بل ان اندلاع ثورة ايلول كانت نتيجة سوء فهم وتقدير لحكومة قاسم لقوة الپارتي والبارزاني الخالد . وكانت ثورة دفاعية شعبية .

مصادر الفصل الأول

١- مسعود بارزاني ـ البارزاني والحركة التحررية الكردية جـ٤ ص٧٣
٢- خليل ابراهيم حسين ـ ثورة الشواف في الموصل جـ١ ص١٩٥
٣- مسعود بارزاني / المصدر نفسه ص١٣٢
٤- مسعود بارزاني ـ المصدر نفسه ص١٣٨
٥- مسعود بارزاني ـ المصدر نفسه ص١٤٩-١٥٠
٦- نوري شاويس ـ من مذكراتي ص٨١
٧- سعيد حمو ـ مذكرات آمر لواء مشاة ص٩
و ـ الذاكرة الشخصية للمؤلف
٨- جلال طالباني ـ كردستان والحركة القومية الكردية ص٢٨٨
٩- سعيد حمو ـ المصدر نفسه
و ـ الذاكرة الشخصية للمؤلف
١٠- محمود الدره ـ القضية الكردية ... ص١٦٩

هوامش الفصل الاول

١-تألف مجلس السيادة من الفريق الركن محمد نجيب الربيعي رئيساً وعضوية كل من : محمد مهدي كبة وخالد النقشبندي .

٢- تألف أول مجلس للوزراء في العهد الجمهوري وشارك فيه وزيران كرديان هما : بابا علي شيخ محمود الحفيد وزيراً للمواصلات والاشغال والدكتور محمد صالح محمود وزيراً للصحة .

الفصل الثاني

١٠ ايلول ١٩٦١ ـ ٨شباط١٩٦٣

بعد ان تعرضت سائر مناطق كردستان الي قصف جوي ومدفعي مركز شرعت القوات المسلحة العراقية بمهاجمة المناطق التي تحشد فيها انصار الپارتي وتمكنت في ١١ /ايلول من السيطرة علي قمم گلي دهوك والكتف الشرقي من الجبل الابيض المشرف على المدينة ونظراً لما كانت تقوم به القوات الحكومية بقصفها المستمر علي القرى والقصبات وتجمعات المواطنين ، اتصل علي العسكري مسؤول الفرع الاول للپارتي آنذاك في ١٩٦١/٩/١٢ بآمر القوة العسكرية في دهوك مقترحاً عليه عقد اجتماع ثنائي لغرض حل المشكلة في المنطقة ووضع حد لما تقوم به القوات الحكومية من تجاوزات على القرى الآمنة، ولما لم يكن من صلاحيات الآمر المذكور اتصل هو بدوره **بآمر اللواء العقيد حسن عبود الذي حضر الى دهوك للاجتماع بمسؤول الپارتي وتوجه مع عدة سيارات مدرعة وقوة حماية الى قرية كفركي جنوب غرب دهوك** ، الا أن الأمر التبس على بعض الانصار الذين لم يكونوا على علم مسبق بالاجتماع ففتحوا النار على الرتل العسكري قبل الوصول الى مكان الاجتماع وعادت القوة الحكومية وآمر اللواء من دون نتيجة وعلى اثر ذلك قصفت مدفعية الجيش تجمعات الانصار في جبل شندوخة، ونتيجة قوة الهجوم الحكومي فرضت حالة من التراجع والانسحاب وسرعان ماتفرقت التجمعات العشائرية وانسحب الكوادر الحزبية الى گلي زاويته ثم الى مناطق الگولي بغية اعادة التنظيم والاتصال بالبارزاني الخالد .

ولكن حكومة عبد الكريم قاسم صبت جام غضبها **وحقدها على بارزان حيث بؤرة الثورة ومعينها الذي لا ينضب ورمز المقاومة الكردية** ، ففي ١٤ /ايلول/ ١٩٦١ قصفت القوة الجوية العراقية بعض قرى البارزانيين ، وكان الشيخ احمد البارزاني يعتقد بان على بارزان ان تبقى على الحياد في النزاع بين الپارتي والحكومة العراقية واقتنع البارزاني الخالد بفكرة الشيخ الجليل الذي كان يتمتع باعظم الاحترام والتقدير عنده ، ولذلك ارسل الشيخ احمد برقية الى عبد

الكريم قاسم اعلن فيه اخلاصه للجمهورية العراقية وطلب منه ارسال ممثل عنه لاجراء المفاوضات حول بعض النقاط (١) .

وفي ١٨/٩/١٩٦١ القت القوة الجوية العراقية، قنابلهاعلى بارزان ذاتها وفي الوقت نفسه هاجم بعض الزيباريين الموالين للحكومة أراضي بارزان واحرقوا عدة قرى ، وعندها رفض البارزاني الخضوع للسلطة العراقية وقرر تنظيم الثورة الدفاعية ثم افترق عن الشيخ احمد ويتحدث دانا شميدث عن هذه الفترة قائلاً :« في اواخر صيف ١٩٦١ ارسل قاسم رسالة الى البارزاني وهو في ميركه سور يطلب منه العودة الى احضان الحكومة وانه سيصدر عفواً عنه ، **فرد البارزاني عليه بانه هو المسيء والمخطىء وليس له الحق لاصدار العفو عنه (٢)** » وبعد ذلك توجه البارزاني غرباً حيث العديد من الفصائل التي لم تستسلم الى السلطات العراقية وكانت تنتظر تعليمات واوامر البارزاني الخالد ويتحدث المناضل « علي خليل خوشفي » عن هذه الفترة الحرجة قائلاً « ان البارزاني الخالد جمع جميع انصاره البالغين حوالي (٥٠٠) مسلح ومن خيرة مقاتلي بارزان على نهر (روشين) في منطقة مزوري ژوري وتحدث اليهم عن ما آل إليه الوضع وان مصيره مجهول ولكنه سيقاتل حتى الطلقة الاخيرة ومن يريد العودة الى اهله وذوويه فلا مانع لديه ، حيث الشيخ احمد موجود في بارزان ، فرفض الجميع العودة واعلنوا بان مصيرهم مرتبط بمصيره فاعقب على ذلك بان من يريد ان يكون ضمن انصاره عليه تنفيذ تعليماته **والتي تتلخص بعدم التجاوز على القرويين مهما كانت الاسباب والمبررات، عدم اخذ اية حاجة من القرى دون مقابل ، عدم الدخول الى البيوت دون موافقة صاحب الدار. هذه كانت توصيات واوامر البارزاني الخالد الى انصاره في احوج الظروف واقساها (٣)** .

واما في بادينان فتمكنت القوات الحكومية من الوصول الى مركز ناحية ئاسهى (العاصي) في ١٩ /ايلول بعد ان انسحب منها الانصار وواصلت

القوات الحكومية تقدمها وتمكنت من الدخول الى قصبة زاخو وسيطرت على مداخلها وانسحب الانصار والكوادر الحزبية الى مناطق السندي والگولي . ان حالة التراجع هذه دفعت بالحكومة الي الاعتقاد بانتهاء الحركة فاعلن قاسم في مؤتمر صحفي في ٢٢ /ايلول عن الغاء الپارتي كحزب سياسي مجاز وان الثورة الكردية قد انتهت متهمة اياها بان الامريكان والانكليز كانوا وراءها وخرجت جريدة «الثورة » البغدادية بسلسلة من المقالات تحدثت عن الحركة منعتة اياها بشتى الاتهامات والصقت التهم جزافاً. وبدات القوات الحكومية بالتقدم على طريق العمادية ووصلت في ٢/ ١٠/ ١٩٦١ بمساندة المرتزقة الى سولاف العمادية وگلي مزوركا وحدثت مناوشات خفيفة بين الانصار والقوات الحكومية انسحب على اثرها الانصار الى مناطق برواري بالا ونيروة وريكان لاعادة التنظيم واجراء تقييم جديد للوضع والاتصال بالبارزاني الخالد وفي ٤/ ١٠ توجه الشيخ احمد البارزاني الى بغداد واعلن عن رغبته في ابقاء بارزان بعيدة عن القصف وليقوم بدور الوسيط ويتحدث شميدث عن حياد بارزان الذي يعتبر عنصراً ستراتيجياً هاماً وذات قيمة لكل من الكرد والحكومة فيقول في هذه البقعة يمكنهم دائماً ان يتصلوا بعضهم ببعض ، وهي للبارزانيين «ملجأ ممتاز » فيه تستطيع عائلاتهم العيش بآمان في حين يقاتل الرجال ، وهي مصدر تموين بدون شك اما بالنسبة للسلطة من الجهة الاخرى فان المنطقة المحايدة هي واسطة لابقاء سلطة الحكومة الأسمية في قلب المنطقة الكردية . ان امتنعت الحكومة من استخدام هذه البقعة للعمليات العسكرية ،فبامكانها ان تطمئن ايضاً بان حامياتها ـ مخافر شرطتها ـ لن تتعرض لاي هجوم ابداً (٤).

ولم تستمر فترة التراجع والانتظار في بادينان فسرعان ما عبر البارزاني الخالد نهر روشين كما ذكرنا سابقاً **ووجه القوى الاساسية من انصاره نحو بادينان حيث كانت له شعبية كبيرة وكان معتمداً جداً على مساعداتها** ، يضاف الى ذلك بان البارزاني وانصاره كانوا يعرفون المنطقة بشكل جيد ودافعوا عنها بنجاح عظيم

واعتبرت مناورته صحيحة وانضم خلال الايام الاولى الكثير من ابناء المنطقة الى صفوف انصاره كدعم منهم لمطاليب الكرد العادلة ، وسرعان ما بدات مفارز من الپيشمه رگه الابطال بالتعرض على ربايا الجيش والمرتزقة ليثبتوا لهم بان الثورة الكردية باقية ومستمرة، وفي ١٠/٧ تعرض الپيشمه رگه لعدد من ربايا المرتزقة على طريق سوارتوكا ـ عمادية، مما حدا بالقوات الحكومية الى تسيير دوريات آلية ومدرعة لحراسة الطريق المذكور وفي ١٠/٨ تعرض مخفر سواره توكا الى هجوم مباغت من قبل الپيشمه رگه الابطال .

وفي ١٠/٢٥ توجهت قوات كبيرة من الشرطة السيارة والمرتزقة من العمادية باتجاه «كاني ماسي» الا انها اصطدمت في «سه ر عمادية» بقوات الپيشمه رگه الذين كبدوهم خسائر فادحة في الارواح ولم يستطيعوا الصمود امام زخم هجوم الپيشمه رگه الابطال ولاذوا بالفرار .

وفي ١١/١٧ اصطدمت قوات الپيشمه رگه بقوات كبيرة من المرتزقة في قرى «بانك وثه رزا» غرب جبل مه تين والتي لم تتمكن من الوقوف في وجه الپيشمه رگه واضطروا الى الانسحاب الى سواره توكا وبلغ بهم الذعر والهلع حتى الهروب الى دهوك وواصل الپيشمه رگه اندفاعهم باتجاه منطقة الدوسكي في الوقت الذي كان الپيشمه رگه يبسطون سيطرتهم على مناطق برواري ژوري والدوسكي ويندفعون نحو طريق سرسنك ـ عمادية ، ويلتحق يومياً العشرات بصفوف انصار البارزاني الخالد . كان عبد الكريم قاسم يعلن في ١١/٢٣ عند افتتاحه سد « دربندي خان » بمحافظة السليمانية بان قواته انهت عملياتها ضد « المتمردين » واعلن عن العفو العام عن بقاياهم . وسربت الحكومة شائعات بان البارزاني ذاهب الى سوريا او لبنان وذلك لرفع معنويات اتباعها ، الا ان الوقائع على الارض كانت تثبت عكس ذلك ، حيث وصلت طلائع من قوات الپيشمه رگه الى گرماڤا حاجي آغا شمال قصبة سميل وتبودل اطلاق النار بينهم وبين المرتزقة والقوة السيارة من الشرطة . وفي ١١/٢٧ تحركت

قوة الشرطة السيارة والمرتزقة من العشائر الموالية للسلطة باتجاه قرى « شيزى،گرماڤا حاجي أغا، هاجسني، جومجهان وكواش » الاانها اصطدمت بمقاتلين اشداء من الپيشمه رگه ولم يتمكنوا من ازاحتهم عن مواقعهم فانهزموا امام مقاومتهم البطولية وهجومهم الكاسح حتى الشارع العام موصل ـ زاخو، وبعد ذلك توجهت طلائع من قوات الپيشمه رگه الى جبل بيخير وتم تثبيت مقردائم في منطقة الليف وعين **البطل الشهيد عيسى سوار قائداً عسكرياً لمنطقة زاخو.** ثم انسحب البارزاني الخالد ثانية باتجاه منطقة الدوسكي حيث سيطرت قواته على الطريق العام من زاويته ـ سواره توكا ـ سرسنك وحتى مشارف العمادية . وتم طرد قوات المرتزقة منها واستسلمت جميع المخافر والربايا الى الپيشمه رگه الابطال **واعطى لاول قتال كبير بين الجيش والپيشمه رگه اسم عملية « گلي زاويته » التي دامت من الرابع من تشرين الثاني حتى الرابع عشر منه (٥) . ولمعت لاول مرة اسم الفتاة « مارگريت كوركيس » التي سميت في الصحف الغربية « جاندارك كردستان »** والتي كانت تقود فصيلاً من الپيشمه رگه نصبت كميناً في « گلي زاويته » وقع فيها « معاوية اسماعيل » مع بعض من المرتزقة فجرح هو وقتل العديد من مرتزقته (٦) ، عندها تحركت في ١٢/١٢/١٩٦١ القوة الحكومية المؤلفة من فوجين من الشرطة يناهزان (١٠٠٠) الف رجل وحوالي (١٥٠٠) الف وخمسمائة من المرتزقة وفوج من الجيش وسرية من المدرعات باتجاه كفلسن ـ لومانا وكانت قوات الپيشمه رگه رابضة على جانبي الطريق العام . وكان البارزاني الخالد قريباً من جبهة القتال حيث حدثت اكبر مواجهة عسكرية حتى ذلك الوقت بين الطرفين ، اراد البارزاني فيها ان يثبت للحكومة بانه يقود مقاتلين اشداء مدافعين حتى الرمق الاخير عن حقوق وكرامة الشعب الكردي لذلك اصدر اوامره الى الپيشمه رگه بالتصدي لهذه القوة الكبيرة وانزال ضربة موجعة بها لعل حكام بغداد يفيقون من سباتهم ويعترفون بحق الشعوب وكرامتها واندفعت القوات الحكومية في

الطريق العام حتى قرية لومانا التي كانت نقطة النهاية لهاوعلامة البداية لشن الهجوم البطولي والكاسح من جميع الاتجاهات وانقضوا على القوات الحكومية حطموا خلالها فوجين من الشرطة السيارة وانزلوا خسائر فادحة باحدى افواج الجيش العراقي بالاضافة الى وقوع خسائر كبيرة في صفوف المرتزقة وغنم الپيشمه رگه الابطال المئات من البنادق والتجهيزات . اتذكر وانا في المرحلة المتوسطة من الدراسة يوم ١٢/١٦ حينما نقلت اربع شاحنات عسكرية جثث القتلى من الجيش والشرطة عبر الشارع الرئيسي في مدينة دهوك مما افقد افراد الانضباط العسكري صوابهم وهجموا على المقاهي والدكاكين وانهالوا على المواطنين العزل بالضرب والاهانات بصورة جماعية . بعد هذه المعركة ارتفعت معنويات الپيشمه رگه وابناء المنطقة لانها كانت اول معركة مهمة بين القوات الحكومية والپيشمه رگه الذين احرزوا فيها نصراً مهماً لحد ذلك التاريخ . وعلى أثر معركة لومانا ـ كفلسن دب الفزع بين قوات المرتزقة من العشائر الموالية للحكومة وانسحبت تحت ضغط الپيشمه رگه من طريق سواره توكا ـ سرسنك وحتى قصبة العمادية وتوجه البارزاني الخالد الى سرسنك وكان آمر لواء المشاة الحادي عشر العميد حسن عبود وبتكليف رسمي من الحكومة العراقية قد أجرى اتصالاً بالبارزاني الخالد للاتفاق معه على إيجاد حل سلمي للمشكلة الكردية ونقل مطاليبه الى الحكومة في بغداد . وحصل الاجتماع في ١٩٦١/١٢/١٧ . عندما توجه آمر اللواء الى المكان المتفق عليه بين الطرفين وبموافقة رئيس اركان الجيش وقائد الفرقة الثانية ، حاملاً معه رسالة يطلب فيها من البارزاني عدم مقاتلة القوات الحكومية و بأنهم أخوة وان الحكومة على استعداد للاتفاق معه ، والاعلان عن عفو عام عن كل الثوار. فكان جواب البارزاني كالسابق **« بانه لم يرتكب ذنباً ، وليس بفاعل شر ، بل هم فاعلوا الشر، وانه هو الذي يملك العفو ، فكيف تعرضون انتم العفو عنا ! كلا لانريد عفوكم العام (٧) . »** ولكن عبد الكريم قاسم وبتأثير من بعض

المسؤولين آنذاك الذين لايريدون الخير والسلام للعراق كانوا قد خططوا لقصف مكان الاجتماع بالطائرات للتخلص من البارزاني وآمر اللواء في آن واحد . ولكن بُعد نظر البارزاني وتجاربه الطويلة في التعامل مع الحكومات العراقية جعله ان يقرر تغيير مكان الاجتماع في اللحظة الاخيرة . وتحقق ماتوقعه البارزاني الخالد حيث تعرض المكان المتفق عليه سابقاً للأجتماع الى قصف جوي عنيف فتبين للعميد حسن عبود عدم جدية وسوء نية الحكومة في انهاء المشكلة بصورة سلمية واعفى من منصبه بعد ذلك .

هذا وبعد ان سيطرت قوات الپيشمه ركه على معظم طريق دهوك ـ عمادية ، عين البارزاني الخالد **(المناضل علي خليل خوشڤي) قائداً عسكرياً لمنطقة دهوك** واراد ان يمنح قواته الرئيسية فرصة للراحة وتنظيم وحدات جديدة بعد ان التحق المئات من الوطنيين بصفوف الپيشمه ركه ، فأمر بالانسحاب الى شمال جبل متين واتخذ من منطقة برواري بالا مكاناً لذلك ، واصدر البارزاني الخالد أوامره الى كل من **الشهيد عيسى سوار** قائد منطقة زاخو والمناضل علي خليل خوشڤي بالتعرض بصورة متقطعة الى الربايا وقوافل القوات الحكومية وغلق المضايق في بعض الفترات بوجه تلك القوات لكي تبقى في حالة عدم الاستقرار والتنقل الدائم خلال فترة الشتاء القارص وإنهاك قواها بينما قوات الپيشمه ركه في حالة من الراحة والاعداد لمرحلة جديدة .

ففي ١٩٦٢/٢/٢٥ شن پيشمه ركه جبهة زاخو هجوماً بطولياً على مخفر وربايا مضيق زاخو وتمكنوا من السيطرة عليها وغنم الپيشمه ركه العشرات من البنادق والتجهيزات الاخرى .

وفي بداية شهر آذار قرر البارزاني الخالد التوجه الى منطقة الشيخان بعد ان عين المرحوم اسعد خوشڤي قائداً لمنطقة بادينان ، فخطط البارزاني لعملية عسكرية بارعة **حيث عبر (من دون أن يتوقع احد) جبل متين ووادي سپنه وجبل گاره في ليلة واحدة وضرب حصاراً محكماً مع تباشير الفجر على قرية**

(سوار) **في منطقة برواري ژيري** التي كان يتحصن فيها اكثر من (٥٠٠) خمسمائة مسلح من الموالين للحكومة وتم نزع السلاح عنهم جميعاً فاذهلت هذه العملية جميع العناصر الحكومية وزعزعت ثقتهم بعدم إمكانية التحصن والصمود في وجه پيشمه رگه البارزاني وانهارت معنوياتهم كما رفعت من معنويات الوطنيين داخل المدن والقصبات وبينما كان البارزاني يتجول في قرى برواري ژيري والمزوري وينضم المئات من ابناء الفلاحين الى صفوف الپيشمه رگه كان بعض الموالين للحكومة يتحصنون مع سرية من القوة السيارة في قرية (بريفكا) **بوجه قوات الپيشمه رگه** وزحفها بأتجاه الشيخان ، فدعاهم البارزاني الى الالتحاق بصفوف الثورة او الانسحاب من المنطقة الاّ انهم لم يلبوا دعوته . فأمر قواته بفرض حصار محكم عليهم . واراد ان يوسع دائرة التعرض الى القوات الحكومية وإثبات فاعلية الپيشمه رگه في منطقة بادينان برمتها وانزال الضربات في اكثر من منطقة فأوعز بأنزال ضربة بالقوات الحكومية على الطريق العام دهوك ـ عمادية .وفي ١٩٦٢/٣/١٨ تحرك پيشمه رگه دهوك بقيادة المناضل **علي خليل خوشڤي لضرب قافلة عسكرية في مضيق (قنطاره)** الواقع بين زاويته وسواره توكا ونصبوا الكمائن على جانبي الطريق والسفوح والمرتفعات القريبة منه فوقعت القافلة في الكمائن وبعد ان فتحوا نارا شديدة عليها شن الابطال هجوماً كاسحاً على القافلة وقتل وجرح جميع افرادها وتم أسر (٣) ثلاثة من الجنود اخلي سبيلهم في نفس اليوم وغنم الپيشمه رگه العشرات من البنادق والتجهيزات .بعد هذه الضربة الموجعة وعلى الطريق العام اثبت البارزاني الخالد للاعداء قبل الاصدقاء بانه يقود مقاتلين اشداء يفرضون سيطرتهم الكاملة على جميع مناطق بادينان وان القوات الحكومية لاتسيطر حتى على الطرق الرئيسية والمبلطة. وان باستطاعة الپيشمه رگه انزال ضربات قوية بالقوات الحكومية حيثما ارادوا سواء كان ذلك في مضيق زاخو او قنطارة او في منطقة برواري ژيري او المزوري . هاهو البارزاني الخالد يقود رجاله

على بعد (٣٠) كم شمال مدينة الموصل ويفرض الحصار على قرية (بريفكا) التي يتحصن فيها اكثر من (٧٠٠) سبعمائة مسلح مع سرية من القوة السيارة . وفي ليلة ١٩٦٢/٣/٢٣ اصدر البارزاني اوامره باقتحام القرية بعد ان فرض عليها الحصار لاكثر من اسبوعين وامر قواته بفتح طريق الانسحاب ودخل الپيشمه رگه القرية مع تباشير الفجر وبعد هذه العملية الجريئة توجه البارزاني الى منطقة شمكان ونهله وقرر تعيين المناضل **(حسو ميرخان دوله مه ري) قائداً عسكرياً لمنطقة الشيخان** . وهكذا اسس البارزاني قواعد ثورية آمنة في كل من زاخو ، دهوك، عمادية والشيخان.

بعد معركة بريفكا اصبحت منطقة اتروش وحتى مشارف الشيخان منطقة محررة فتوجه البارزاني شرقاً نحو منطقة شمكان حيث التحق المئات من ابناء الفلاحين بقواته وتراجعت فلول القوات الحكومية والموالين لها حتى مشارف **قرية (مريبا)** في سهل خازر ولم تستطع الصمود امام اندفاع قوات الپيشمه رگه وفي ٧ /آذار/ ١٩٦٢ جرت معركة في مريبا جرح فيها **البطل محمد امين ميرخان،** وكانت جروحه بليغة فسلم الى الحكومة العراقية بأمر من البارزاني بوساطة الشيخ احمد البارزاني الأ انه اغتيل غدراً في ليلة ١٨-١٩ /اذار/ ١٩٦٢ في مستشفى الموصل على ايدي ازلام الحكومة .وواصل البارزاني مسيرته النضالية شرقاً الى حيث منطقة نهله والزيبار وحررها من القوات الحكومية ومرتزقتها حتى جبل (سر عقرة) وعين **الشهيد ملا شن قرتاس قائداً لتلك الجبهة** .لقد كان توجه البارزاني الى بادينان في بداية ثورة ايلول مناورة صحيحة اراد بها اكتشاف درجة استعداد الجماهير وتقبلها للثورة وان جولاته العسكرية في مناطق زاخو ، دهوك، شيخان، عقرة والعمادية ادت الى انهيار كل جيوب المقاومة التابعة للحكومة واصبحت بادينان برمتها منطقة محررة وانضم خلال هذه الفترة الكثير من ابنائها الى صفوف الپيشمه رگه والتحق العشرات من الجنود وضباط الصف بقوات البارزاني . وبدأت قواته تتحول تدريجياً الى شبه

جيش محارب ومنظم فقد ازداد عدده، وتوسعت علاقاته مع الشعب بعد ان هزم القوات الحكومية مرة تلو الاخرى . وادرك البارزاني بان الحكومة بعد خسارتها في هذه المعارك وخروج معظم مناطق كردستان من سيطرتها ستهيىء هجوماً خلال فصل الربيع او بداية الصيف لذلك امر قواته في بادينان بان تكون في حالة حركة وتعرض دائم للقوافل وربايا الجيش لكي تبقيها في حالة تنقل مما يفقدها زمام الامور وتجبرها على توزيع وتشتيت قواتها على شكل ربايا ومقرات سرايا على طول الطرق المبلطة بين زاخو ـ دهوك ـ عمادية ـ شيخان وعقرة مما جعلتها تفقد عنصر الهجوم والمباغتة وبقيت اسيرة بين جدران الربايا ومدافعة عن مساحة الربية او نطاق المعسكر في المدن . وتعرضت قوافلها عند التنقل او ايصال الامدادات الى هجمات مباغتة من قبل الپيشمه رگه الذين حددوا زمان ومكان القتال والهجوم وقام الپيشمه رگه الابطال في كل مناطق بادينان بنصب عشرات الكمائن في طول المنطقة وعرضها الحقوا خلالها اضرارا جسيمة بالقوات الحكومية .

ففي ١٠/٤/١٩٦٢ اغلق پيشمه رگه منطقة دهوك مضيق پيزيك بين (باكيرات ـ مانكيش) وضرب حصاراً محكماً على طريق قصبة مانكيش لاكثر من اسبوع انزلوا خسائر فادحة بالقوات الحكومية اثناء محاولتها لفتح الطريق ثانية ، وفي يوم ٢٣/٤/١٩٦٢ قامت قوات من الپيشمه رگه بشن هجمات قتالية ليلية على ربايا القوات الحكومية ومرتزقتها حول قصبة مانكيش لتثبت للقوات الحكومية بتواجدها المستمر في المنطقة وبقدرتها على التعرض الدائم والمستمر متى ماارادت .

وخلال هذه الفترة استطاعت قوات البارزاني في منطقة دهوك التعرض على ربايا گلي زاويته وقطع الطريق بين دهوك ـ عمادية لمرات عديدة .

وفي ١١/٥/١٩٦٢ توجهت قوة حكومية تساندها المرتزقة ومعززة بالمدرعات الى قرية **(بلان)** في منطقة شمكان الا ان قوات الپيشمه رگه بقيادة شكر

شيخكي تصدت لها وارغمتها بعد انزال خسائر فادحة بها على التراجع من حيث اتت .

وفي ١٩٦٢/٥/٢٠ تقدمت قوة حكومية اخرى الى قريتي **بيطاس وارمشت في منطقة الليف في** زاخو ، الا ان الپيشمه رگه الابطال كانوا لهم بالمرصاد ولم تستطع القوة التقدم لاكثر من كيلومترات معدودة خارج الطريق العام وتصدت لها في مشارف قرية خوالش وانزلت بهم هزيمة نكراء.

نستخلص من كل هذه المعارك وعلى مختلف الجبهات بأن الپيشمه رگه قد فرضوا سيطرتهم باحكام تام على منطقة بادينان وجعلوها قلعة محررة وصامدة بوجه القوات الحكومية والمرتزقة مما اثبت حكمة قيادة البارزاني الخالد وتقديره الصحيح والمسبق للموقف القائم على قدرات العدو وتخطيطه البارع لاحراز نصر سريع وبالاستناد على تنظيمات قتالية سريعة الحركة وعنصر المباغتة وباقل قدر ممكن من الخسائر .

واثبتت التجارب على اختياره الصائب في تأسيس القواعد الثورية والآمنة في مختلف المناطق وجعل بادينان مرتكزاً قوياً للايام القادمة لرفد قوات الانصار بمزيد من المقاتلين الاشداء كلما دعت الضرورة الى ذلك .

ان البارزاني الخالد استطاع ان يحول منطقة بادينان الى قلعة صامدة بوجه القوات الحكومية ونصب الپيشمه رگه الابطال العشرات من الكمائن على الطرق المبلطة وقطعوا المضايق والخوانق الجبلية امام قوافل الجيش وضربوا الحصار علي مدن وقصبات كالعمادية ومانكيش وزاخو وتم تحرير مراكز نواحي نيروه وريكان ، كاني ماسى ، باطوفه وشرانش ، واثبتت الاصطدامات بان القوات الحكومية باءت بالفشل في جميع محاولاتها من اجل استلام زمام المبادرة .

وطرحت امام البارزاني مهمة هامة وهي توحيد الجبهتين الجنوبية (سوران) والشمالية الغربية (بادينان) وتشكيل قيادة موحدة ولاجل تحقيق ذلك كان لابد من تحرير الاماكن الاستراتيجية مثل رواندوز وبالك حيث ان الحكومة وضعت

ثقلها الاكبر هناك لوضع حاجز امام التحام البيشمه رگه في المنطقتين وبعد ان اطمأن البارزاني الى صلابة قوة الپيشمه ركه في بادينان وان قواته بلغت من القوة درجة تسمح له بتوسيع نطاق العمليات عبر **الزاب الكبير في اواسط نيسان مع خيرة قواته عن طريق تخوم الزيبار والسورجي نحو برادوست وبالكيان** . وسحق المقاومة القبلية هناك ايضا في حزيران وتموز . يتحدث دانا شميدث عن هذه الفترة قائلا خرج البارزاني نتيجة مئات من العمليات الصغيرة باعظم تخطيط ستراتيجي ، فاولا هزم اعداء القبليين الذين جندتهم الحكومة ضده مابين الموصل والحدود التركية ، ثم نال بسلسلة طويلة من الغارات والكمائن الاحترام والهيبة من الجيش العراقي ، وحطم معنويات مخافر الشرطة والجاش الذين كان الجيش يستخدمهم كأحتياطي لتسلق الجبال ، وفاز بمتطوعين كثيرين جدد من الاصدقاء ومن الخصوم القدامى بين الكرد ، فسلحهم بالاسلحة التي كان يغتنمها من قوات الحكومة العراقية . ثم انتقل الى الجبهة الشرقية بعد ان حقق السيطرة التامة على معظم الاراضي الواقعة بين اربيل ـ زاخو والحدود السورية التركية . ان عبقرية البارزاني كشفت عن نفسها باروع مظاهرها في تفاصيل التاكتيك لمئات من العمليات الصغرى . لقد ادرك البارزاني الخالد بدقة الاهمية الاستراتيجية لمنطقة بالك من النواحي العسكرية والسياسية والتموينية واعتبرها العمود الفقري للثورة الكردية (٩) وكان تقديره لذلك صائبا تماما ولهذا السبب فقد امسك وبقوة بهذا المحور حتى آذار / ١٩٧٥ . واترك تفاصيل ذلك الى وقت لاحق ونعود الى سرد ذكرياتنا عن ثورة ايلول في بادينان حيث خططت الحكومة في ربيع ١٩٦٢ لشن هجوم كبير على بادينان لتحطيم مقرات الپيشمه رگه ، واعدت لذلك قوة كبيرة تتألف من عشرين فوجاً وخمسة افواج من الشرطة عهدت اليها بالهجوم في ١٥ /ايار ، الا ان كمينا رائعا نصب في ١ /نيسان/ ١٩٦٢ **في گلي سپى قرب زاخو لفوج من الجيش العراقي كان عائداً من زاخو** في طريقه الى الموصل للمشاركة

في الهجوم المخطط واستطاع البيشمه ركه الابطال محاصرة الفوج المذكور في منطقة الكروم بين گلي سپى ومدينة زاخو وانزلوا به ضربة موجعة قتل عدد كبير من الضباط والجنود واستسلم اربعة من الضباط و(١٧٣) جنديا ، وغنم البيشمه ركه عددا من الاسلحة والاعتدة والمهمات منها (٣٦) سيارة اشعل البيشمه ركه النار فيها واربعة مدافع هاون من عيار (٣) عقدة مع (٢٧٠) قذيفة هاون . وستة مدافع هاون من عيار (٢) عقدة مع(١١) مدفع رشاش من نوع (برين) مع عتادها واربعة جهاز لاسلكي، و(٢٦٠) بندقية واربعين صندوقا من العتاد ، وستة رشاشات متوسطة (١٠) .

وكانت لهذه العملية الجريئة والكبيرة صدى كبير في المنطقة وانهارت معنويات القوات الحكومية . وارادت الحكومة ان ترفع من معنويات قواتها فشكلت قوة ضاربة تقدمت **من زاخو الى باطوفة في ١٩٦٢/٥/٢١ وكانت تتألف من لواء من الجيش والاف من المرتزقة بالاضافة الى (٢١) دبابة و(١٢) سيارة مصفحة وبطرية مدفعية تقدمت باتجاه سهل السندي ووصلت الى مركز ناحية الكولي (باطوفة) ووقعوا في فخ نصب لهامن قبل البيشمه ركه حيث قطعوا عليهم خط الرجعة وذلك باغلاق الطريق خلفهم، فاضطرت القوات الحكومية الى استخدام طائرات الهليكوبتر للتموين .**

وفي ١٩٦٢/٥/٢٤ تم ضرب حصار محكم على القوة الحكومية في باطوفة . وردت جميع المحاولات لكسر الحصار على اعقابها رغم الهجمات العنيفة والقصف المدفعي وشارك الطيران في القتال بصورة كثيفة حيث كانت غاراتها مستمرة على مدار الساعة طوال النهار .

وفي ١٩٦٢/٥/٢٥ ضربت قوة اخرى من البيشمه ركه مخفر الشرطة العراقية في (**فيشخابور**) وهرب افرادها سباحة عبر نهر دجلة الى داخل الاراضي السورية وبذلك حققوا السيطرة على نقطة العبور الى الاراضي السورية .

وفي ١٩٦٢/٥/٢٧ استطاع البيشمه ركه وبالاسلحة الخفيفة **من اسقاط طائرة**

فيوري لأول مرة قرب قرية ثاڤكنى في منطقة باطوفة وقتل قائدها .
وفي ١٩٦٢/٥/٢٩ اعادت القوات الحكومية شن هجوم آخر معزز بالدبابات لفتح الحصار . الا انها باءت بالفشل الذريع وجرح قائد الهجوم **العقيد بشير ابراهيم** . وفي الوقت الذي كان القتال محتدما في باطوفة كانت فصائل اخرى من اليپشمه رگه الابطال يفرضون حصارا محكما على قصبة العمادية في منطقة السولاف ولم تستطع القوات الحكومية من فتح الطريق الا بعد اكثر من اسبوعين من القتال والمقاومة .
وفي ١٩٦٢/٦/٢٣ شرعت قوات كبيرة وباسناد من المدفعية والطيران بالتقدم لنجدة اللواء المحاصر في باطوفة الا ان اليپشمه رگه الابطال كانوا قد اغرقوا الطريق بالماء في وادي (**سيركوتك**) مما تعذر على المدرعات اجتياز الطريق وكانت خطة الحكومة تتلخص بفتح الطريق لانسحاب اللواء المحاصر فقط . واستفاد اليپشمه رگه من مدافع هاون (٣) عقدة وقصفوا بها معسكرات الجيش .
وفي ١٩٦٢/٦/٢٦ شن اليپشمه رگه الابطال هجمات بطولية على القوات المنهزمة وقصفهم بالمدفعية حتى مشارف قرية **ثاڤكنى وقتل آمر القوة العقيد (مجيد سبع)** .
وفي ١٩٦٢/٦/٢٨ شن اليپشمه رگه هجوما آخر على معسكر الجيش في ثاڤكنى مما اضطرت القوات الحكومية على الانسحاب الى بيرسفى .
في ١٩٦٢/٧/٤ استطاع اليپشمه رگه الابطال من طرد القو ات الحكومية بالكامل من المنطقة وحتى مشارف مدينة زاخو وتم تحرير المنطقة بكاملها من القوات الحكومية . **وقد شاهد دانا شميدث اثناء مروره بالمنطقة بعد انتهاء القتال** بأم عينيه آثار ونتائج هذه المعركة وشاهد صخورا ملطخة بالدماء وبقايا مصفحات حكومية متفحمة واكوام من مضاريف القنابل (١١) . هكذا فان الهجوم الربيعي الكبير الذي تم الاعداد له منذ اشهر منى بالفشل التام في

جميع المناطق ولم تستطع زحزحة قوات الپيشمه رگه من المناطق المحررة بل منيت القوات الحكومية باضرار جسيمة . ويذكر دانا شميدث نقلا عن البارزاني بأن قائد قوة الميدان في كركوك كان قد ارسل في ٢٣ /حزيران / ١٩٦٢ ، ضابطا يدعى (علي آغا) ليبحث معه عن شروط وقف اطلاق النار واعلن عن استعداد الحكومة لالقاء منشورات من الطائرات تعلن عن ايقاف القتال وعين موضعا للقاء الأ ان البارزاني لم يذهب الى الموضع لانه كان يعرف بانه فخ وقد تم قصف الموضع المخصص للاجتماع من الصباح حتى المساء وعلاوة على ذلك ارسل البارزاني مقترحاته لوقف القتال والتي كانت تتخلص في :

١- سحب كل القوات العسكرية من كردستان .

٢- اطلاق سراح السجناء السياسين دون استثناء .

٣- تجريد (الجاش) المرتزقة من السلاح .

وعندئذ سيكون مستعدا للمفاوضات (١٢) . ولكن الحكومة كانت تريد من ذلك الهاء قوات الپيشمه رگه لحين اكمال استعداداتها للحملة الصيفية ولقد تحدثنا عن معركة باطوفة التي تعتبر بحق اوسع واعظم معركة حتى ذلك الوقت خاضها الپيشمه رگه الابطال ضد قوات الجيش العراقي ، التي الحقت فيها هزيمة نكراء بالقوات الحكومية ادت الى تقهقرها وتراجعها حتى مدينة زاخو بعد ذلك انتقلت العمليات الى منطقة العمادية حيث استطاع الپيشمه رگه فرض حصار محكم على البلدة وقطع طريق السيارات في منطقة (به رى كه ر) والسولاف ، ويتحدث الصحفي « دانا آدمز شميدث» مراسل جريدة **«نيويورك تايمز » الذي زار مقر القائد المرحوم اسعد خوشڤي في ٢١ /تموز/ ١٩٦٢** قائلا بان العمليات الكبيرة قد انتقلت من منطقة زاخو الى العمادية ، حيث تمكنت قوات الپيشمه رگه من ضرب الحصار ونصب مدافع رشاشة حول البلدة لطرد طائرات الهليكوبتر التي كانت تروم تموين المعسكر وان البرقية التي ارسلها القائد العسكري في العمادية الى قيادة الفرقة في الموصل بتاريخ

٢٢/تموز/ ١٩٦٢ تعكس الحالة المعنوية البائسة للجنود حيث جاء فيها :
«منذ امس لم يبق ماء للمدنيين او العسكريين وتوجد عين في قاعدة سور البلدة والوصول اليه يقتضي ارسال طائرات لابعاد العدو عنه . الا انه ليس كافياً لارواء ظمآنا نحن في موقف خطير ان اعظم مجهودنا ليلا ونهاراً ينصب على الحصول على بضع قطرات ماء للشرب . مرت علينا عشرة ايام ونحن في هذه الحالة ولم نجد طريقة للخلاص منها . لقد فقدت قواتنا كل امل ولم يعد في جنودنا قوة اهم شيء مسألة الظمأ ، اخبرونا ماذا ستكون تدابيركم لاجلنا رجاء ، سندلكم على مواقعهم حتى تقوموا بقصفهم بصورة خاصة وقبل كل شيء اقصفوا الخنادق الامامية ، هناك خندق اخر في منتصف الطريق ، اقصفوه ايضا استعجلوا في ذلك (١٣) .
لكن الايام مرت دون ان تستطيع القوات الحكومية من فك الحصار رغم الهجمات المتكررة ، مما اضطر نفس القائد الى ارسال برقية اخرى في ٢٧/تموز / ١٩٦٢ جاء فيها : **« من المتعذر شرح وضعنا منذ خمسة ايام ونحن نطالب النجدة ، انكم لم تأتوا . وبما انكم لم تأتوا فقد بقينا معزولين . اخبرونا بالحقيقة . نرجو منكم ان لاتخفوا عنا الحقيقة يسمع رجالنا بان مصيرنا سيكون كمصير جماعة « بريفكا » و«رايات» والآخرين . نستحلفكم بالله وبأطفالنا ان تساعدونا . »**
هكذا كانت اوضاع القوات الحكومية في سائر مناطق بادينان وكانت تحت رحمة البيشمه رگه اينما كانوا ، سواء داخل المدن او على الطرق الرئيسية وعن ستراتيجية الثورة انذاك تحدث المرحوم «اسعد خوشڤي» للصحفي «دانا شميدث» (١٤) حيث اكد له بان قوات البيشمه رگه قادرة على **تحرير مدن عمادية ، دهوك ، عقرة ، زاخو،** الا ان الاوامر تقتضي بملازمة الجبال وعدم مبارحتها قدر الامكان ، وان تحرير بلدة ما يؤدي الى تثبيت عدد كبير جدا من المقاتلين في مواضع دفاعية ويخلف مشكلة تموينية لا اول لها ولااخر ويعرض

سكان الكرد الى قصف جوي متجرد من الرحمة ، بعد اكثر من ثلاثة اسابيع من الحصار المحكم ووفق الستراتيجية المنوهة اعلاه اخلى الپيشمه رگه الطريق امام القوات الحكومية التي كانت تساندها الدبابات والمصفحات بعد معركة قتل فيها سبعة من الجاش وسبعة من الضباط واربعون جنديا استطاعت ان تصل الى العمادية لايصال الارزاق .

انتقل القتال ثانية الى منطقة زاخو ، ففي ٢٨ /تموز / ١٩٦٢ استطاع الپيشمه رگه الابطال من قطع طريق گلي زاخو وضربوا حصارا محكما على القوات الحكومية المرابطة فيه .

في ٣٠ /تموز / ١٩٦٢ بدأت القوات العراقية بقصف المنطقة واشعال الحرائق في الغابات المحيطة بالطريق المبلط وتمكنت بصعوبة بالغة من ايصال الارزاق والماء لوحدة عسكرية محاصرة في گلي زاخو وقد اسقطت الكثير من هذه الامدادات في المناطق المحررة .

في ٧ /آب/ ١٩٦٢ بدأت القوات الحكومية بشن هجوم كبير حشدت له لوائين من الجيش بالاضافة الى العشرات من الدبابات والمصفحات تساندها المدفعية الثقيلة ومئات من قوات الجيش على گلي زاخو الا انها ردت على اعقابها بعد ان أنزلت بها خسائر فادحة في الارواح رغم اشتراك الطيران وبكثافة في هذه المعركة .

في ٨ /آب/ ١٩٦٢ اخلى الپيشمه رگه الطريق بعد ان حققوا الهدف من الحصار وهي اشعار القوات الحكومية انه باستطاعتهم فرض السيطرة على اية منطقة يريدونها وفي اي وقت يشاؤون ، وان الستراتيجية كانت تقتضي بعدم محاصرة المدن لفترة طويلة لكي لايعاني السكان من نقص في المواد التموينية لذلك كانت الخطة بان لايدوم الحصار لاكثر من اسبوعين او ثلاثة وانزال ضربة موجعة بالقوات الحكومية المتقدمة لفك الحصار ومن ثم اخلاء الطريق كما وضحه القائد المرحوم «اسعد خوشڤي » .واتسم شهر ايلول وتشرين الاول

بالهدوء والسكينة بعد ان انزلت ضربات موجعة بالقوات الحكومية في شهري تموز وآب كما تحدثنا عن ذلك وكانت ستراتيجية ثورة ايلول العسكرية تهدف الى ارغام القوات الحكومية على توزيع قطعاته على جبهة طويلة في مناطق جبلية يصعب الوصول اليها وتمتد من زاخو الى خانقين ، ان سياسة كهذه اجبرت الحكومة على توزيع قواتها بشكل غير كثيف مما اضعف من تأثيرهم وفتح مجالا اكبر امام الپيشمه ركه للمناورة ووفقا لذلك اصدر البارزاني الخالد اوامره الى قائد منطقة بادينان بتوسيع ساحة العمليات العسكرية والتعرض الى القوات الحكومية في مناطق جديدة وذات ستراتيجية كبيرة تهدف الى ايصال صوت الثورة الكردية الى الخارج واوروپا بالذات وبناء على ذلك تحركت قوات منتخبة من قوتي زاخو ودهوك بقيادة الشهيد البطل عيسى سوار في ليلة ١٠-١١ / ١٠ / ١٩٦٢ . انطلق الپيشمه ركه الابطال من (گلي كواش) بعملية جريئة فاقت كل تصورات وحسابات القادة العسكريين العراقيين **حيث شنوا غارة بطولية على منشأة النفط في (عين زالة) غرب نهر دجلة واستطاعوا السيطرة علي كامل المنشأت النفطية والمراكز العسكرية والحكومية ولدى الانسحاب استصحبوا معهم مدير الشركة (البريطاني الجنسية) مع خبير بريطاني وبذلك حققوا الهدف من العملية .**

حقا كانت عملية جريئة حيث استطاع الپيشمه ركه من عبور نهر دجلة سباحة مرتين ذهابا وايابا في غضون ليلة واحدة مما اثبت بانه ليس هنالك هدف صعب المنال في قاموس الپيشمه ركه والذين يتمتعون بقابلية بدنية عالية وطاقة تحمل ليس بأمكان غيرهم تحملها . بعد تلك العملية الجريئة ظنت القوات الحكومية بان الپيشمه ركه انطلقوا من قرى السليفاني والزيبارات وفي ٢٤/ ١٠/ ١٩٦٢ شنت القوات الحكومية هجوما على قرى منطقة الزيبارات المحصورة بين نهر الخابور وجبل بيخير الاانها ردت على اعقابها ولم تستطيع تحقيق الهدف من هجومها .

وفي هذا الشهر قاد الشهيد البطل **هرمز ملك جكو** عملية جريئة شن خلالها هجوماً صاعقاً على سيطرة المجموعة الثقافية في المدخل الشمالي لمدينة الموصل أدخل بها الرعب في قلوب أعداء الثورة الكردية ومرتزقة النظام .
وفي ١٩٦٢/١١/٣ شنت القوات الحكومية هجوما كبيرا ومعززا بالدبابات على منطقة السليفاني وعلى قرية (براف) بصورة خاصة والتي كانت قاعدة للپيشمه رگه بقيادة هاشم ميروزي (البارزاني) معتقدين بانهم هم الذين قاموا بالهجوم على (عين زالة) ،الا ان الهجوم فشل فشلا ذريعا ورد على اعقابه وحول هجومهم الى هزيمة نكراء ولولا تدخل الطيران الكثيف في المعركة كاد ان يكون امر القوة من بين الاسرى او القتلى . وبعد ان انزلت ضربات موجعة في جميع الجبهات من زاخو الى خانقين اضطر رئيس الوزراء عبد الكريم قاسم وتحت الضغط العسكري والشعبي من ايقاف العمليات العسكرية في شهر كانون الثاني/ ١٩٦٣ من طرف واحد وطلب من المرحوم الشيخ احمد البارزاني العمل من اجل وقف اطلاق النار والشروع في فتح صفحة جديدة والتفاوض مع قيادة الثورة الكردية وقد وجه الشيخ احمد البارزاني نداء من اذاعة الجمهورية العراقية دعا فيه ابناء الشعب الكردي الخلود الى الراحة والسكينة لفسح المجال لفتح صفحة جديدة ولكن في خضم هذه الاحداث والتطورات وقع انقلاب ٨ /شباط/ ١٩٦٣ من قبل مجموعة من العسكريين يساندهم حزب البعث وشكلوا مجلسا لقيادة (الثورة) دعوا في بيانهم الاول الى «تحقيق وحدة الشعب الوطنية ، بما يتطلب لها من تعزيز الاخوة العربية الكردية بما يضمن مصالحها القومية ويقوي نضالهما المشترك ضد الاستعمار .

مصادر الفصل الثاني

١- محمود الدرة ـ القضية الكردية ص١٦٧-١٦٨

«نص البرقية»

«انني أحمد البارزاني لازلت مخلصا لسيادتكم ، ولازلت عند قسمي باخلاص للجمهورية ، ولكنني علمت بان الطائرات قد قصفت احدى القرى العائدة الى اتباعي ، واحدثت اضرارا بليغة لذا ارجو ارسال احد المعتمدين الذين تثقون بهم لاجراء المفاوضات حول بعض النقاط التي تهمنا . »

٢- دانا شميدث ـ رحلة الى رجال شجعان في كردستان ص٢٩٧

٣- مقابلة مع المناضل علي خليل خوشقي في مصيف صلاح الدين يوم ١٩٩٢/٥/٢٧ .

٤- دانا شميدث ـ المصدر نفسه ص١٣١

٥- آشيريان ـ الحركة الوطنية الديمقراطية في كردستان العراق ص٧٨

٦- من المفكرة الشخصية

٧- دانا شميدث ـ المصدر نفسه ص٢٩٧

٨- دانا شميدث ـ المصدر نفسه

٩- حبيب محمد كريم ـ حول التراث الوطني للبارزاني الخالد ص٨

١٠- دانا شميدث ـ المصدر نفسه ص١٢٥

١١- دانا شميدث ـ المصدر نفسه ص١٢٦

١٢- دانا شميدث ـ المصدر نفسه ص٢٩٩-٣٠٠

١٣- دانا شميدث ـ المصدر نفسه ص١٣٦-١٣٧

١٤- دانا شميدث ـ المصدر نفسه

هوامش الفصل الثاني

١- كانت القوة العسكرية في دهوك آنذاك مؤلفة من الفوج الثاني لواء الخامس المشاة وآمرها كان العقيد سعيد حمو.

٢- حسن عبود :

كان ضابطا في الجيش العراقي برتبة عقيد وآمر لواء الخامس المشاة .إتصل بالبارزاني الخالد في ١٩٦١/١٢/١٧ في منطقة سرسنك مبعوثا من عبد الكريم قاسم الأ انه ابعد من منصبه بعد ذلك . شاهدت سيارته مع سيارة حماية مزودة بجهاز إتصال متوقفة في الشارع الرئيسي لشراء بعض الحاجيات حملها معه الى البارزاني الخالد . أعتقل بعد حركة ٨ /شباط/ ١٩٦٣ وحكم عليه بالاعدام . الأ ان البارزاني تدخل وحال دون تنفيذ الحكم عليه .

٣- كفركى :

قرية تقع جنوب غرب مدينة دهوك .

٤- جبل شندوخا :

جنوب مدينة دهوك . ويطلق عليه في الخرائط العسكرية جبل ده هكان الكبير . كان يرابط فيه فصائل البيشمه ركه .

وشندوخا قرية تقع على السفح الشمالي لهذا الجبل واليوم اصبحت جزءاً من مدينة دهوك .

٥- گلي زاويته :

مضيق جبلي يقع على الطريق العام بين دهوك والعمادية ويشكل إحدى العوارض المهمة على ذلك الطريق . ويعتبر من المضائق

الستراتيجية على طريق دهوك ـ سواره توكا ـ عمادية .

٦- علي خليل خوشڤي :

أحد قادة ثورة ايلول التحررية . كان أمر هيز دهوك من ١٩٦١ - ١٩٧٤ . رافق البارزاني الخالد الى الاتحاد السوڤيتي وشارك في تأسيس جمهورية مهاباد ١٩٤٦ . وساهم في جيشها . أصبح أمر هيز بالك في ١٩٧٤-١٩٧٥ . يسكن مصيف صلاح الدين حاليا .

٧- روى شين :

نهر ينبع من منطقة شمدينان وگه ڤه ر بكردستان تركيا . يلتقي بالزاب الكبير في منطقة سويري . عائق مائي بين منطقة بارزان ونيروه وريكان . يطلق عليه في كتب الجغرافية نهر شمدينان .

٨- ئاسهى (العاصي) :

مركز ناحية السليڤاني . تقع في شرق مضيق گلي زاخو . تم تدميرها من قبل النظام البعثي ورحل أهلها في الثمانينات ، ونقل مركز الناحية الى مجمع باتيل . تم إعمارها بعد الانتفاضة المباركة في ١٩٩١ .

٩- گلي مزوركا :

من المضائق المهمة والستراتيجية في جبل متينه . يربط سولاف العمادية بمنطقة برواري ژوري .

١٠- بانگ وئه رزا :

قريتان تقعان على الحافة الغربية لجبل متينه العارض المهم والستراتيجي في بادينان .

١١- شيزى ، گرماڤا حاجي آغا ، هاجسنى، جومجهان وكواش :

قرى تقع على السفح الغربي للجبل الابيض الذي يمتد من دهوك

حتى مضيق زاخو . وتشرف هذه القرى على سهل سميل الغني بموارده الزراعية وكذلك على الطريق العام المؤدي الى زاخو من دهوك والموصل .

١٢- الليف :

منطقة وعرة وغنية بمواردها المائية . تقع على السفح الشمالي للجبل الابيض في منطقة زاخو تكثر فيها القرى . إتخذ الشهيد عيسى سوار منها مقراً لهيز زاخو .

١٣- عيسى سوار :

من قادة ثورة ايلول ، رافق البارزاني الخالد الى الاتحاد السوڤيتي . وشارك في تأسيس جمهورية مهاباد ١٩٤٦ . اشتهر بشجاعته الاقتحامية على مواقع العدو . استشهد غدراً في ١٩٧٥/٣/٩ في منطقة زاخو ودفن قرب قرية برجى بمنطقة العمادية .

١٤- مارگريت كوركيس :

فتاة اشورية من قرية (دوريێ) بناحية كاني ماسێ التحقت مع والدها بصفوف الپيشمه رگه بعد ان احرق الجحوش قريتها . وكانت تقود وحدة من الپيشمه رگه . ساهمت في معارك گلي زاويته ١٩٦١ واصابت احد رؤوساء الجحوش (معاوية) الايزدي . اغتيلت غدراً في ١٩٦٧ وكان لها (٢٨) ربيعاً .

١٥- معاوية اسماعيل :

هو معاوية بن عبد الكريم بن اسماعيل چول به گ . انضم الى صفوف الپيشمه رگه في عام ١٩٧٠-١٩٧٥ . وكان قبل ذلك في صفوف الجاش الموالين للحكومات العراقية . وحالياً يدعى بانه ينحدر من الأمويين .

١٦- كفلسن ولومانا :

قريتان تقعان على طريق زاويته ـ سواره توكا .

١٧- أسعد خوشڤي :

من رفاق البارزاني الى الاتحاد السوڤيتي . ساهم في تأسيس جمهورية مهاباد ١٩٤٦ ومنح رتبة عقيد فخرية في جيشها . كان من المقربين الى البارزاني وكان معه في پراغ يوم ١٤ /تموز/ ١٩٥٨ . سافر معه الى العراق وشارك في الاجتماع بالرئيس جمال عبد الناصر مع البارزاني اثناء مروره بالقاهرة . وكان من اقرب رفاق البارزاني طوال سنوات النفي . وقد وصفه « دانا شميدث » حين إلتقاءه به في ٢١ /تموز/ ١٩٦٢ بانه « سيد دمث الاخلاق ، نحيل البنية، صقرى الملامح ، يجلس على بطانية تحت شجرة ، قائد للقطاع الشمالي الغربي وحوالي ثلث مجموع القوات الكردية العام » وبعد تحرير معظم مناطق بادينان عينه البارزاني قائداً لقوات الثورة فيها . ولدى تنظيم الجيش الثوري الكردستاني عين قائداً للجيش الاول . إنتقل الى ايران بعد نكسة ١٩٧٥ . أصيب بمرض عضال ومنعته سلطات الشاه من السفر الى الخارج لتلقى العلاج فتوفى في مايس ١٩٧٨ .

١٨- سوار :

قرية كبيرة تقع في جنوب جبل گاره في منطقة برواري ژيري .

١٩- بريفكا :

قرية كبيرة تقع في جنوب منطقة مزوري ژيري . فيها تكية ومزار الشيخ نورالدين بريفكي .

٢٠- شه مكان :

منطقة زراعية غنية بمواردها . وتشكل المنطقة الشرقية من

ناحية المزوري . يحدها من الجنوب جبل شيخكا ومن الشمال جبل خيرى فيها قرى عديدة . يمر حاليا فيها طريق اتروش ـ مريبا ـ عقرة .

٢١- حسو ميرخان دوله مه ري :

من رفاق البارزاني الخالد الى الاتحاد السوڤيتي . ساهم في تأسيس جمهورية مهاباد واشترك في جيشها . ساهم في تحرير معظم مناطق بادينان في بداية ثورة ايلول . عينه البارزاني ربيع عام ١٩٦٢ امراً لهيز شيخان وحتى عام ١٩٧٥ . انتقل بعدها الى ايران يسكن حالياً مصيف صلاح الدين . ويمتاز بالكفاءة والشجاعة .

٢٢- مريبا :

مركز ناحية في منطقة الشرفان شرق نهر الخازر .

٢٣- محمد امين ميرخان ميرگه سوري :

من رفاق البارزاني الى الاتحاد السوڤيتي . شارك في تأسيس جمهورية مهاباد وكان امرا لاحدى سرايا الفوج الاول في جيشها . قاد الجزء الاكبر من قوات ثورة ايلول وساهم في تحرير العديد من مناطق بادينان . جرح في معركة مريبا بتاريخ ١٩٦٢/٣/٧ وبسبب جراحه البليغة سلم الى السلطات العراقية ونقل الى مستشفى الموصل وبعملية جبانة دبرتها السلطات مع بعض المرتزقة أغتيل غدراً في ليلة ١٨-١٩ /آذار/ ١٩٦٢ وهو راقد على سريره في المستشفى بالموصل . نقل جثمانه الطاهر الى مسقط رأسه في ميرگه سور .

٢٤- ملا شن قرتاس بيداروني :

من رفاق البارزاني الخالد الى الاتحاد السوڤيتي . ساهم في

تأسيس جمهورية مهاباد وشارك في جيشها . ساهم في تحرير معظم مناطق بادينان في بداية ثورة ايلول . عينه البارزاني في ربيع ١٩٦٢ أمراً لجبهة عقرة . استشهد في معركة جبل پيرس في ١٩٦٣/٦/٢٧ .

٢٥- شكر شيخكي :

التحق بصفوف البيشمه رگه في بداية ثورة ايلول . اشتهر بالشجاعة والاخلاص اصبح آمر بتاليون في هيز شيخان . يسكن دهوك حالياً .

٢٦- باطوفة :

مركز ناحية الگولي بقضاء زاخو .

٢٧- بيرسفى :

قرية كبيرة في سهل السندي . سكانها من المسيحيين الأثوريين .

٢٨- به ریٚكه ر :

إحدى العوائق الستراتيجية على طريق سرسنك - عمادية - تحصن فيه الپيشمه رگه بقيادة رشيد دوسكي وممو ابراهيم كوره ماركي لمرات عديدة وقطعوا طريق العمادية في ذلك الموقع .

٢٩- الزيبارات :

هي المنطقة الممتدة من ابراهيم الخليل الى پيشخابور . تحدها من الجنوب جبل بيخير ومن الشمال نهر الخابور والغرب نهر دجلة . تكثر فيها القرى وغنية بمواردها الزراعية .

٣٠- هاشم ميروزي :

من قادة ثورة ايلول . اشتهر بالشجاعة والصلابة والاقدام . كان أمر قوة ضمن هيز زاخو .

الفصل الثالث

المفاوضات واستئناف القتال
٨ شباط ٩٦٣ـ ١٠شباط ٩٦٤

تحدثنا كيف ان المرحوم عبد الكريم قاسم كان قد اصدر امراً بوقف الحركات العسكرية ضد الكرد . وفي غضون ذلك قادت كتلة من الضباط القوميين ، وبالاشتراك مع حزب البعث انقلاب ٨ /شباط/ ١٩٦٣ وكان قد جرت في وقت سابق مفاوضات سرية بين زعماء الكرد والبعث على اساس ان كليهما يحاربان حكومة عبد الكريم قاسم وعلى هذا الاساس ساند اتحاد طلبة كردستان الاضراب الطلابي الذي نظمه حزب البعث في بغداد ومدن اخرى .

وفي ٤ /شباط/ ١٩٦٣ **نظم الشهيد صالح اليوسفي** مقابلة مع مسؤولين في حزب البعث من ضمنهم (علي صالح السعدي) وعلى حد قول **المرحوم شوكت عقراوي** الذي شارك في الأجتماع بأن ممثلي البعث اعترفوا بالحكم الذاتي للشعب الكردي واضفى السعدي على المناسبة حلة قشيبة حينما صرح بان البعث لايفكر بدائرة الحكم الذاتي وانما ينطلق تفكيره الى حق تقرير المصير .

في نهاية الاجتماع قرروا الاجتماع ثانية في نهار يوم ٩ /شباط على ان يأتوا بشريط مسجل الا ان الاحداث كانت اسرع منهم واجبروا بسبب ظروف طارئة على تقديم تاريخ انقلابهم الى ٨ /شباط .

ولم يتم اخبار الكرد بذلك ولكن السادة [**فؤاد عارف، صالح اليوسفي، شوكت عقراوي**]قصدوا بعد ساعات قليلة من الانقلاب المجلس الوطني لقيادة الثورة في بناية الاذاعة العراقية وسلموا اليهم برقية بأسم الحزب الديمقراطي الكردستاني جاء فيه : **«تلاحمت ثورتكم مع ثورة الشعب الكردي العظيمة ضد طغيان قاسم ،وان الكرد ينتظرون حل المشكلة الكردية على اساس من الحكم الذاتي ، الذي من شأنه ان يرسي قواعد الاخوة الى الابد (١) .»**

قرئت البرقية من الأذاعة العراقية مراراً وتكراراً في ذلك اليوم واليوم الذي تلاه . وفي نفس اليوم اصدر البارزاني الخالد امراً بايقاف اطلاق النار على كافة جبهات القتال .

في ١٩ /شباط **توجه (جلال طالباني) ممثلاً خاصاً للبارزاني الى بغداد** واجتمع

بقادة الحكم الجديد الذين اكدوا له بان الكرد سينالون كل حقوقهم وطرحوا عليه فكرة عقد مؤتمر اوسع حجماً وتمثيلاً من كل العناصر السياسية العراقية واقترحوا عليه يوم٢٢ / شباط موعداً لذلك ، الاانهم طلبوا منه مساء المشاركة في وفد عراقي للذهاب الى القاهرة لتقديم التهاني بمناسبة يوم الوحدة ١٩٥٨ .(٢)سافر الطالباني الى القاهرة والجزائر وكانت لاتصالاته اهمية كبيرة انذاك .

وبعد عودته اسرع الى كردستان لاطلاع البارزاني على نتائج سفره وطلب البارزاني ان تعلن حكومة البعث في مدة تنتهي بالاول من اذار اعترافها بحق الكرد في الحكم الذاتي او سيستأنف القتال ان لم تقم بذلك . ولكن في ساعة متأخرة من ليلة الاول من اذار اعلن مجلس قيادة الثورة بياناً فضفاضاً للتخفيف من حدة التوتر جاء فيه : « ان ثورة الثامن من شباط عازمة على ازالة بذور الشقاق وسوء النية الذي خلفه حكم (قاسم) بضمان اعطاء حقوق الكرد ».

في ٤ /آذار **طار وفد رسمي الى كردستان مؤلف من طاهر يحيى رئيس اركان الجيش والوزيران الكرديان باباعلي وفؤاد عارف وعلي حيدر سليمان سفير العراق في واشنطن واجتمعوا بالبارزاني الخالد في (كاني ماران)** الذي طرح عليهم حكماً ذاتياً حقيقياً خلا الدفاع والخارجية والمالية .

لقد كان البعثيون يبحثون بقلق عن وسائل لأطالة امد الحوار والتفاوض كسباً للوقت ولذلك ارسلوا وفداً شعبياً مؤلف من السادة :

١- محمد رضا الشبيبي زعيم حزب الجبهة الشعبية .

٢- المحامي فائق السامرائي نائب رئيس حزب الاستقلال .

٣- المحامي حسين جميل سكرتير الحزب الوطني الديمقراطي .

٤- المحامي فيصل حبيب الخيزران احد اقطاب حزب البعث .

٥- الدكتور عبد العزيز الدوري رئيس جامعة بغداد .

٦- زيد احمد عثمان النائب الكردي السابق عن اربيل . (٣)

وفي ٧-٨ /اذار اجتمع الوفد الكردي في (**چوار قورنه**) بالبارزاني وتوصلوا

الى اتفاق يعرض على الحكومة وفي ١١ /اذار اصدر مجلس قيادة الثورة بياناً جاء فيه : « ان المجلس الوطني لقيادة الثورة يقر الحقوق القومية للشعب الكردي على اساس اللامركزية وسوف يدخل هذا البند في الدستور المؤقت والدائم عند تشريعهما . » فعند هذه المرحلة شعر البارزاني الخالد بان الكرد بحاجة الى مؤتمر موسع يعبر تعبيراً صادقاً عن الرأي العام الكردي ، فأرسل المندوبين الى كل المدن الكردية لدعوة الشخصيات الوطنية وقادة البيشمه رگه لحضور اجتماع موسع .فتوجه هاشم عقراوي و اشرف العمادي الى بادينان وتم دعوة السادة :

رشيد سعيد الدوسكي ، عبد الواحد الحاج ملو المزوري، محمود اغا چمانكي، توفيق رشيد بك البرواري ، محمد طاهر صادق برو الگولي ، سليمان حاجي بدري السندي ، عگيد صديق العمادي ، عبد الكريم حامد وعبد الرحمن دينو بالاضافة الى تحسين سعيد بك امير الطائفة الايزدية . فاجتمع الوفد في قرية ايتوت شرق مدينة دهوك وتوجهوا الى قرية الوكا جنوب دهوك مشياً ثم استقلوا السيارات الى الموصل ـ اربيل ـ دارامان ـ كوى سنجق حيث مقر الاجتماع (٤) . وانعقد المؤتمر جلساته من ١٨-٢٢ /اذار وبعد مناقشات مستفيضة تم أنتخاب اربعة عشر مندوباً ليفاوضوا حكومة البعث وهم السادة :

«جلال الطالباني ، مسعود محمد، مصطفى عزيز، صالح اليوسفي، محمد سعيد خفاف، رشيد عارف، عگيد صديق، حبيب محمد كريم، شاخه وان نامق، عبد الصمد حاج محمد، رؤوف احمد، هاشم عقراوي، عبد الحسين فيلي ، حسين خانقاه (٥).»

وفي ٣٠ /اذار توجه الوفد الكردي الى بغداد لاجراء مباحثات جدية ولم يقابل الوفد في بغداد رسمياً وبعد اجراء اتصالات حدد يوم ٦ /نيسان موعداً لبدأ التفاوض الا ان الوفد سمع من راديو بغداد بسفر رئيس الوزراء احمد حسن البكر الى القاهرة للبدء بمفاوضات الوحدة مع مصر وسوريا ولم توافق الحكومة

على ضم ممثلين اكراد الى الوفد العراقي لذلك قدم الوفد الكردي في ٨ / نيسان مذكرة ذات اهمية كبيرة الى اجتماعات الوحدة في القاهرة جاء فيها :

١- اذا بقي العراق بدون تغيير في كيانه يقتصر مطلب الشعب الكردي على تنفيذ اللامركزية .

٢- اذا انضم العراق الى اتحاد فيدرالي فيجب منح الشعب الكردي حكماً ذاتياً

٣- اذا اندمج العراق في وحدة كاملة مع دولة عربية او دول عربية يكون الشعب الكردي اقليماً مرتبطاً بدولة الوحدة (٦) .

ولكن الحكومة اهملت الوفد الكردي وركزت جهودها خلال شهر نيسان على مباحثات الوحدة العربية وتم في ١٧ /نيسان التوقيع على ميثاق الوحدة بين سوريا ومصر والعراق .

ولم تذكر كلمة واحدة فيها عن حقوق الكرد لذلك تقدم الوفد الكردي في ٢٤ / نيسان بمشروع مفصل عن مقترحاتهم حول حل المسألة الكردية جاء فيه : « بأننا نأمل من مجلس قيادة الثورة بان يكون وفياً لعهده الذي اعلنه مراراً على لسان قادته باحترامه الحقوق القومية للشعب الكردي بما فيه حق تقرير المصير » ولكن الحكومة لم تتجاوب مع المطاليب الكردية بل ساءت العلاقات ووصلت المباحثات الى طريق مسدود ، لذلك سافر رئيس الوفد الكردي الى القاهرة في ٢٥ / ايار بغية الطلب من عبد الناصر اتخاذ موقف مؤيد ومساند للقضية الكردية ولكن البعث بدأ بحشد القوات العسكرية على حدود المناطق المحررة وفرضت الحصار الاقتصادي وعقدت اجتماعات سرية بين ضباط عراقيين وسوريين للتنسيق فيما بينهم في حالة شن هجوم على كردستان .

وفي اول ايام حزيران وجد اعضاء الوفد الكردي انفسهم تحت الاقامة الجبرية في فندق (سمير اميس) ببغداد ورغم احتجاجات الوفد الكردي التي ذهبت ادراج الرياح اشتد بهم القلق وشكوا من خيانة فطلبوا مقابلة رئيس الوزراء واجيب طلبهم فانكر رئيس الوزراء كل شيء محلفاً لهم بالقرآن الكريم . وفي

تلك المقابلة سلمت الحكومة للوفد نسخة من مشروع اللامركزية وطلب الوفد بان يعرض المشروع الحكومي على البارزاني وفي صباح يوم الاحد ٩ /حزيران كان الوفد ينتظر السفر الى كردستان مع الوزيرين الكرديين انضم اليهم العقيد (سعيد صليبي) امر الانضباط العسكري وفي الساعة العاشرة اقبل ضابط ليُعلِم الصليبي بان السيارات جاهزة وانطلق اعضاء الوفد الى معسكر الرشيد وهم السادة :« **صالح اليوسفي ، مسعود محمد، حسين خانقاه، بابكر محمود، عگيد صديق . » ولكنهم اودعوا سجن المعسكر بدلاً من السفر الى كردستان .**
وبعد ذلك عقد (علي صالح السعدي) مؤتمراً صحفياً اعلن فيه الحرب على الكرد طالباً منهم الاستسلام من دون قيد او شرط خلال اربع وعشرون ساعة وهكذا بدأت القوات العسكرية شن هجمات شرسة على كردستان واثبت النظام للعالم بانه مثال للخديعة والغدر ولكن مجرد دخول الحكومة في مباحثات مع الكرد فضح الخرافة التي كانت تقول بانها مجرد حركة عصيان وتآمر بل ارغمت المباحثات على الاعتراف الرسمي بالحركة الكردية كحركة نضال وطني للشعب الكردي واستطاعت قيادة الثورة الكردية خلال الهدنة القصيرة من ايصال صوت الشعب الكردي الى الرأي العام العربي والعالمي (٧) .
ففي ٩ /حزيران/ ١٩٦٣ بدأت الأجهزة الحكومية بأعتقال المئات من المواطنين في مختلف مدن كردستان واعتقل العشرات منهم في مركز قضاء دهوك آنذاك بينما لجأ المئات من ابنائها الى القرى والمناطق المحررة والتحقوا بصفوف الپيشمه رگه (٨) .
وفي فجر ١٠ /حزيران أذيع بيان رسمي صادر من « مجلس قيادة الثورة » من اذاعة بغداد دعا فيه القوات الكردية [الى القاء السلاح دون قيد أو شرط خلال (٢٤) ساعة وفي حالة عدم الاستسلام قررنا المباشرة بتطهير المناطق الشمالية من فلول البارزانيين واتباعهم اعتباراً من هذا اليوم كما قررنا اعتبار كافة المناطق الشمالية منطقة حركات فعلية] (٩)، الا ان القوات البعثية

بدأت بشن هجوم كبير وعام حتى قبل نفاذ المدة المقررة وفي فجر ذلك اليوم اي بعد اذاعة البيان المذكور شنت هجوماً كبيراً معززاً بالدبابات والطائرات على مواقع الپيشمه رگه في گلي دهوك ورغم شراسة الهجوم والقصف المدفعي والجوي الكثيف على مواقعهم فقد دافع الپيشمه رگه دفاعاً بطولياً ومستميتاً على قمتي (گلي دهوك) وفشل الهجوم في اليوم الاول فشلاً ذريعاً بعد ان ترك العشرات من القتلى على ارض المعركة (١٠) . **وقصف معسكر دهوك وتجمعات العدو بمدفع هاون عقدة ثلاثة لاول مرة في جبهة دهوك (١١) .**

وبدأت الاذاعة العراقية لاول مرة بأذاعة بيانات الحركات العسكرية وانباء القتال مشيدة باعمال القوات العراقية التي تحرق المزارع وتقصف القصبات والقرى الامنة .

وفي ١١ / حزيران زار عبد السلام عارف رئيس الجمهورية منطقتي اربيل وكركوك يرافقه وزير دفاعه والحاكم العسكري العام والقى خطاباً امام قواته اعلن فيه « بانه سيقود بنفسه العمليات القتالية على الخطوط الامامية للجبهة وانه سوف يستخدم كل الامكانيات في النضال ضد المتمردين (١٢) . » وأعلن وزير دفاعه «عماش »« بان قواته في نزهة في الشمال . » فبهذه العنجهية والعقلية الشوفينية حارب البعث الثورة الكردية .

وفي ١٢ /حزيران بدأت القوات العسكرية تساندها الدبابات واعداد كبيرة من المرتزقة (الجاش) بشن هجوم ثان على «گلي دهوك » ورغم كثرة الوحدات المشاركة فيه واتساع جبهة الهجوم الا ان القوات العسكرية لم تستطع التقدم الا على الطريق العام المبلط وبدأت بحرق القرى المحيطة بالشارع [كرى قه سرى، قرقراڤا ، سندور ، بادى] .

وفي ٢٢ /حزيران شنت وحدة من الپيشمه رگه هجوماً بطولياً في وضح النهار على مقر سرية « به ربانك بامرنى » .وانزلت به خسائر فادحة في الارواح والمعدات الا ان مشاركة الطيران الحربي سببت استشهاد قائد الوحدة المرحوم

(أنور مائي). حقاً لقد كان القتال مع البعث قاسياً وصعباً مما اضطر الپيشمه رگه الى استخدام تكتيكات لتجنب الخسائر في الارواح ولذلك تخلو مراراً عن القرى والممرات الجبلية متمسكين بالمبدأ المهم الذي هو تشتيت القوات العسكرية ووضعها في حالة الانتشار على الطرق الرئيسية على شكل ربايا ومقرات السرايا ومن ثم أنزال الضربات بها . وبالرغم من ضراوة القتال وارهاب البعث لم يستسلم فرد من الكرد الى القوات الحكومية بل كان العكس حيث كان العشرات يلتحقون يومياً من ابناء شعبنا في المدن والقصبات بصفوف الپيشمه رگه . وفي خلال شهر تموز تمكنت قوات الپيشمه رگه من ايقاف زحف القوات الحكومية على مختلف جبهات بادينان ففي ٦ /تموز استطاع الپيشمه رگه من الحاق هزيمة نكراء بقوة عسكرية كبيرة معززة بالمدرعات قرب قرية (أيتوت) وعلى بعد عدة كيلومترات شرق مدينة دهوك . وبعد ان أثبت للبعث بان الجيش عاجز بمفرده القضاء على نضال الشعب الكردي لجأ الى بناء العلاقات المشبوهة مع كافة القوى الرجعية في الداخل والخارج واتفق مع دول (السنتو) على (عملية دجلة) (١٣)، التي سمحت لتركيا وايران بالتدخل في كردستان وكانت طائرات السنتو تجوب في سماء كردستان .
وفي ٣ /تموز قدم وزير خارجية جمهورية منغوليا مذكرة الى السكرتير العام للامم المتحدة يطلب فيها درج القضية الكردية في جدول اعمال الدورة (١٨)، للجمعية العمومية وفي ٩ /تموز انذر الاتحاد السوڤيتي حكومات تركيا ، سوريا وايران من مغبة التدخل في المشاكل الداخلية للعراق وان ذلك يهدد أمن العديد من الدول بما فيها الاتحاد السوڤيتي . ولكن تحت ضغط الدول العربية الاخرى وتشابك المصالح الدولية اضطر ممثل منغوليا الى سحب طلبه وهكذا حالت المصالح الدولية الذاتية دون عرض قضية شعبنا العادلة على منبر الامم المتحدة . ورغم كل ذلك لم يعرف شعبنا وقيادته الفذة اليأس بل زادهم ذلك اصراراً على التضحية والاعتماد على الذات ولم يمض يوم واحد الا وكانت ربايا

ومواقع القوات البعثية تتعرض الى هجمات الپيشمه ركه .
ففي ١١ / ٨ تمكنت وحدة من الپيشمه ركه من قطع الطريق بين دهوك وزاويته ووقعت قافلة للتموين في الكمين انزلت بها خسائر فادحة واستشهد في العملية پ.م (**طه ملا قاسم گرماڤی**) . ورغم ماتعرض اليه منطقة بادينان من عنف وتدمير الا انه ساد الهدوء النسبي مناطق السليمانية وكركوك وبعض مناطق أربيل أي المحاور التي كانت تتلقى الاوامر من (م.س) حيث أبدى البارزاني الخالد تذمره من موقفهم هذا . ووضعت القيادة البعثية خطة للتقدم من ثلاث محاور رئيسية لتفتيت قوات الپيشمه ركه في مناطق بادينان وكما يلي :

١- محور بافستيان ـ ميرگه سور ـ شيروان مازن .

٢- محور خليفان ـ سريشمه ـ ريزان ـ بارزان .

ورغم تقدم القوات البعثية والوصول الى بعض الاماكن الا أنها فشلت في تحقيق أهدافهم الستراتيجية فيها وانزلت بهم خسائر فادحة لذلك ركزوا على المحور الثالث.

٣- محور مطار بامرنى ـ جبل متينه ـ الحدود التركية وكان الهدف الرئيسي أمام قواتهم هو الوصول الى الحدود التركية . بأقصى سرعة وتقسيم قوات الپيشمه ركه الى قسمين وعزلها عن بعضها البعض والقضاء على كل قسم على حدة لذلك بدأت بحشد قوات كبيرة معززة بالدبابات ومساندة بالمرتزقة في منطقة دهوك .

وفي ٢٢ /آب بدأت بالتقدم على الطريق العام ووصلت الى قصبة مانگيش واستطاعت من حرق كل ماهو على الارض بالناپالم وهدمت قرى [**بندا ، كوڤل ، كوريمى ، بروشكى سعدون ،ملهمبان ، ديراگزنيك**] .

وفي ٢٧ /آب توجهت هذه القوات الى سواره توكا وشنت هجوماً على قرى (سوار ، إسپندار)الا انها جوبهت بمقاومة عنيفة من قبل الپيشمه ركه بقيادة يوسف علو إسپينداري ووقعت دبابة في كمين نصبه الپيشمه ركه (١٤) .

وفي ٢٨ /آب توجهت القوات العسكرية الى (**مطار بامرنى**) للبدء بالهجوم الستراتيجي على جبل (**مه تين**) **من ثلاثة جبهات سه رعمادية، بامرنى،كاني به لاڤ** وفي الايام الاولى من الهجوم تمكن الپيشمه رگه من افشال المحورالغربي كانى به لاڤ بقيادة فيصل حسن نزاركي وإنزل هزيمة بهم ، كما استطاع الپيشمه رگه الابطال بقيادة سعيد خليل خوشڤي من ايقاف زحفهم وهجومهم في المحور الشرقي رغم وصول القوات الحكومية الى (**سه رعمادية ، ناڤيلا** ..) وجرح قائد الپيشمه رگه في هذه الجبهة فخلفه علي خليل خوشڤي بعد عودته من محور ميرگه سور ـ شيروان مازن حيث كان في معية البارزاني الخالد .

وفي ٩/١٦ تمكنت القوة الرئيسية من التقدم من مطار بامرنى الى قمة الجبل والنزول الى قرية (**ده رگه ل موسى به گ**) بعد استشهاد قائد قوة الپيشمه رگه البطل (**جميل سور**) ولكن المقاومة العنيدة اشتدت وشاركت فيها وحدات مختارة من پيشمه رگة (زاخو ،دهوك ،عمادية) ووفق تكتيك بارع استطاعوا من خلاله امتصاص زخم الهجوم وايقافه في المحور الشرقي وعدم فسح المجال للقوات الحكومية بالتقدم باتجاه (كانى ماسى) وتم فتح الطريق امام تقدم المحورالرئيسي للاندفاع الى الامام فوصلت طلائع القوات العسكرية والمرتزقة الى قدمات جبل (**كاڤنيرك**) .

وفي ٣٠ /أيلول شن الپيشمه رگه الابطال بقيادة الشهيد البطل عيسى سوار الهجوم الكبير على القوات الحكومية في المحور الرئيسي أولاً وتم إنزال ضربة موجعة بها مما افقدها السيطرة على الوضع واضطرت الى الهزيمة في وضح النهار تاركة جميع معداتها واسلحتها الثقيلة في ارض المعركة بالاضافة الى المئات من القتلى والجرحى وغنم الپيشمه رگه في ذلك المحور اكثر من (٥٠٠) خمسمائة بندقية في قرية «ده رگه ل موسى بگ» و(٢) مدفعين جبليين بالاضافة الى عشرات الاطنان من الارزاق والمؤن والمعدات بينما بدأت

مدفعية البيشمه ركه عقدة (٣) بقصف ربايا وتجمعات العدو في (سەرعمادية) والمناطق القريبة منها اعقبها هجوم بطولي ادى الى هزيمة القوات البعثية حتى الشارع المبلط في سولاف .

حقاً كانت ملحمة بطولية سطرها پيشمه ركة البارزاني الخالد . **وان ما احتله الغزاة في (٤٣) يوماً استطاع البيشمه ركه من تحريره في اقل من يوم واحد** ولم يوقف البيشمه ركه الابطال هجومهم على القوات البعثية حتى اوصلوهم الى مطار بامرنى ثانية . وبذلك انزلت اكبر ضربة عسكرية حتى ذلك الوقت بالقوات العراقية حيث كانت مؤلفة من (٥) خمسة الوية بالاضافة الى عشرات الالوف من المرتزقة (الجاش) ، وعلى الرغم من وصول القوات الحكومية خلال شهر ايلول الى جبل (مه تين) فقد كانت وحدات اخرى من البيشمه ركه تتعرض وبصورة مستمرة على ربايا وقوافل الجيش والمرتزقة على الطريق العام (زاخو، دهوك، عمادية) وحتى ضفاف نهر دجلة

وفي ١٠ /ايلول استطاعت قوة من البيشمه ركه **من الدخول الى قلب مدينة دهوك** وضرب ربايا الجيش والمرتزقة فيها وهكذا تبين للجميع بان القوات البعثية رغم ماستعملته من بطش وارهاب وحرب أبادة ضد شعبنا لم تستطع قهر صموده والنيل من شجاعة البيشمه ركه الابطال فأسرعوا بتشكيل قيادة عسكرية بين العراق وسوريا

ومن جهة اخرى عقدت الحكومة البعثية التي جاءت الى السلطة بقطار أنكلوأمريكي باعتراف من (علي صالح السعدي) صفقة سلاح مع بريطانيا التي زودتها بـ(٢٠) عشرين طائرة هنتر بالاضافة الى الدبابات والاسلحة وقطع غيار ، واتخذت الحكومة البعثية بعد بداية الهجوم على كردستان قراراً بعدم مس ممتلكات شركات النفط الاجنبية واعلنت بانها تضمن ضخ النفط الى الخارج (١٥) .

ونسق البعث العمليات العسكرية ضد الثورة الكردية مع الحكومات التركية

والايرانية وان البرقية التالية تؤكد ذلك .

الى/ فق(٢)ـ فق(٣) الرئيسي العدد / ٣٤٧٨ سري

من/مديرية الحركات العسكرية التاريخ /١٩٦٣/٧/٢

«تم الاتفاق مع السلطات الايرانية والتركية بالسماح لطائراتهما باجتياز خط الحدود والوصول الى الخط العام المار من سرسنك ـ عقرة ـ رواندوز .

لاستطلاع اماكن تحشدات العصاة داخل الاراضي العراقية والتعاون مع قطعاتكم لضربهم ، يرجى تبليغ قطعاتنا في منطقة ـ الحركات الفعلية بعدم التصدي او التعرض للطائرات التركية والايرانية . سيصل قريباً ضابطا إرتباط احدهما من الجيش التركي والاخر من الجيش الايراني يكون الاول في الموصل والثاني في كركوك ويستصحب كل منهما جهاز لاسلكي مع مشغلين لتأمين التعاون مع قطعاتنا »(١٦).

هكذا بان للجميع بان دول السنتو نسقت مواقفها من اجل محاربة الحركة التحررية الكردية ولكن البيشمه ركه الابطال استطاعوا إمتصاص زخم الهجمات البعثية على كردستان وحولوها في معظم المناطق الى هزائم منكرة مما حدا بالبعثين السوريين في الاسراع بوضع كافة إمكانياتهم العسكرية تحت تصرف رفاقهم حكام العراق .

ففي ٨ /تشرين الاول وبعد اجتماع سري للقيادة القومية اعلن رئيس الوزراء السوري اللواء امين الحافظ عن قيام وحدة عسكرية بين البلدين وعين (الفريق الركن صالح مهدي عماش) قائداً عاماً للقوات المسلحة الموحدة (١٧) .

وفي ٢٨ /تشرين الاول تمركز لواء اليرموك السوري بقيادة « العقيد فهد الشاعر» والمزود بالدبابات والمدفعية الثقيلة في محور دهوك ـ زاخو . واعترفت الحكومة العراقية رسمياً بتواجد القطعات السورية في كردستان واعلن ذلك عبد السلام عارف لدى قيامه بجولة استطلاعية في المنطقة زار خلالها القوات السورية الذي حياهم باسم الامة العربية وحمد الله على لقاء الجنود

العراقيين والسوريين لمقاتلة الكرد جنباً الى جنب واصفا بانهم يؤدون واجبهم المقدس للقضاء على الخونة المتمردين والانفصاليين(١٨) .

وعلقت جريدة خه بات في إفتتاحيتها في شهر تشرين الثاني على مشاركة القوات السورية في الهجوم على كردستان قائلة .

« ان مجيء القوات السورية لا يتفق ومصالح العرب الوطنية بل يعزز مواقع الشركات الامبريالية النفطية ، وإن الحرب المشتركة ضد الكرد هي حرب ضد الشعب المتاخي . »

هكذا اتخذت القضية الكردية مساراً جديداً بحيث اضحت مشكلة اقليمية ودولية وليست قضية داخلية .

بعد ان انضمت القوات السورية الى القوات العراقية خططت للقيام بهجوم على منطقة أخرى من بادينان لرفع معنويات جنودهم المنهارة اثر هزيمتهم المنكرة في معركة « مه تين» .

ففي الاسبوع الثاني من شهر تشرين الاول شنت القوات العراقية والسورية هجوماً كبيراً ومن عدة جبهات على **منطقة المزوري باتجاه محور خوركي واتروش** وحققت بعض النجاح في بداية الامر الا ان تقدمهم هذا كان وبالا عليهم فأنقض الپيشمه رگه بقيادة فرج حاج عبدال وحيتو باله‌ته‌ى على القطعات المشاركة واعادتها من حيث اتت بعد ان انزلوا بها خسائر كبيرة في الارواح والمعدات بالاضافة الى هزائم اخرى في جبهة ميركه سور ، وكانت مفارز اخرى من الپيشمه رگه تنزل الضربات بالقوات البعثية في سهل كركوك ودربندى خان وسهل اربيل وهكذا وجد الاعداء انفسهم ورغم كل ماحاكوا من مؤمرات وتكتلات لضرب الثورة الكردية في مأزق عسكري وسياسي فصلابة الپيشمه رگه واستعدادهم للتضحية بددت كل مخططاتهم الدنيئة مما زادت من حدة التكتلات والانشقاقات في صفوفهم فراحوا يتهمون احدهم الاخر واشتد الصراع الدموي بين كتلة (علي صالح السعدي) وكتلة (حسين شبيب) واستغل عبد

السلام عارف هذا الصراع فقاد انقلاباً على رفاق الامس الذين جاؤوا به رئيساً فكان يوم ١٨ /تشرين الثاني الذي انهى حكم البعث في العراق ، وهكذا يمكن القول بان فشل الحملة التي قادها البعث ضد الكرد قد هز كيانهم من اسسه، وزاد من حدة الانشقاق الداخلي الذي مهد السبيل لانقلاب عبد السلام عارف وبالرغم من كل ماحدث من مصائب وويلات للشعب العراقي لم يتعظ عبد السلام عارف مما جرى فواصل محاربته للثورة الكردية ومارس الضغط من اجل القاء السلاح ووجه في ٢٨ /تشرين الثاني/ ١٩٦٣ نداءً دعا فيه الثوار الكرد الى الاستسلام وتسليم أسلحتهم الى القوات الحكومية دون قيد أو شرط ، في حين كانت مفارز الپيشمه رگه الابطال نشطة وفاعلة في الخطوط الخلفية وتضرب قوافل وربايا العدو على طريق دهوك ـ موصل .

وللحقيقة نقول بأن (**الشهيد هرمز ملك جكو**) برز في هذه الفترة كقائد لقوة فاعلة ونشطة في سهل القوش ـ دهوك .

ففي نهاية تشرين الثاني استطاعت قوة بقيادته من شن هجوم مباغت على قصبة القوش وتمكنت من ضرب وتهديم مخفر الشرطة ومبنى الناحية .

وفي بداية شهر كانون الاول تمكن مع قوة بأمرته من شن هجوم بطولي وسريع على ربايا العدو المتمركزة في قرية (نمرك) على ضفة نهر دجلة وتم الاستيلاء على جميع الربايا وقتل وجرح من كان فيها .

وفي منتصف شهر كانون الاول وبينما كانت القوة تتجول في سهل دهوك قادمة من منطقة (**باختمى**) تصدت في جنوب (**آلوكه**) لقافلة عسكرية متكونة من(٦) ست سيارات محملة بالجنود قادمة من الموصل ، تصدت لها القوة البطلة وضربتها بعنف واضرمت النيران في سياراتها وقتلت وجرحت من كان فيها بالاضافة الى أسر (١٧) سبعة عشر جندياً ، وبعد الانسحاب عاد البطل هرمز ثانية الى ارض المعركة لاضرام النار في سيارتين كان رفاقه قد تركوها سالمتين .

واثناء ذلك تحركت قوة من الجيش السوري من مفرق دهوك ـ زاخو وقطعت طريق الانسحاب عليه وبعد إشتباك بطولي نفد عتاده فاطلق طلقتين من مسدسه على راسه وفضل الاستشهاد على الوقوع في ايدي اعدائه ،واستطاع البيشمه ركه الابطال شن هجوم ثان على القوات السورية وتكبيدهم خسائر فادحة في الارواح وانقاذ جسد الشهيد البطل ودفنه في الاراضي المحررة (١٩) . لقد كان لاستشهاده هزة عميقة في نفوس البيشمه ركه وابناء الشعب الكردي وكان لسوء تقديره للموقف والعودة الى ارض المعركة لالهدف ستراتيجي بل لعمل لايستحق التضحية والمغامرة من اجله خطأ كلفته حياته وكان من الاجدر به المضي في طريقه بعد ان انزل ضربة موجعة بالقافلة والانسحاب بأقصى سرعة الى حيث الاراضي المحررة . وكان من الشجاعة بحيث لم يحسب حساباً للطرف المقابل .

بعد اكثر من شهرين من القتال كادت حكومة عبد السلام عارف ان تلفظ انفاسها وظهر ضعفها امام هجمات البيشمه ركه الابطال فتدخلت اطراف عدة لانقاذ حكومة بغداد من ورطتها وراحت تجري اتصالات مع قيادة الثورة الكردية والبارزاني الخالد لايقاف القتال وفسح المجال أمامها لحل المشكلة الكردية عن طريق التفاهم . ففي اوائل الشتاء نقل المرحوم شوكت عقراوي رسالة من الرئيس الراحل عبد الناصر الى البارزاني الخالد يعرض فيه وساطته لحل النزاع بين الكرد والحكومة العراقية وكانت الحكومة سبقت الرسالة بالاتصال بالبارزاني عن طريق وسطاء آخرين مقترحين وقف اطلاق النار . وكان الضابط الكردي المتقاعد (كريم قره ني) قد اتصل بالمكتب السياسي ناقلاً اليهم اقتراح حكومة بغداد بالشروع بالمفاوضات (٢١) .

وقد اكد ذلك الاستاذ (علي سنجاري) مسؤول الفرع الخامس انذاك بأن رسالة عممت الى سائر فروع الحزب من المكتب السياسي بعد انقلاب ١٨ / تشرين الثاني / ١٩٦٣ تشير الى احتمال الشروع في التفاوض مع الحكومة الجديدة

عن طريق الضابط المذكور (٢٢) .
هكذا وافق البارزاني الخالد على المباحثات بعد أن تشاور مع ممثلي الحزب الشيوعي العراقي و(كامل جادرجي) رئيس الحزب الوطني الديمقراطي وبعثوا برسالة الى الحكومة السوڤيتية بهذا الخصوص (٢٣) . ففي ٣١ /كانون الثاني/ ١٩٦٤ عقد اجتماع في منطقة رانية بين البارزاني الخالد وبين العميد عبد الرزاق السيد محمود محافظ السليمانية مصحوباً بالشيخ احمد البارزاني وعلى اثر اربع جلسات اعلنت اتفاقية وقف اطلاق النار (٢٤) .

مصادر الفصل الثالث

١- دانا شميدث /رحلة الى رجال شجعان في كردستان ص٣٦٠
٢- دانا شميدث /المصدر نفسه ص٣٦١
٣- محمود الدرة / القضية الكردية ص١٧٨
٤- من الذاكرة الشخصية
٥- محمود الدرة / المصدر نفسه ص١٨١
٦- جلال طالباني / كردستان والحركة القومية الكردية ص٣٢٢
٧- أشيريان ـ الحركة الوطنية الديمقراطية في ص٩٨
كردستان والعراق ص٩٨
٨- كنت واحداً من الملتحقين بصفوف الثورة حيث كنت طالباً في الصف الخامس الاعدادي آنذاك .
٩- محمود الدرة / القضية الكردية ص٣٤١
١٠- تحصن البيشمه ركه في قمة «شدا» بقيادة الشهيد حمو كه مه كي وفي قمة «فرعون» بقيادة قادر ثاله كيني
١١- كان آمر مدفعية البيشمه ركه الشهيد كاظم برواري
١٢- أشيريان / الحركة الوطنية الديمقراطية في ص١٠٢
كردستان العراق
١٣- أشيريان / المصدر نفسه ص١٠٤
١٤- روى لي المرحوم طاهر سعيد آغا الدوسكي بان الدبابة كانت بقيادة « الملازم ماهر عبد الرشيد » الفريق الركن المتقاعد حالياً وظل محاصراً في الدبابة طول الليل حتى سحبت في اليوم الثاني .
١٥- أشيريان / المصدر نفسه ص١٠٣

١٦- ديفيد آدمسن ـ الحركة الكردية ـ ترجمة جرجيس فتح الله ص٢٠-٢١
١٧- أدمون غريب / الحركة القومية الكردية ص٧٩
١٨- أشيريان ـ المصدر نفسه ص١٠٦
١٩- الذاكرة الشخصية . نظم الشاعر الشعبي علي خنجر اغنية بهذه المعركة
٢٠- دانا شميدث ـ المصدر نفسه ص٤١٢
٢١- ديفيد آدمسن / الحرب الكردية ـ المصدر نفسه ص٣٧
٢٢- ديفيد ادمسن / المصدر نفسه ص٣٧
٢٣- أشيريان / المصدر نفسه ص١١٨
٢٤- دانا شميدث / المصدر نفسه ص٤١٢

هوامش الفصل الثالث

١- حمو كه مه كي :

من المساهمين النشطين في صفوف الپارتي منذ ثورة ١٤ /تموز/ ١٩٥٨ . إشترك في ثورة ايلول في بدايتها . اصبح امر سرية في هيز دهوك . نقل في اعوام ١٩٦٥ ومابعدها مع قوته الى باليسان وبالك اشترك في معظم معارك تحرير بادينان وبالكيان .كان مقرباً الى البارزاني الخالد ويتصف بتعليقاته اللاذعة . انتقل الى ايران اثر نكسة ١٩٧٥ . عاد مع الپيشمه رگه اثناء الانتفاضة المباركة في آذار/ ١٩٩١ الى دهوك .استشهد لدى تصديه البطولي للقوات البعثية في منطقة سرسنك ـ ٤ / ٤ / ١٩٩١ ونقل بعد ذلك جثمانه الطاهر الى مثواه الاخير في قريته كه مه كا بمنطقة الدوسكي .

٢- قادر نوري ئاله كيني :

ساهم منذ البداية في ثورة ايلول . اشتهر بالشجاعة والاقدام . اصبح امر بتاليون الثاني في هيز دهوك في عام (١٩٧٤) . قاد هجوم تحرير مناطق [قه شه فر وسه رى ره ش] في نهاية عام ١٩٧٤ في الجبل الابيض والمشرف على طريق دهوك ـ زاخو- الموصل . انتقل الى ايران بعد نكسة ١٩٧٥ . يسكن حالياً دهوك

٣- كرى قه سروكا ، قه رقه راڤا ، سندور ، بادى :

قرى تقع على الطريق العام المبلط القديم الذي يربط دهوك وزاويته .

٤- به ربانك :

قرية تقع على مفرق الطريق المبلط الذي يربط سرسنك وبامرنى. وكانت سرية من الجيش اتخذت من الهضبة المشرفة على الطريق مقراً لها .

٥- انور مائي :

مؤرخ واديب كردي ذائع الصيت . التحق بصفوف الپيشمه رگه في كانون الثاني/ ١٩٦٣ في منطقة خانقين . ثم توجه الى بادينان واصبح مسؤلاً عن قوة من الپيشمه رگه . استشهد مساء يوم ١٩٦٣/٦/٢٢ قرب جسر به ربانك ودفن في مقبرة قرية أرادن اسلام على سفح جبل مه تين .

٦- أيتوت :

قرية كبيرة تقع شرق مدينة دهوك بعدة كيلومترات كان يتخذها غازي الحاج ملو مقراً لقواته في عام ١٩٦٣ .

٧- بندا ، كوڤل، بروشكى سعدون، ملهمبان ، پيسڤكي وديراكژنيك :

قرى تقع على أطراف قصبة مانكيش مركز ناحية الدوسكي .

٨- يوسف علو اسپينداري :

من قادة البيشمه رگه في منطقة برواري ژيري . اشتهر بالشجاعة والاقدام . كان امر قوة في هيز شيخان .

٩- فيصل حسن نزاركي :

من اعضاء البارتي النشطين في دهوك بعد ثورة ١٤ /تموز/ ١٩٥٨ .اول رئيس للجمعيات الفلاحية فيها . ساهم في القوات التي توجهت في مايس ١٩٦١ لوضع حدٍ للاستفزازات التي كان يقوم بها المرتزقة ضد بارزان . اشترك في ثورة ايلول ككادر

عسكري . اتخذ من قرية زيوه شيخ پيرموس في منطقة بامرنى مقراً لسريته . اشترك في معظم معارك تحرير بادينان . ابعد الى جنوب العراق . وحالياً يسكن مدينة دهوك .

١٠- جميل سور بامرني :

كان من رفاق مسيرة البارزاني الخالد الى الاتحاد السوڤيتي . استشهد في بداية معارك جبل مه تين عام ١٩٦٣ .

١١- فرج حاج عبدال :

من رؤوساء عشيرة المزوري . التحق بصفوف الپيشمه ركه في بداية ثورة ايلول . اصبح معاون امر هيز شيخان . يسكن دهوك حالياً .

١٢- حيتو بالەتەى :

التحق بصفوف ثورة ايلول في بدايتها . ساهم في معظم معارك تحرير بادينان . كان امر قوة في هيز شيخان . توفي اثناء المسيرة المليونية في ربيع عام ١٩٩١ في طريق (جلێ) .

١٣- هرمز ملك چكو :

قائد عسكري آثوري من قرية كورى كاڤانا ناحية زاويته. التحق بصفو ف ثورة ايلول منذ بدايتها . كان يضرب المثل بشجاعته واقدامه . استشهد في معركة آلوكه نهاية عام ١٩٦٣ على طريق دهوك ـ موصل .

١٤- باختمى :

قرية آثورية في سهل فائدة جنوب غرب دهوك .

١٥- آلوكه :

قرية تقع على الطريق العام جنوب مفرق دهوك ـ زاخو ـ موصل .

الفصل الرابع

المفاوضات واستئناف القتال

١٠ شباط ١٩٦٤ـ
٢٩ حزيران ١٩٦٦

أذيع في ليلة العاشر من شباط ١٩٦٤ من اذاعة بغداد بيان موقع من رئيس الجمورية عبد السلام عارف اقرت فيه بعض الحقوق القومية للشعب الكردي بالاضافة الى (٨) بنود علنية اخرى . اعقبها بيان من البارزاني الخالد قرر فيه الموافقة على وقف اطلاق النار تلبية لرغبة السيد رئيس الجمهورية ولثبوت حسن النية عند السلطة الحاكمة. واقر في البند الاول منها « الاعتراف بالحقوق القومية لاخواننا الاكراد ضمن الشعب العراقي في وحدة وطنية واحدة متآخية وتثبيت ذلك في الدستور المؤقت (١). » بالاضافة الى سبعة بنود اخرى كانت معالجة لنتائج وافرازات القتال وليست معالجة للقضية الكردية كمسألة سياسية وقومية ، اما البند الاول فقد ترك للمناقشة والتفاوض لمرحلة مابعد وقف القتال ، وقد جاء تأييد البارزاني الخالد على شكل بيان تلي من اذاعة وتلفزيون الجمهورية العراقية جاء فيه :« تلبية لرغبة السيد رئيس الجمهورية المشير الركن عبد السلام محمد عارف بالمحافظة على وحدة الصف الوطني وحقن الدماء البريئة وانهاء اقتتال الاخوة ، ولثبوت حسن النية قررنا المبادرة الى ايقاف القتال . »(٢) .

واذا امعنا النظر في البيان الحكومي لاتضح لنا بانه لم يتطرق الى المطاليب الاساسية للشعب الكردي بل سنحت فرصة للحكومة لاثبات نيتها ولتبرهن بالعمل على ما كانت تدعيه من قناعة باقرار حقوق شعبنا الذي ناضل منذ سنوات من اجل تحقيقها ، وعلاوة على ما اكتنف البيان من ضبابية فقد استقبل بارتياح عميق في كردستان والعالم . ويقول ادمون غريب « **كان البارزاني يريد من وراء البيان اعطاء الحكومة فرصة لكي تظهر ما كانت تنوي عمله للأكراد من ناحية منحهم حقوقهم القومية ولكنه كان حذراً .** » (٣) .

وتحدث كريس كوجيرا بهذا الخصوص ايضا « البارزاني اكد في احاديثه الخاصة بان الكرد بحاجة ماسة الى فترة من الهدوء والاستقرار وما علينا الا الاستفادة من فرصة السلام المتاحة لصالح الثورة الكردية . » (٤) .

حقا لقد كان البارزاني يرى من الضروري وقف القتال لان الشعب الكردي تعرض لحملة ابادة بكل معنى الكلمة وان الكثير من القرى قد دمرت واضحى الكثير من ابناء شعبنا بدون مأوى بعد ان دمرتها واحرقتها القوات البعثية واتلفت المحاصيل الزراعية التي هي عماد الحياة الاقتصادية في كردستان ، واستنفد الشعب الكردي اخر طاقاته في الدفاع عن نفسه وانه يحتاج لفترة راحة وسلم . وقد كان البارزاني ادرى من غيره بموقف وتفكير عبد السلام عارف حول الكرد وحقوقهم « حيث كان في الايام الاولى لثورة الرابع عشر من تموز يردد بعد عودة البارزاني وصحبه الى العراق في مجالسه الخاصة ، انه لو بيده الامر لقال للبارزاني وجماعته برو.... برو . »(٥).

ولابد ان البارزاني قد سمع بهذا الكلام ولكن للسياسة ظروفها وملابساتها .

ويقول جرجيس فتح الله عن الاتفاقية « **بان البارزاني اراد الحصول على بعض حقوق شعبه بالمفاوضات ، وكان البارزاني يرى بان الطرفين (الحكومي والكردي) في مأزق فاتبع البعثيون في هجومهم على كردستان خطة الارض المحروقة** . وهي خطة استنفذت موارد السكان وامتصت قابليات الارض الانتاجية وشلت الاقتصاد المحلي . وقد اكد العديد من قادة الپيشمه رگه بان الاحتفاظ بمعظم الاراضي المحررة سيكون ضرباً من المحال لو استمر الضغط العسكري بمثل هذه الشدة ، وكان من الضروري ان يتمسك الپيشمه رگه بكل شبر من الارض المحررة ليبقى بيد الثورة عنصر هام من عناصر وجودها الواقعي ، وكان ثم فرصة جيدة لكل هذا في فترة وقف القتال . »(٦) وكشف حبيب محمد كريم « **بان الاتفاقية مع الحكومة العراقية لم تكن تتضمن في الحقيقة تلبية مطاليب مهمة للشعب الكردي بل كانت تنسجم في حينه مع ظروف الحركة وضعف امكانياتها الى حد كبير ، وحاجاتها الماسة الى التقاط انفاسها »(٧)** هذه هي ملابسات وخلفيات عقد اتفاقية العاشر من شباط بالاضافة الى عوامل خارجية ودولية لنعود الى مجريات الاحداث في منطقتنا .

ففي ١١ /شباط/ ١٩٦٤ كما تحدثت كنت في قرية (قرقراڤا) فتوجهت فوراً الى قرية (باكوز) حيث مقر المرحوم حامد الحاج جانكير وعقدت اجتماعا مع الپيشمه رگه واهالي القرية شرحت فيه مضامين الاتفاقية .

وفي ١٢ /شباط عقد وزير الاعلام العراقي (عبد الكريم فرحان) مؤتمراً صحفياً اعلن فيه عن سحب الجيش من كردستان وشرحت ذلك للپيشمه رگه واهالي قرية (بوطيا).

وفي ١٨ /شباط توجه العشرات من الوفود الى مقر هيز دهوك لتقديم التهاني بمناسبة العيد ووقف اطلاق النار الى آمر الهيز والمسؤولين الحزبين . تم خلالها شرح مضامين الاتفاقية والوضع السياسي .

وفي ٢ /آذار دعت اللجنة المحلية لحزبنا الى **اجتماع موسع لقادة الپيشمه رگه وكوادر الحزب في قرية (كلنازك) تحدث فيه مسؤول اللجنة المرحوم(ابراهيم عقراوي)** عن ضرورة تنظيم صفوف الپيشمه رگه وتقوية التنظيم الحزبي لمرحلة السلم والتفاوض التي هي اخطر وادق من مرحلة القتال (وكان قد سبق ان نظم پيشمه رگه منطقة المزوري على شكل سرايا وافواج). ثم تحدث الاخ عبد الرزاق گرماڤي ممثل آمر الهيز داعياً الجميع الى رص الصفوف وتوحيد الكلمة وبعد مناقشات مستفيضة قرر المجتمعون التوجه صباحاً للاجتماع بآمر الهيز في مقره (شاوريك) ففي ٣/آذار توجه قادة الپيشمه رگه وكوادر الحزب الى مقر الهيز حيث كان المناضل (علي خليل خوشڤي) في استقبالهم **وتم تشكيل لجنة عليا لقيادة المنطقة من ممثلي الحزب والپيشمه رگه برئاسة آمر الهيز (٨)**. وتقرر ارسال وفد الى مقر البارزاني الخالد لتقديم التهاني والتاييد وتقاطرت الوفود من (زاخو ، عمادية ، شيخان ،دهوك، عقرة) على مقر البارزاني في (سنگه سه ر) للاعراب لسيادته عن تمسكهم بنهجه السليم وقيادته التي لاتلين امام الصعاب .

الا ان الحكومة سارت من حيث الجوهر على سياسة الحكام السابقين وسرعان

مابدأت بالابتعاد عن مبادىء الاتفاقية وتنكرت لوعودها ففي ٤/مايس اعلنت الحكومة الدستور الجديد ولم يحتو على اية كلمة تتعلق بحقوق الشعب الكردي وكان الدستور خطوة الى الوراء حيث اثارت الدهشة والاستغراب لدى البارزاني وقادة الثورة الكردية . وعلى اثر ذلك ارسل البارزاني ممثليه الى كافة مدن كردستان .

ففي ٥/مايس **وصل المرحوم صالح اليوسفي ممثلا عن البارزاني الى دهوك وتوجه الى قصبة (مانگيش) للاجتماع بامر الهيز** الذي قدم بدوره الى القصبة لاستقباله ثم توجها سوية الى قرية (بيرومه را) . وتم عقد اجتماع موسع للپيشمه رگه وكوادر الحزب لشرح الوضع الداخلي للثورة الكردية وضرورة عقد مؤتمر للحزب لوضع الامور في نصابها ودعا الجميع الى وحدة الصف والتكاتف والالتفاف حول قيادة البارزاني الخالد .حيث كان المكتب السياسي قد نظم إجتماعاً موسعاً إشتهر بأسم «كونفرانس ماوه ت» في ١/نيسان/ ٩٦٤ ،لم يوجه الدعوة الى كوادر ومسؤولي اللجان الحزبية في منطقة الفرع الاول لحضوره. قرروا فيه تجريد البارزاني الخالد من رئاسة الحزب ومسؤولياته رغم إعتراض عدد من الكوادر المشاركة فيه من الفرع الخامس ، وكان قرارهم هذا مخالف للمادة الثالثة والعشرين من النظام الداخلي الذي أقر في المؤتمر الخامس المنعقد مابين (٥-٨ /مايس/ ١٩٦٠ والذي ينص « **....وبرئاسته يعقد إجتماع اللجنة المركزية والپلنوم والكونفرانس والكونگريس وله حق الحضور في إجتماعات المكتب السياسي وفي حالة تساوي الأصوات تكون الاكثرية مع الجانب الذي يصوت بجانبه الرئيس .»** .

وفي ١١/مايس جرت انتخابات اللجنة المحلية للحزب في قرية (بيرومه را) بحضور كل من « **رمضان عقراوي واحمد جرجيس**» ممثلا اللجنة التحضيرية للمؤتمر .

وفي نهاية شهر حزيران توجهت الوفود الحزبية الى (قلعة دزه) للمشاركة في

المؤتمر السادس لحزبنا وعلى طريق طقطق ـ كوى سنجق انقلبت احدى سيارات وفد دهوك ادت الى جرح البعض .(٩)

وفي الاول من تموز افتتح البارزاني الخالد المؤتمر بكلمة شرح فيها الاوضاع السياسية وملابسات عقد اتفاقية ١٠/شباط مع الحكومة ويتحدث الاستاذ حبيب محمد كريم عن هذا المؤتمر قائلاً « لقد تحدث البعض في حينه عن النواقص والسلبيات التي رافقت الاعمال التمهيدية للمؤتمر والقرارات الصادرة عنه غير ان اوجه النقص هذه وعلى فرض صحتها تقع على عاتق القيادة السابقة ، ان السبيل الذي سلكه البارزاني في هذا المضمار كان الخيار الوحيد الموجود امامه . وهو خيار صحيح ومطابق لما يقضي به النظام الداخلي للحزب . »(١٠) وانتخب المؤتمر لجنة مركزية جديدة تحملت المسؤوليات الجسام لاعادة التنظيم بعد ان تاثرت الى حد ما نتيجة الاوضاع الداخلية التي تعرض لها الحزب قبل المؤتمر .

ولكن الاحداث ومجريات الامور اثبتت بان النظام الجديد مثله مثل الانظمة السابقة لم يعترف بأي شكل من الاشكال بحق الكرد وشرعية مطالبيهم ، وخطا البارزاني الخالد خطوة جديدة لتعزيز موقف الثورة الكردية **فاعلن عن تشكيل مجلس لقيادة الثورة مؤلف من (٤٠) اربعين شخصا** يمثلون قيادة الحزب والپيشمه رگه بالاضافة الى الشخصيات الوطنية وممثلي الطوائف الدينية ورؤوساء العشائر انبثق منها مجلس تنفيذي لادارة شؤون كردستان .

وفي ١١/ت١/١٩٦٤ بعثت القيادة الكردية بوفد مؤلف من السادة **«صالح اليوسفي ، عكيد صديق ، شوكت عقراوي » الى بغداد** لتسليم مذكرة الى رئيس الجمهورية ورئيس الوزراء جاء فيها : «بدافع من الواجب والحرص على وحدة وسلامة الشعبين العربي والكردي في العراق نصدر بشعور مخلص نبيل هذه المذكرة ونقدمها عرضا للواقع بكل مافيه من مرارة . ففي كركوك المدينة على سبيل المثال طردت الاف من العوائل الكردية من بيوتها لتحل محلها عوائل

عربية وقد رافق تلك الحملة التهجيرية تصريحات لمسؤولين كبار تشير بوضوح الى ان ماجرى هو من اجل عروبة العراق وإفهام الشعب العربي بان بقاء العروبة لايكون الابالقضاء على الشعب الكردي وقد مرت قرابة تسعة اشهر والحال على ماهيه عليه الان . »(١١) وطالبت المذكرة بوضع حد للاوضاع القلقة في كردستان وتعديل الفقرة الاخيرة من المادة (١٩) من الدستور بحيث تقر حقوق الشعب الكردي على اساس الحكم الذاتي ضمن الوحدة العراقية وغيرها من النقاط التي يجدها المرء في المذكرة المنوة اعلاه .

وجوابا على المذكرة اعلن رئيس الوزراء (طاهر يحيى) بان الحكومة لاتستطيع ان تمنح الكرد الحكم الذاتي لعدم وجود البرلمان .(١٢) بهذا الاسلوب المراوغ كانت الحكومة تتصدى لحل المشكلة الكردية ففي حالة الاعتراف بحقوق الشعب الكردي كانت تتحجج بعدم وجود البرلمان ولكن من طرف اخر كانت تمنح مطلق الصلاحيات لنفسها حينما تعقد الاتفاقيات مع دول اخرى وتشرع قوانين ذات مساس بكيان العراق ككل كميثاق الوحدة في ٢٦/ مايس من دون الاستناد الى استفتاء شعبي ، بهذا المنطق كانوا يحكمون شعب العراق الذي مازال يعاني من شرور افكارهم . وكان البارزاني ادرى من غيره بطبيعة حكام بغداد حيث يتحدث جرجيس فتح الله بهذا الخصوص ناقلا عن البارزاني في اواخر ١٩٦٤ يقول « جاءت حكومة عارف بفضل انقلاب ولم تتمتع بشعبية ولم تكن قادرة على حل المسألة الكردية وستسقط هذه الحكومة وتلحق بمثيلاتها وستحل محلها حكومة اخرى لتبدأ حوارا جديدا معنا . ولم يكن البارزاني بتجاربه الغنية مع حكومات بغداد يشك في طبيعة من سيخلفها ففي رأيه ان الحكومات القومية في بغداد عاجزة عن حل المسألة دستوريا وبشكل سلمي . »(١٣) ولكن البارزاني كان يفسح المجال لها حتى اخر فرصة لتكشف هي عن نفسها .

وفي ٣/كانون الاول/١٩٦٤وجه **(صبحي عبد الحميد)** وزير الداخلية في

حكومة (طاهر يحيى) الثانية رسالة الى البارزاني الخالد عرض فيها جملة من الاجراءات الادارية وتوفير بعض الخدمات للمواطنين من دون ذكر لحل سياسي للقضية الكردية وعبرت في حقيقتها عن اسلوب المماطلة والتسويف بغية كسب الوقت ورد البارزاني على رسالته بمذكرة جاء في البند الاول منها « تحديد الحقوق القومية للشعب الكردي على اساس اتفاقية ١٠/شباط بالاضافة الى فقرات اخرى تتضمن مبدأ المشاركة في الحكم واسلوبه وجعل اللغة الكردية لغة رسمية في المنطقة وتشكيل لجنة دائمية ومشتركة للاشراف على كافة القضايا الادارية وتعين قسم من الپيشمه ركه قوة حدود وتعويض المتضررين واعادة العشائر العربية الى اماكنها الاصلية وحل الفرسان. »(١٤)

وفي ١٠/كانون الثاني /١٩٦٥ توجه وفد كردي اخر الى بغداد ضم السادة « **حبيب محمد كريم ، هاشم عقراوي ، عكيد صديق»** ومكثوا في بغداد اكثر من اسبوعين واجروا اتصالات مكثفة مع اطراف عديدة في الحكومة لوضع حد للاستفزازات واكدوا للحكومة بانه ليس من المصلحة ان تستأنف القتال وعلى الحكومة ان تجد حلا جذريا وشاملا للمشكلة الكردية .

وفي ٤/شباط/١٩٦٥ اعلن مجلس قيادة الثورة الكردية « بانه هنالك قوى تريد الشر للشعب العراقي ، تريد الشر لعربه وكرده . انها تريد استئناف العمليات الحربية(١٥) .

وفي ١٩٦٥/٢/١١ وجهت وزارة الداخلية برقية الى متصرف السليمانية تطلب فيها ابلاغ السيد عكيد صديق ممثل البارزاني رأي الحكومة بحل المشكلة الكردية واكدت رفضها وعدم موافقتها على مقترحات الوفد الكردي .

وفي ١٩٦٥/٢/١٨ بعث البارزاني برسالة جوابية الى متصرف السليمانية طلب فيها ابلاغ الحكومة بان مقترحات الوفد الكردي واقعية وعملية ومن الصعوبة الموافقة على النقاط التي وضعتها الحكومة لانها اقل حتى من الحد الادنى لما يمكن ان تطالب به الثورة الكردية او اية ثورة قومية اخرى في العالم .

وختم رسالته « باننا نتطلع الى ان تعيد الحكومة النظر في حلولها المقترحة بشكل يؤمن الحد الادنى من مطاليبنا ويحفظ في الوقت نفسه هيبة الدولة ويعزز وحدة الشعب الوطنية لما فيه خير وصلاح المواطنين جميعاً. » (١٦) .
وفي محاولة أخرى ارسل البارزاني في الاسبوع الاول من اذار/ ١٩٦٥ **السيد (سردار محمد اغا) الى بغداد لمقابلة رئيس الوزراء** كمسعى اخر لتجنب الحرب والعودة الى لغة الحوار والتفاوض بدلا من لغة الحرب الذي اتسم به الاعلام العراقي الذي عاد الى اسلوبه القديم « قطاع الطرق واللصوص ، عملاء الامبريالية .. » وما شابه ذلك مما يحويه قاموسهم الصحفي والاعلامي المتهريء . ولكن رئيس الوزراء اكد لمبعوث البارزاني موقف الحكومة السابق وليست لديها ماتضيفه . ولكن النهج الذي اتبعته الحكومة انذاك كان نابعا من العقلية الشوفينية الرجعية لرئيس الجمهورية عبد السلام عارف نفسه وبدأت القوات الحكومية في مناطق الشيخان ودهوك وغيرها باستئناف الحركات الفعلية واحتلت مواقع جديدة كأستفزاز لقوات البيشمه ركه وكأخر مسعى سلمي لتجنب ويلات الحرب وسفك الدماء بعث البارزاني الخالد في ١٢/اذار/ ١٩٦٥ وفدا مؤلفا من السادة **« شفيق احمد اغا وسردار محمد اغا » يحملان مذكرة اخيرة يناشد فيها البارزاني رئيس الوزراء** بان ياخذ بالنقاط التي بعثها بنظر الاعتبار لحل المسألة الكردية بالشكل الذي يخدم مصلحة الوطن ويجنب الشعب العراقي العزيز بعربه وكرده المزيد من الويلات والنكبات وسفك الدماء (١٧) . ولكن الحكومة اهملت مناشدة البارزاني بتجنب القتال ، وهكذا بقيت المسالة الكردية من دون حل في عهد عبد السلام عارف الذي تميز بعدم الاستقرار السياسي المتمثل بتشكيل خمسة وزارات والتنافس الشديد بين الكتل العسكرية المتصارعة والتي ادت الى القيام لاكثر من مرة بمحاولات انقلابية للوصول الى قمة السلطة . وادى ذلك الى جر الويلات على الشعب العراقي وحبذت استخدام السلاح وكانت استفزازات وتحركات قوات الجيش

والمرتزقة قد بدات في شهر شباط ١٩٦٥ الا انه بسبب قساوة الشتاء لم تستطع القوات الحكومية التقدم الى المناطق المحررة فانتظرت قدوم الربيع(١٨) .
ففي ١٩٦٥/٣/١ حاولت وحدة من الجيش احتلال **«گلي شيخ ئادى» في منطقة الشيخان** الا انها جوبهت بمقاومة عنيفة من قبل البيشمه رگه بقيادة امين سليم اتروشي ردتهم على اعقابهم . فاتصلت قيادة فرقة الموصل بالمرحوم (السيد صالح اليوسفي) ممثل البارزاني الخالد في محافظة الموصل انذاك بغية تسهيل مهمة الجيش لوضع ربيئتين على قمة «گلي شيخ ئادى» فدفعاً للمواجهة والتشبث بكل فرص السلام بذل اليوسفي جهوده في ذلك الاتجاه وانصاع الپيشمه رگه الى اوامره .
وفي الوقت ذاته وبمكر وخداع استطاعت قوة اخرى من الجيش احتلال قمتي «گلي دهوك» وانسحب الپيشمه رگه من داخل مدينة دهوك حفاظا على ارواح الابرياء والمدنيين (١٩) .
وقصفت الطائرات العراقية ظهر ذلك اليوم قرية (پيرومرا) وركزت قصفها على بناية المدرسة (٢٠) . ووصل امر الهيز «علي خليل خوشڤي» الى القرية المذكورة مساء واصدر اوامره بتنظيم الجبهة على طرفي الطريق المبلط «گرى عه مى، گرى گه رماڤا ،سبيريز، جبل پيرومه را ،باجلور»
وفي ١٩٦٥/٣/٦ دخلت مجموعة من الكوادر والپيشمه رگه الى داخل مدينة دهوك للاطلاع على الاوضاع واعادة ترتيب الامور وحلقات التنظيم (٢١) .
وفي ١٩٦٥/٣/١٤ توجهت مجموعة من كوادر الپيشمه رگه والحزب الى منطقة سهل سيتك وفايدة للقيام بجولة استطلاعية لشرح التطورات والمستجدات لابناء المنطقة وشملت الجولة حتى منطقة «بقاق» شمال مدينة الموصل بـ(٣٠)كم .(٢٢)
وفي ١٩٦٥/٣/٢٥ شرعت القوات الحكومية بالتقدم على الطريق المبلط باتجاه «گرى قصروكا» الا انها اصطدمت بمقاومة عنيفة في منطقة

«بيرومرا ،گرى عه مى» ولم تستطع التقدم بالرغم من احتلالها لقمة «سبيريز» بواسطة الرتل الخامس ، وقتل وجرح العديد من افراد القوات الحكومية كان من بين الجرحى امر كتيبة مدفعية لواء دهوك . وتحدث اشيريان عن هذه الفترة قائلاً : «لقد زجت الحكومة مرة اخرى القسم الاساسي من قواتها في المعارك الطاحنة التي كانت تدور من زاخو الى خانقين وبدأ الطيران العراقي بقصف المراكز الاهلة بالسكان دون رحمة ،وكانت الحكومة تؤكد رسمياً بان كل شيء هاديء في كردستان وان كل ما يقال عن المعارك من اختلاقات الامبريالية . وان القوات الحكومية تجري مناورات عادية ليس الا. وكل شيء طبيعي.(٢٣) » وفشلت كل الهجمات الموضعية في منطقة بادينان ولم تستطع القوات الحكومية حتى من ادامة خط مواصلاتها على الطرق المبلطة التي كانت تحت رحمة بنادق الپيشمه رگه وقد تأكد هذا في الاجتماع الذي عقده المجلس الوطني لقيادة الثورة العراقي في ١٨ /نيسان/ ١٩٦٥ والذي بحثت فيه التطورات الخطيرة في كردستان واستمرار المعارك وعدم قدرة الحكومة على حسم الامر بطريقة سلمية اوعسكرية (٢٤).

وفي ١٩٦٥/٤/٢١ شنت القوات الحكومية هجوما على جبل دهوك «قه وغا ،شكفتا سمطي،ته حا» الا انها لاقت مقاومة عنيفة وحول الپيشمه رگه الابطال مرحلة الدفاع الى الهجوم على مواقع العدو التي تركوها الواحدة تلو الاخرى وانهزموا حتى معسكر لواء دهوك بعد ان فقدوا العديد من القتلى والجرحى وتركوا العديد من البنادق والعتاد والخيم في ارض المعركة . فبعد الهزائم المنكرة التي الحقت بالقوات الحكومية في جميع جبهات بادينان بدأت الاجهزة الحكومية بتدبير المؤامرات ومحاولة القيام باغتيال عدد من الكوادر **ورصدت مبلغ (ثمانية الآف) دينار لاغتيال (عشرة) من كوادر الحزب والپيشمه رگه في المنطقة الان عملية واحدة منها لم يكتب لها النجاح .(٢٥)** وفي شهر مايس جربت القوات حظها العاثر اكثر من مرة للتقدم من (مانگيش)

الى جبل (ديراگژنيك) الا انها كانت ترد على اعقابها بعد انزال ضربات موجعة بها وفي المرة الاخيرة حاولت قوة كبيرة من المرتزقة تساندها قوات من الشرطة السيارة التقدم باتجاه جبل (ديراگژنيك) واصطدمت بالمواقع الدفاعية للپيشمه رگه الابطال بقيادة محمد علي ابراهيم ديرگژنيكي واحمد سيف الدين كربلى التي صمدت بوجههم واشتبكت معهم في قتال بطولي وفي الوقت ذاته تمكنت قوات من سريتى ممو ابراهيم وجاسم شاهين اللتين كانتا ترابطان في مرتفعات وتلول شمال شرق قصبة مانگيش من قطع خط الرجعة عن القوات الحكومية والمرتزقة وانزلت بهم ضربة موجعة وقتل على أثرها (٦) من المرتزقة وأسر (٣) منهم بالاضافة الى جرح العشرات كان من بينهم مسؤول المرتزقة . فكان درسا بليغا لهم مما جعلهم لايبرحون جحورهم . ونتيجة للضربات الموجعة بالقوات العراقية في كل الجبهات وعدم استطاعة قواتها من تحقيق اية انتصارات برزت الخلافات والانشقاقات بين الكتل المتصارعة على الحكم .
وعلى اثر ذلك وفي ١٠/تموز/١٩٦٥ قدم الوحدويون والقوميون استقالة جماعية من وزارة طاهر يحيى (٢٦) . الاان رئيس الوزراء عالج موقفه بادخال وزراء جدد محلهم . ولكن الوزارة لم تستطع الصمود والاستمرار في الحكم .
ففي ٣/ايلول/١٩٦٥ اضطر طاهر يحيى الى تقديم استقالة حكومته .
وفي ٦/ايلول/١٩٦٥ كلف رئيس الجمهورية اللواء عارف عبد الرزاق بتشكيل حكومة جديدة ، ولكنه كان يتطلع الى ماهو ارفع من رئاسة الحكومة فترك الامور الى نائبه ووزير الخارجية الدكتور عبد الرحمن البزاز .
وفي ١٥/ايلول/١٩٦٥ حاول رئيس الوزراء عارف عبد الرزاق الاطاحة برئيس الجمهورية عندما كان في مدينة الرباط للمشاركة في مؤتمر القمة العربي الثالث، غير انه فشل وخابت آماله . واتجه مع عائلته بطائرة حربية الى القاهرة (٢٧).
وفي ٢١/ايلول/١٩٦٥ كلف رئيس الجمهورية الدكتور عبد الرحمن البزاز

بتشكيل حكومة جديدة ، **وهو اول رئيس وزراء مدني في العهد الجمهوري . ويشير الى هذا ادمون غريب قائلا :« كان البزاز مدنيا ومهتما باصلاح الاوضاع الاجتماعية والاقتصادية ، وكان يدرك ان هذا لايمكن تحقيقه مالم يعود السلام والاستقرار الى الامة.(٢٨) .**
وقابل الكرد احاديث البزاز الاذاعية بالاستحسان والرضى ولكن الكتلة العسكرية بزعامة وزير الدفاع عبد العزيز العقيلي كانت تتخذ موقفا متشددا ضد الاكراد ويقف في طريق مساعي وطروحات البزاز . وقد اشار كريس كوجيرا الى هذا الوضع حينما قال :
«كانت الوزارة بيد البزاز ولكن الجيش الذي كان يعتقد ان بامكانهم اخراج الپيشمه رگه من كردستان ودفعهم الى خارج الحدود له اليد الطولى في السياسة والحكم بقيادة عبد العزيز العقيلي كانت ضد الكرد وطموحاتهم (٢٩) . » وهكذا بدا بان الكتلة العسكرية كانت صاحبة القرار فرسمت الخطط لمواصلة القتال .
ففي فجر ٤/ ١٠/ ١٩٦٥ شرعت قوة من الجيش التقدم باتجاه «شرتى،داودية» في منطقة «صپنه» ولكن ما ان وصلت الى مشارف القرى المذكورة حتى اصطدمت بقوات الپيشمه رگه التي كانت لها بالمرصاد مما اضطرت القوة الى التقهقر والهزيمة وواصل الپيشمه رگه هجومهم حتى مشارف مطار بامرنى حيث معسكر الجيش . بعد هذه الهزائم المنكرة التي الحقت بالقوات الحكومية وفشل كل المحاولات باحتلال مواقع جديدة من الاراضي المحررة خططت قيادة الجيش في الموصل للقيام بعملية كبيرة اطلقت عليها «خطة الوزير ـ عملية زلزال» للهجوم على منطقة مانگيش والتقدم الى «شاوريك» حيث مقرامرالهيز «علي خليل خوشڤي» .
ففي ٩/ ١٠/ ١٩٦٥ بدات القوات الحكومية والمرتزقة بالتحشد والتجمع في معسكر دهوك ومفرق كفلسن ـ مانگيش .

وفي ١٠/١٠/١٩٦٥ شرعت القوات الحكومية بالتقدم بثلاثة محاور :

أ- مانكيش ـ زيوكا عبو ـ شاوريك .

ب- مه مان ـ كه مه كا ـ بابوخك ـ شاوريك .

ج- جبل ديراگژنيك ـ بيسفكي ـ بانصورا ـ شاوريك .

فبالرغم من المقاومة الشديدة ووصول التعزيزات الى الجبهة من هيز زاخو استطاعت القوات الحكومية من الوصول الى جبل (**ديراگژنيك ـ بيسفكي**) واستشهد امر سرية البيشمه ركه البطل (رشيد سمو كرفيلى) وجرح العديد من البيشمه ركه كذلك استطاعت القوات الحكومية التقدم من محور (**كه مه كا**) والوصول حتى (**بابوخكى**) واستشهد اثنان من البيشمه ركه الابطال «صديق حسين سندوري ويوسف اسلام قه رقه راڤاي» وتم ايقاف زحف القوات الحكومية **وفي محور (زيوكا عبو)** استطاعت قوات البيشمه ركه بقيادة عريف سليمان وعريف درويش السندي من وقف تقدم القوات الحكومية في منطقة « گه لى گه رم» شمال غرب «شاوريك » وتمكنت قوة من العدو التسلل والوصول الى اطراف قرية «شاوريك» بغية حرقها الا ان البيشمه ركه كانوا لهم بالمرصاد .

وفي ليلة ١٤/١٥/١٠/١٩٦٥ استطاعت قوات البيشمه ركه من ايقاف التقدم وشرعت بالهجوم المقابل بمشاركة من بيشمه ركه هيز زاخو بقيادة الشهيد البطل «عيسى سوار» ودحرت القوات الحكومية في المحور الرئيسي وبقية المحاور ودفعهم حتى قصبة مانكيش والطريق المبلط «كوري كاڤانا ـ زاويته» وتم تطهير المنطقة في جميع الاماكن التي تواجدوا فيها في بداية الهجوم الا ان المرتزقة كانوا قد احرقوا قرى [**بيسفكي ، ديرگژنيك ،بيشنيك ،كه مه كا ،زيوكي عبو**] (٣٠) وصدق ادمون غريب حينما قال « كان يستخدم قسم كبير من الجيش ويدور قتال عنيف وكانت اجزاء من الاراضي تتداولها الايدي من حين لحين . وكان باستطاعة الكرد ابداء مقاومة عنيفة وشن هجمات ناجحة . »

بعد ان فشلت القوات العراقية من احتلال المناطق المحررة ، اتبعت خطة

الهجمات الموضعية على مختلف المناطق بغية الحد من نشاط الپيشمه ركه ولم تكف عن شن الهجمات مستخدمة خطة تدمير القرى واستخدمت النابالم بشكل واسع لارهاب المواطنين .

ففي ٢٧/١٠/١٩٦٥ بدات القوات الحكومية بالتحشد في منطقة «**ئاسيهى**» وقدرت باكثر من لوائين تساندها المدفعية والدبابات وعشرات الوف من المرتزقة .

وبدات بالهجوم من ثلاثة محاور على منطقة «زاخو ـ الليف» ولكنها اصطدمت بمقاومة عنيفة من پيشمه ركه هيز زاخو بقيادة علي علي وهرعت وحدات من پيشمه ركه هيز دهوك بقيادة المناضل «علي خليل خوشڤي» الى الجبهة للمشاركة في الدفاع عن المناطق المحررة وكسر زخم وشوكة الهجوم الحكومي ، والتي كانت قد تمكنت من إحراز بعض التقدم في محور «خوالش»«بيطاس»«دولا» مستفيدة من الربايا القديمة على الطرف الشرقي لگلي زاخو . في حين كانت قد توجهت فصائل اخرى من هيز دهوك بقيادة عريف سليمان الى محور بافيا وتمكنوا مع پيشمه ركه هيز زاخو بقيادة سيدى عبوش من صد الهجوم وامتصاص زخمه .

وفي ٢٩/١٠ بدات مدفعية الپيشمه ركه من قصف تجمعات العدو في قرى «**خوالش ،بيطاس،دولا ،بافيا**» واحدثت ارباكا لقوات العدو بعد ان انزلت بها خسائر في الارواح والمعدات وشوهد أفراده يلوذون بالفرار من ساحة المعركة وفي ٣٠ / ١٠ حاول العدو التقدم بقوات كبيرة لاحتلال **قمة بافيا ، وقلعة «ارمشت»** الا انها ردت على اعقابها بعد تكبيدهم خسائر جسيمة في الارواح .

وفي مساء ١/١١ عادت مدفعية الپيشمه ركه لقصف تجمعات وربايا العدو في بافيا وعلى الرغم من كل المحاولات التي بذلها العدو للوصول الى قمة «بافيا »و«قلعة» أرمشت فشلت كل هجماتهم بصمود وبسالة الپيشمه ركه الابطال واضطرت قواته في ليلة ٢/٣/ ١١ / ١٩٦٥ من ترك ساحة المواجهة

والتقهقر حتى قصبة «ئاسيهى ـ الشارع العام ـ موصل ـ زاخو» (٣٢) .
بعد ان انتهت معركة زاخو «الليف» من دون تحقيق اي نصر للقوات الحكومية خططت قيادة الپيشمه رگه لانزال ضربة موجعة ببؤرة الحقد والكراهية في المنطقة وصب غضب الشعب على اوكارهم وجحورهم ولتحقيق ذلك توجهت فصائل من هيز عمادية بقيادة «احمد،شانه» وفصائل من هيز زاخو بقيادة امر الهيز الشهيد البطل «عيسى سوار» وفصائل من هيز دهوك بقيادة امر الهيز الى جبل «ديرگژنيك» وفي مساء ١٠/١١/١٩٦٥ **دكت مدفعية الپيشمه رگه مواقع العدو ورباياه في قصبة مانگيش اعقبها هجوم بطولي قل نظيره من محورين رئيسين** ، المحور الشرقي بقيادة الشهيد «عريف سليمان» والمحور الغربي بقيادة الشهيد «علي هالو» في حين اسندت مهمة مشاغلة الربايا المشرفة على القصبة الى هيز العمادية . تمكن الپيشمه رگه من الوصول الى داخل القصبة قبل ان تنهي المدفعية مهمتها مما اضطر احد الابطال الى اضرام النار في احدى «**اكوام الجلو**»(٣٣)، والتي تسببت في اضاءة المنطقة كلها مما سهل الرؤية للقوات الحكومية واصيب العشرات من الپيشمه رگه اثناء الهجوم مما دفع بمسؤول الهجوم على اعلان كلمة الانسحاب في الوقت الذي كان العشرات من الپيشمه رگه داخل القصبة وسيطروا على العديد من المباني وربايا العدو فأرتبك عليهم الامر واضطروا للانصياع الى امر الانسحاب مما تسبب في اصابة عدد اخر من المهاجمين الابطال واستشهد ثلاثة من الپيشمه رگه .
وفي ليلة ١٤/١٥/١١ بدات مدفعية العدو باطلاق نار الازعاج على قرى «كلنازك،بيسفكي،ديرگژنيك،به ندا ،كريمى» .
وحاولت قيادة الجيش في الموصل ان تجرب حظها ثالثة في منطقة المزوري .
ففي ١/١٢/١٩٦٥ بدات بشن هجوم عام على منطقة **المزوري الجنوبية** في اتجاهات عديدة وتمكنت من احراز بعض التقدم في سهول **«سيتك ،كاني كولان، خوركى»** الا انها لاقت مقاومة عنيفة في محاور **«ايتوت ،ايمونكى»**

من قبل پيشمه رگة المنطقة بقيادة ملا قاسم ايمونكي واستغرقت العملية اسبوعين من دون تحقيق نصر يذكر فعاودت التقدم والهجوم .
ففي ١٩٦٥/١٢/١٢ شنت القوات الحكومية هجوما على قرية «بيدة» والقرى المجاورة مستفيدة من ربايا جبل زاويته الا انها لاقت مقاومة عنيفة مما جعلتهم يتركون ساحة المعركة من دون تحقيق نتائج تذكر وكانت قوة من هيز دهوك بقيادة « هجر مصطفى » قد ساهمت في الدفاع عن المنطقة ومساندة پيشمه رگه منطقة المزوري . وقد برز في هذه المرحلة التنسيق والتعاون بين پيشمه رگه مختلف الهيزات في منطقة بادينان مما اثر بصورة ايجابية على سير العمليات وارادت قيادة الپيشمه رگه اشعار القوات الحكومية بان هجماتهم لم تؤثر على تواجد الپيشمه رگه لذلك قررت انزال ضربة في العمق .
ففي ليلة ١٢/٢٧/٢٦ ضرب الپيشمه رگه مخفر فائدة على طريق الموصل وانزلوا به خسائر في الارواح والمعدات وازداد من نشاطه على الطريق المذكور بالاضافة الى سهل السليفاني وفيشخابور . وكان لعمليات الپيشمه رگه الابطال المستمرة في طول كردستان وعرضها اثر كبير مما جعل من وزير الدفاع العراقي « عبد العزيز العقيلي » ان يفقد صوابه ويعلن في ٣ /كانون الثاني/ ١٩٦٦ «بان الشرق والغرب يساعدان العصاة لخلق اسرائيل جديدة في شمال الوطن . »(٣٤) .
وفي ٤/كانون الثاني/ ١٩٦٦ اعلن «عبد الرحمن عارف » وكيل رئيس اركان الجيش «بان ايران تقدم العون للعصاة وان تعاونهم معهم مسالة لاتحتاج الى ادلة وبراهين »(٣٥) . بهذه العقلية المتحجرة والبعيدة عن المنطق والعقل كانوا يتعاملون مع الكرد والحركة الوطنية الكردية .
وفي ١٣ /منه رصدت قوات الپيشمه رگه الامامية في جبل دهوك تحشدات في **معسكر دهوك وطريق سميل ـ دهوك . وعلى الفور طلب من اهالي قريتي باخرنيف ولينافا** باخلاء قراهم لانها ستكون اهدافا منتخبة لمدفعية الطرف

المهاجم في حالة إندلاع القتال الا انهم رفضوا ذلك وقرروا الصمود في اطراف قراهم لرفع معنويات الپيشمه رگه وتزويدهم بما يحتاجونه من مأكل ومشرب وبذلك نالوا الشكر والتقدير على مر السنين .

وفي ١٤/منه انتقل امر الهيز «علي خليل خوشقي» الى منطقة المعركة المقبلة في اطراف قرية باخرنيف (عشرة كيلومترات شمال جبل دهوك) التي تقع في قلب منطقة العمليات والتي تنص أمر حركات الجيش على «تطهير منطقة (قه شه فر) والمناطق الواقعة الى شرقها والمحصورة بين طريق دهوك - زاويته الطريق القديم من الشرق والجبل الابيض من الجنوب وجبل كه مه كا من الشمال وهي تشكل الجزء الجنوبي من منطقة الدوسكي » .

وبدات فجر اليوم المذكور ارتال من القوات الحكومية «الجيش والمرتزقة » بالتقدم من محاور **كرماڤا محمد اغا باتجاه قه شه فر** ، **ومحور شاخگى** لاحتلال قمم الجبل الابيض **[قه وغا ، كوپى ره نى،شكفتا سمطى]** والتي تشرف على قرية باخرنيف من الشمال وعلى معسكر دهوك والطريق المؤدي الى الموصل من الجنوب ، ومحور **سپيريز باتجاه كرماڤا سعيد اغا وباكوز لتطويق باخرنيف** من جميع الاتجاهات وكانت الخطة معروفة ومكشوفة لدى امر الهيز ولذلك امر بفتح طريق **پيرومه را - كرماڤا سعيد اغا** امام تقدم القوات الحكومية للاندفاع حتى مشارف قرية باخرنيف ومن ثم انزال الضربة بها من الجانبين .

وفي الساعات الاولى من فجر ١٥/منه اصطدمت القوات الأمامية للپيشمه رگه مع طلائع القوات الحكومية في جميع الجبهات وتم ردها على اعقابها ونفذ ما خطط له باتقان بارع وفي ساعات مابعد الظهر شن الپيشمه رگه الابطال هجوماكاسحاً

١- بقيادة محمد حسن باجلوري وحسن علي گه رماڤي وادريس تيلي ئيكمالەى

٢- وفي محور قه شه فر استطاع پيشمه رگه السرية الاولى من هيز دهوك بقيادة نعمو صمد وحامد حاج جانگير وعبدي سمو وخالد قه ساري وغازي

موسى من وقف الهجوم الحكومي وحالوا دون تحقيق اي تقدم في ذلك المحور.

٣- وفي محور «ته حا» تم وقف الهجوم الحكومي ايضا من قبل الپيشمه رگه بقيادة احمد حاج محى ليناڤاى .

وتم شن هجوم مقابل على مواقع وحدات ف٣/ل٥ في تل كرماڤا سعيد اغا وطريق پيرومه را فانزلت بها ضربة صاعقة وتم تعقيبها حتى طريق دهوك - زاويته وهكذا لم تستطع القوات الحكومية من تحقيق هدفها .

في مطلع اذار ١٩٦٦ اعلن وزير الدفاع العراقي في لندن بانه عائد الى بغداد **« لانهاء مشكلة الشمال بالقضاء على التمرد الكردي وسحقه»**

ففي ١٩٦٦/٣/١٠ علقت اذاعة صوت كردستان على تصريحات الوزير بعنوان **«ابله جديد يهذر من وراء البحار »** وعلى ضوء ذلك قرر قائد قوات الپيشمه رگه في بادينان بالرد العملي على التصريحات المعادية وتوجيه ضربة موجعة الى قواته . واصدر اوامره الى امر هيز زاخو الشهيد البطل عيسى سوار بانزال ضربة عسكرية في القوات العراقية لتكون خير هدية للوزير .فاختار امر الهيز قاعدة [بانيا نيركزيى ١٥ كم غرب زاخو] ديره بون العسكرية لعدة اسباب منها :

١- ان قاعدة ديره بون تعتبر من اهم واقوى القواعد العسكرية في المنطقة حيث ترابط فيها سرية من الجيش مع (٧٠) من جحوش العرب .

٢- تقع القاعدة في المثلث الحدودي التركي -السوري - العراقي مما يكون لاقتحامها وقع اعلامي كبير ورد عملي على تصريحات وزير الدفاع .

٣- مناعة القاعدة من الناحية العسكرية حيث تقع على هضبة عالية ومسطحة ويبلغ ارتفاعها عن نهر دجلة حوالي (٤٠٠)م فاقتحامها يشكل درسا بليغا للقوات العراقية بانه ما من مكان حصين يصمد امام عزيمة الپيشمه رگه الابطال .

فلهذه الاسباب قرر امر الهيز مهاجمة قاعدة ديره بون (بانيا نيركزيى)وأصدر اوامره الى عدة فصائل من الپيشمه رگه الابطال من هيز زاخو بالتحرك وعبور الطريق العام موصل ـ زاخو والتمركز في الحافات الغربية لجبل بيخير .
وفي ليلة ١٢-١٣ / ١٩٦٦ تحرك امر الهيز بنفسه وعبر الطريق العام واجرى الاستطلاعات اللازمة ودرس على الارض وضع القاعدة من كل جوانبها .
في ليلة ١٣-١٤ /٣/ ١٩٦٦ اوعز امر الهيز بقصف القاعدة بصورة مركزة بمدفع هاون (١٢٠)ملم **اعقبها هجوم بطولي ساحق كان بحق ملحمة من ملاحم پيشمه رگه هيز زاخو وتقدم امر الهيز بنفسه صفوفهم حيث كان من بين الابطال الذين اقتحموا الاسلاك الشائكة** ودخلوا القاعدة وفي اقل من ساعتين تم تحرير القاعدة ووقع امر القاعدة في الاسر وهو جريح فاخلى سبيله لاسباب انسانية .
وقتل البعض من افراد وحدته واستطاع البعض منهم الفرار باتجاه قرية فيشخابور وعبر البعض الاخر نهر دجلة سباحة وتم اسر (١٠) جنود و(٣٠) ثلاثون من جحوش العرب واحرقت سيارتان ومقطورة ماء وغنم الپيشمه رگه جميع اسلحة القاعدة والاجهزة اللاسلكية . هكذا قدم هيز زاخو التهاني للوزير وفي ١٦/٣/١٩٦٦ علقت اذاعة صوت كردستان على الخبر بانها هدية الربيع للوزير .
وقد اشار الباحث اشيريان الى هذه الفترة قائلاً «لم تستطع الحكومة من تحقيق اية انتصارات، فالاكراد يملكون قوة عسكرية جبارة قادرة على صد القوات الحكومية وفشلت كل محاولاتها باحتلال مراكز المقاومة التابعة للاكراد »(٣٦).
لم تتعظ الحكومة العراقية من الفشل في جبهات القتال فكانت تحاول المرة تلو الاخرى لعلها ترفع من معنويات جنودها المنهارة .
بعد كل هذا خططت قيادة الجيش لهجوم جديد على كردستان وكلف «عبد العزيز العقيلي» برسم خطة العمليات الحربية واعلن بعض المسؤولين العراقيين

اعتمادا على الخطة بان الحكومة «ستقضي على التمرد الكردي في نهاية الربيع» ويقول اشيريان بان السلطة العراقية كانت واثقة من الانتصار لدرجة انها كلفت سفيرها في طهران بان يطلب من الحكومة الايرانية منع «قوات العصيان المهزومة من دخول اراضيها ومنع البارزاني من حق اللجوء الى ايران »(٣٧)، لكن الخطة ارجأت بعض الوقت بسبب سقوط طائرة رئيس الجمهورية عبد السلام محمد عارف في ١٩٦٦/٤/١٣ .

ويقول احمد فوزي «بان البزاز كان يطمح برئاسة الجمهورية وكاد ان يفوز به ،الا ان العسكريين وضعوا مسدساتهم على الطاولات وفرضوا انتخاب عبد الرحمن محمدعارف تحت طائلة التهديد (٣٨) .هكذا تولى « عبد الرحن عارف» رئاسة الجمهورية وترضية للجناح المدني كلف البزاز بتشكيل الوزارة ثانية وتنحى العقيلي من منصب وزير الدفاع الذي كان يطمح بان يكون رئيساً للجمهورية ورشح نفسه وفشل في نيل الاصوات اللازمة . فكلفت الحكومة وزير دفاعها شاكر محمود شكري بتنفيذ خطة العقيلي الهجومية التي كانت تركز كامل ثقلها على منطقة بالك للوصول الى الحدود الايرانية وشطر كردستان المحررة الى قسمين . ويتحدث الاستاذ حبيب كريم عن هذه المعركة قائلا « باشرت الحكومة في شن اوسع واعنف هجوم بري وجوي على منطقة بالك التي كانت تمثل العمود الفقري والمعقل الاساسي للثورة في عملية اطلق عليها «توكلنا على الله » كانت تستهدف التقدم من حوض رواندوز باتجاه جبلي هندرين وزوزك واحتلال (حاجي أومەران) في النهاية وحددت لانجاز هذه المهمة مدة شهر واحد»(٣٩) .

وتحدث اشيريان عن هذه المعركة قائلا : «وضعت الحكومة في مقاطعة رواندوز فقط (٣٥) الف جندي ودعمتهم بالمدفعية الثقيلة والطائرات بالاضافة الى عشرات الالاف من المرتزقة وتحولت كل القرى في وديان رواندوز الى معسكرات حربية للقوات العراقية ولقد ادرك الاكراد الخطر الذي يهددهم ،

وقاموا بجمع قواتهم الدفاعية ووضعوها على الجبال المشرفة على راوندوز وكلفوا « فاخر ميركه سوري » و «فارس كوره ماركي » لقيادة الپيشمه رگه (٤٠) .

وفي ليلة ٢/ايار/١٩٦٦ قامت القوات الحكومية بهجومها الواسع في ثلاثة اتجاهات وتعرضت المناطق المحررة الى نيران المدفعية حتى الصباح الباكر ثم بدا القصف بالطيران والناپالم والقنابل الحارقة . وتمكنت القوات الحكومية في بداية هجومها من التوغل في جبل هندرين وقام الپيشمه رگه بهجوم بطولي معاكس وكاسح على جبل هندرين حطمت خلاله اللواء الرابع باكمله وانتقل زمام المبادرة في ١٢/ ايار الى ايدي الپيشمه رگه .

وفي ١٤/ ايار هزمت القوات الحكومية بصورة نهائية واعتبرت معركة راوندوز من اكبر الانتصارات الحربية حتى ذلك الوقت .

ترك العدو على ارض المعركة مئات القتلى والجرحى والاسرى وغنم الپيشمه رگه كميات كبيرة من الاسلحة والتجهيزات . اكدت معركة راوندوز على ان الحركة الكردية اصبحت قوة سياسية وعسكرية فرضت اعتبارها على الحكومات التي تتغير الواحدة تلو الاخرى . بعد هذه المعركة ربح كفة البزاز الذي كان يعتبر المشكلة الكردية من اهم المسائل التي توليها حكومته عنايتها واقتنعت باستحالة القضاء على الثورة الكردية عسكريا وشرعت بارسال الوسطاء لفتح صفحة جديدة والبدء بالمباحثات لوضع حد للقتال واستجابة قيادة الثورة الكردية على طلب الحكومة وبعد اجراء العديد من اللقاءات والمباحثات تم التوصل الى اتفاق مكون من (١٢) بندا علنيا وثلاثة بنود سرية . . واذيعت من اذاعة وتلفزيون الجمهورية العراقية مساء ٢٩/حزيران/١٩٦٦ .ويقول الاستاذ حبيب محمد كريم «بان الاتفاقية تضمنت تلبية العديد من مطاليب الثورة الكردية لم تكن موجودة في الأتفاقيات المبرمة مع الحكومات العراقية السابقة »(٤١) وعرفت فيما بعد باتفاقية ٢٩/حزيران .

مصادر الفصل الرابع

١- ديڤيد أدمسن وجرجيس فتح الله ـ الحرب الكردية ص٣٥١
٢- المصدر نفسه ص٣٥٠
٣- ادمون غريب ـ الحركة القومية الكردية ص٨٣
٤- گريس كوچيرا ـ ميژوی كورد ص٣٧٩
٥-احمد فوزي ـ عبد السلام عارف ص١٤٦
٦- ديڤيد ادمسن وجرجيس فتح الله ـ الحرب الكردية ص٧٠
٧- حبيب محمد كريم ـ تاريخ مؤتمرات الحزب ص١٩
٨- تألفت اللجنة من [علي خليل خوشقي، تيلي گه ردي ،فيصل نزاركي ، فارس كوره ماركي وملا علي اسماعيل ممثلا عن الحزب]
٩- جرح في الحادث (محمد احمد (حمه ويس) والمرحوم مصطفى مروني)
١٠- حبيب محمد كريم ـ تاريخ مؤتمرات الحزب ص١٩
١١- ديڤيد ادمسن وجرجيس فتح الله ـ الحرب الكردية ص٣٥٢
١٢-المصدر نفسه ص٥٢
١٣- المصدر نفسه ص٧١
١٤- وزارة الاعلام ـ الحكومة الوطنية ومشكلة الشمال ص٥٦
١٥- اشيريان ـ الحركة الوطنية الديمقراطية في كردستان العراق ص١٣٢
١٦- وزارة الاعلام ـ الحكومة الوطنية ومشكلة الشمال ص٧٠
١٧- المصدر نفسه ص٧٣
١٨- اشيريان ـ المصدر نفسه ص١٣٣
١٩- تجمع البيشمه ركه فجر ذلك اليوم في الاحياء الشرقية والجنوبية لمدينة دهوك وبعد مناقشة قرروا عدم ضرب القوات الحكومية داخل المدينة حفاظا على ارواح ابناء بلدتهم

وانسحبوا باتجاه (ناعور ، جبل باجلور ، پيرومه را)
٢٠- كنت مع مجموعة من البيشمه ركه داخل بناية المدرسة اثناء القصف
٢١- كانت المجموعة مؤلفة من « عبدالله ملا جنيد ، محمد حسن عبو ، طارق عبد الصمد ، ابراهيم باكوزي وعبد الرزاق گه رماڤي وعبد الكريم فندي » .
٢٢- كانت المجموعة مؤلفة من «محمد حاجي مبارك، عبد الله ملا جنيد، محمد حسن عبو وعبد الكريم فندي » ومكثت حوالي عشرة ايام زارت خلالها مقر الپارتي والحزب الشيوعي في دير جبل القوش وقرية بوزان بالاضافة الى المنطقة المذكورة في المتن . »
٢٣- اشيريان ـ المصدر نفسه ص١٣٣
٢٤- جمال مصطفى مردان ـ انقلابات فاشلة في العراق ص٦٠
٢٥- تمكنت لجنة محلية الپارتي في الموصل من الحصول على نسخة من الكتاب الذي اصدرته قيادة قوات الجحفل الخفيف بهذا الخصوص ودونت فيها الاسماء العشرة وهم:

احمد جرجيس ومجيد جرجيس ـ شيخان
نجم الدين يوسفي وعلي عبيد الله ـ عمادية
شعبان سعيد وعلي هالو ـ زاخو
فارس كوره ماركي، سعيد امين، محمد حسن عبو، وعبد الكريم فندي ـ دهوك

وكتبت ملاحظة بجانب اسم الشهيد « علي هالو » لم تنجح خطة اغتياله وكانت قد جرت محاولة لاغتياله في شهر شباط ١٩٦٥ في قرية «بوصلى» ليلاً . وكتبت ملاحظة بجانب اسم «فارس كوره ماركي» لم تنفذ خطة اغتياله لحد الآن .
٢٦- جمال مصطفى مردان ـ المصدر نفسه ص٢٦
٢٧- احمد فوزي ـ المصدر نفسه ص٦٦

٢٨- ادمون غريب ـ المصدر نفسه ص٨٩

٢٩- كريس كوچيرا ـ المصدر نفسه ص٣٩٥

٣٠ - معلومات مسجلة في المفكرة الشخصية وبعضها من الذاكرة حيث كنت مشاركا في جانب من هذه العمليات .

٣١- ادمون غريب ـ المصدر نفسه ص٨٩

٣٢- من المفكرة الشخصية

٣٣- اشعل الشهيد «حيدر عبد الله حمو گه رماڤي » النار في الكومة والتي تسمى باللغة الكردية «ديه».

٣٤- محمود الدرة ـ القضية الكردية ـ الطبعة الثانية ص٣٨٨

٣٥- محمود الدرة ـ المصدر نفسه ص٣٨٩

٣٦- اشيريان ـ المصدر نفسه ص١٣٤

٣٧- اشيريان ـ المصدر نفسه ص١٣٥

٣٨- احمد فوزي ـ المصدر نفسه ص١٥٠

٣٩- حبيب محمد كريم ـ المصدرنفسه ص٢٣

٤٠- اشيريان ـ المصدر نفسه ص١٣٩

٤١- حبيب محمد كريم ـ المصدر نفسه ص٢٣

هوامش الفصل الرابع

١- باكوز :

قرية تقع شمال مدينة دهوك وعلى مقربة من طريق دهوك زاويته القديم .

٢- حامد حاج جانگير :

امر احدى فصائل الپيشمه رگه في ثورة ايلول . من قرية سرطنك شرق قصبة سميل كانت وحدته في قرية باكوز يوم ١٠/شباط/١٩٦٤ .توفى في ايلول ١٩٩٢ .

٣- بوطيا :

قرية تقع شمال مدينة دهوك ، تتبع ناحية زاويته كان معظم ابنائها منضمين الى صفوف الپيشمه رگه .

٤- كلنازك :

قرية تتبع ناحية الدوسكي . وتقع على سفح الجبل المتجه من زاويته الى زاخو . كانت فيها مقرات هيز دهوك ومقر لجنة محلية دهوك للپارتي بالاضافة الى مقر الفرع الاولى للپارتي ومقرات الادارة والمحكمة .

٥- عبد الرزاق گه رماڤي :

من النشطين في صفوف الپارتي قبل ثورة ايلول التحق بالثورة في ربيع ١٩٦٣ . اصبح معاون امر هيز دهوك حتى عام ١٩٧٤ . ثم أمراً لهيز دهوك ١٩٧٤-١٩٧٥ وكالة ، يسكن دهوك حالياً .

٦- شاوريك :

قرية تتبع ناحية الدوسكي . تقع على نهير شمرخ الذي يصب في نهر الخابور والذي يمر في منتصف منطقة الدوسكي . اتخذها

امر هيز دهوك مقراً له منذ ١٩٦٢ ولغاية ١٩٦٦ .وكانت فيها مقرات لجنة محلية دهوك والفرع الاول والادارة والمحكمة .

٧- بابوخك :

قرية تتبع ناحية الدوسكي . تقع على سفح الجبل المتجه من زاويته الى زاخو . وتقع شرق مدينة شاوريك .

٨- زيوكى عبو:

قرية تتبع ناحية الدوسكي . تقع على هضبة غرب قصبة مانكيش كان فيها مقرا للپيشمه رگه .

٩- پيرومه را :

قرية تقع شمال مدينة دهوك . وكانت مقراً للپيشمه رگه في معظم الاوقات .

١٠- گلي شيخ نادى :

مضيق جبلي شمال قصبة الشيخان . ويمر فيه الطريق المبلط المؤدي من شيخان الى مركز ناحية المزوري (اتروش) ويقع فيه ايضا مرقد الشيخ نادى الذي تتخذه الطائفة الايزدية مزارا لها . وهو العارض الستراتيجي على طريق شيخان ـ منطقة المزوري.

١١- امين سليم اتروشي :

التحق بصفوف الپيشمه رگه في بداية ثورة ايلول . اصبح امر قوة في هيز شيخان يسكن دهوك حالياً .

١٢- قه وغا، شكه فتا سمطي،ته حا :

مواقع ستراتيجية على الجبل الابيض شمال غرب مدينة دهوك . كان يتخذها پيشمه رگة هيز دهوك مواقع دفاعية عن المنطقة . وتشرف مباشرة على دهوك والطريق المبلط المؤدي منها الى الموصل وزاخو .

١٣- محمد علي ابراهيم ديرگژنيكي :
امر سرية في هيز دهوك . ومسؤولا عن الدفاع عن جبل ديرگژنيك . وكان من النشطين في صفوف الپارتي قبل ثورة ايلول والتحق بها في بدايتها .استشهد في هجوم على ربايا جحوش ٦٦ في قارقاراڤا ١٩٦٩/٤/٩ .

١٤- ممو ابراهيم كوره ماركي :
امر سرية في هيز دهوك . التحق بثورة ايلول في بدايتها وساهم في معارك تحرير بادينان . امتاز بالكفاءة والشجاعة ويسكن سواره توكا حاليا

١٥- جاسم شاهين كوره ماركي :
التحق بصفوف الپيشمه رگه في بداية ثورة ايلول . اشتهر بالاخلاص والصلابة جرح لمرات عديدة في معارك به ری كه ر ومانكيش ساهم في معظم معارك تحرير بادينان . اصبح امر سرية في هيز دهوك .يسكن دهوك حالياً .

١٦- احمد سيف الدين :
التحق بصفوف الپيشمه رگه في بداية ثورة ايلول ساهم في معظم معارك بادينان . من قرية كربل ناحية الدوسكي . اشتهر بالشجاعة والاخلاص .

١٧- شرتى ، داودية :
قريتان تقعان جنوب غرب مطار بامرنى في سهل صبنه الغربي .

١٨- رشيد سمو كرفيلي :
امر احدى فصائل الپيشمه رگه في هيز دهوك . ساهم بصورة فعالة في معارك الدفاع عن مناطق دهوك . استشهد في ١٩٦٥/١٠/١٢ في معركة جبل ديرگژنيك . ودفن في قرية

كلنازك .

١٩- خوالش ، بيطاس ، دولا :

قرى تقع في منطقة الليف شمال الجبل الابيض وجنوب نهر الخابور . كانت فيها مقرات للپيشمه رگه خلال ثورة ايلول ومنها اتخذ الشهيد عيسى سوارمقرا لهيز زاخو .

٢٠- سليمان سعيد الملقب بـ (عريف سلو):

كان امر بتاليون في هيز دهوك . وهيز هلگورد ، ساهم بصورة فعالة في ثورة ايلول . شارك في معظم معارك تحرير بادينان ضمن هيز دهوك وزاخو .كان عريفا في الشرطة العراقية قبل التحاقه بالثورة في ايلول ١٩٦١ .التجأ الى ايران بعد نكسة ١٩٧٥ اعتقل في الاراضي التركية وسلم غدرا الى الحكومة العراقية في ٩٨٤/٤/١٧ حيث اعدمته في ٩٨٥/٥/٢٢ ودفن في قريته زيوه .

٢١- عريف درويش السندي :

التحق بصفوف الپيشمه رگه في بداية ثورة ايلول . اشتهر بالشجاعة والاخلاص . كان امر قوة في هيز زاخو . التجأ الى ايران بعد عام ١٩٧٥ عاد الى كوردستان العراق بعد الانتفاضة المجيدة ولازال في صفوف الپيشمه رگه .

٢٢- علي علي :

احد قادة الپيشمه رگه في هيز زاخو . اتصف بالشجاعة والاقدام . استشهد شقيقه في هذه المعركة .

٢٣- سيدى عبوش سليڤاني :

كان من النشطين في صفوف البارتي . اعتقل قي بداية الثورة واودع التوقيف في سجن الموصل افرج عنه بعد مفاوضات ١٩٦٣ التحق بصفوف الپيشمه رگه اصبح امر بتاليون في هيز زاخو . جرح في معارك سه رتيز عام ١٩٧٤ . ارسل الى لندن للمعالجة . عاد الى مدينة دهوك بعد ١٩٧٥ وتوفي فيها .

٢٤- باڤيا :

قرية تقع على السفح الجنوبي للجبل الابيض . شرقي مركز ناحية السليفاني (ئاسهى) .

٢٥- احمد شانه :

امر بتاليون في هيز عمادية (ئاميدى) التحق بثورة ايلول في بدايتها وساهم بصورة فعالة في معارك تحرير بادينان .انتقل الى ايران بعد نكسة ١٩٧٥ ، عاد الى كردستان بعد الانتفاضة المباركة ١٩٩١ يسكن حاليا دهوك .

٢٦- علي هالو :

امر بتاليون في هيز زاخو . كان من النشطين في صفوف الپارتي بعد ثورة ١٤/تموز . ساهم في القوات التي ارسلت في مايس ١٩٦١ للمساهمة في طرد العناصر التي كانت تثير المشاكل والاستفزازات لبارزان . شارك في ثورة ايلول في بدايتها . ساهم بصورة فعالة ونشطة في معارك تحرير بادينان توفى في حادثة سيارة على طريق باطوفة ـ بيرسفى في ١٩٦٧/٩/٢٣ .

٢٧- ستيك ،كاني كولان :

قريتان في سهل ستيك بين جبلى القوش ودوسته كا . فيها كهوف كثيرة.

٢٨- خوركي :

من قرى منطقة المزوري الجنوبية كان المرحوم عبد الواحد الحاج ملو قد اتخذها مقراً لقواته في عام١٩٦٣ .

٢٩- ايمونكى :

قرية تقع على السفح الغربي لجبل مام سين وعلى شرق طريق دهوك زاويته الحالي .

٣٠- ملا قاسم ايمونكي :

من النشيطين في صفوف البارتي بعد ثورة ١٤ تموز ١٩٥٨ . التحق بصفوف البيشمه ركه في بداية ثورة ايلول . ساهم في معظم معارك منطقة المزوري . كان امر قوة في هيز شيخان ويسكن دهوك حالياً .

٣١- پيده :

قرية تقع شرق ناحية زاويته ويمر فيها حالياً طريق دهوك - اتروش . وكان فيها مسكن المرحوم عبد الواحد الحاج ملو رئيس عشيرة المزوري .

٣٢- هجر مصطفى :

كان امر سرية في هيز دهوك . التحق بصفوف البيشمه ركه في بداية ثورة ايلول . شارك في معظم معارك تحرير بادينان . انظم برفقة عمه المرحوم تيلي گه ردي مع سريته الى قوات البارزاني التي انتقلت الى مناطق بالك ورانية وخوشناوه تي وساهم بدور فعال في معاركها . عاد في عام ١٩٦٣ الى منطقة الدوسكي . يسكن حاليا مدينة دهوك .

٣٣- فائده :

مركز ناحية فائدة تقع على طريق دهوك - موصل .

٣٤- باخرنيف وليناڤا :

من قرى منطقة الدوسكي الجنوبية تقعان على السفح الشمالي لجبل الابيض شمال مدينة دهوك . كانت فيها مقرات الپيشمەرگه طيلة سنوات ثورة ايلول .

٣٥- گه رماڤا محمد اغا :

قرية تقع جنوب الجبل الابيض . شمال قصبة سميل .

٣٦- قه شه فر :

قرية مسيحية حصينة في الجبل الابيض . تشرف على سهل سميل وعلى الطريق المبلط دهوك ـ زاخو ـ موصل .كانت فيها مقرات الپيشمه رگه طيلة سنوات ثورة ايلول . وفيها دير مار ياقو الشهير .

٣٧- سپيريز :

عارض جبلي شمال شرق مدينة دهوك . يشرف على منطقة الدوسكي الجنوبية . وكان يمر من سفحها الغربي والشمالي طريق دهوك ـ زاويته القديم .

٣٨- گه رماڤا سعيد اغا :

قرية تقع شمال مدينة دهوك . تشتهر بعيونها الكبريتية . كان معظم ابنائها في صفوف الپيشمه ركه .

٣٩- الشهيد محمد حسن باجلوري :

التحق بصفوف الپيشمه رگه في بداية ثورة ايلول ثم واكب مسيرة البارزاني الى محافظات اربيل والسليمانية وكان مع وحدته ضمن القوات الخاصة بمقر البارزاني الخالد .عاد الى منطقة الدوسكي عام ١٩٦٣ واتخذ من الجبل الابيض المشرف على دهوك مقرا له . يشهد الجميع بشجاعته واخلاصه للپارتي والبارزاني . اصبح

امر الفوج الخاص في هيز دهوك عام ١٩٧٤ .وبعد نكسة ١٩٧٥ انتقل الى ايران وظل مواكبا للثورة والپارتي . استشهد في ١٩٨٣/١١/١٦ في قصبة شنو بايران . ساهم في معظم معارك ثورة ايلول .

٤٠- الشهيد حسن علي گه رماڤي :

التحق بصفوف البيشمه ركه في بداية ثورة ايلول ،اشتهر بالشجاعة والاخلاص . توجه الى بالك واشترك في معارك قلعة دزة عام ١٩٦٦ . اصبح امر فوج في هيز دهوك ،استشهد في ١٩٧٤/٥/١ في جبل پيرومه را شمال دهوك . ساهم في معظم معارك ثورة ايلول .

٤١- نعمو صمد :

من النشطين في صفوف البارتي قبل ثورة ايلول . اعتقل في عام ١٩٦١ واودع في سجن الفضيلية ببغداد . التحق بصفوف البيشمه ركه ١٩٦٣ . اصبح امر سرية في هيز دهوك . ساهم في معظم معارك الهيز اصبح امر بتاليون في عام ١٩٧٤-١٩٧٥ .انتقل الى ايران بعد النكسة ثم نفي الى جنوب العراق لدى عودته . يسكن مدينة دهوك حالياً .

٤٢- عبدي سمو كرڤيلي :

امر احدى فصائل البيشمه ركه في هيز دهوك ساهم بفعالية ونشاط مع اخوته واقاربه في ثورة ايلول . اصبح امر سرية في عام ١٩٧٤ . وهو شقيق الشهيد رشيد سمو كرڤيلي .

٤٣- خالد قه ساري :

امر احدى فصائل البيشمه ركه ضمن هيز دهوك ساهم بنشاط وفعالية في الدفاع عن منطقة قه شه فر .اصبح امر سرية في هيز

دهوك عام ١٩٧٤ . كان من النشطين في صفوف البارتي بعد ثورة تموز واعتقل في عام ١٩٦١ .التحق بصفوف البيشمه ركه في عام ١٩٦٣ ـ ويسكن دهوك حالياً.

٤٤- غازي موسى :

امر احدى فصائل البيشمه ركه في هيز دهوك . اشتهر بالشجاعة والاخلاص . يسكن سميل حالياً .

٤٥- احمد حاج محى ليناڤاى :

كان من النشطين في صفوف البارتي بعد ثورة ١٤/تموز/١٩٥٨ . التحق بصفوف البيشمه ركه في بداية ثورة ايلول . اصبح امر لاحدى فصائل البيشمه ركه في هيز دهوك . انتقل ضمن قوات خاصة الى منطقة بالك وساهم بنشاط وفعالية في معارك زوزك الشهيرة عام ١٩٦٦ . استشهد في معارك جبل زوزك .

٤٦- بانيا نيركزى :

هضبة مشرفة على نهر دجلة في المثلث الحدودي العراقي ـ السوري ـ التركي .

٤٧- ديره بون :

قرية مسيحية كبيرة في المثلث الحدودي العراقي ـ السوري ـ التركي .

٤٨- فارس حسن كوره ماركي :

كان من النشطين في صفوف البارتي بعد ثورة١٤/تموز/١٩٥٨ . ساهم بصورة فعالة في وضع حدٍ للاستفزازات ضد بارزان في مايس ١٩٦١ . التحق بصفوف البيشمه ركه في بداية ثورة ايلول . اصبح مسؤولا عن لجنة محلية دهوك للبارتي ثم امرا لفوج

خاص في مقر البارزاني الخالد، كان لقوته دور مشهود في معارك زوزك الشهيرة عام ١٩٦٦ . ثم عاد الى هيز دهوك كآمر فوج . انتقل الى ايران بعد نكسة ١٩٧٥ . عاد الى العراق ويسكن دهوك حالياً .

الفصل الخامس

٢٩ حزيران ١٩٦٦- ١١ آذار ١٩٧٠

حظيت خطوة البزاز بتوقيع ٢٩ حزيران مع قيادة الثورة الكردية بتأييد واسع من الشعب العراقي وقواه الوطنية والشعوب والحكومات الصديقة .وارسلت العديد من برقيات التأييد الى الحكومة عبرت فيها عن التضامن والمساندة للنهج الجديد .

على الرغم من ان الاتفاقية لم تلب مطاليب الشعب الكردي ، ولم تعبر عن كل امانيه، لكن مع ذلك اعتبرت القيادة الكردية بان وقف القتال يفتح السبل امام الجهود الخيرة للتوصل الى حل دائم مبني على اسس ديمقراطية برلمانية في العراق ، **ولكن القوى المتطرفة والمتصارعة على الحكم لم توقف نشاطها التخريبي ضد الاتفاقية** .بحيث لم يجف حبرها بعد عندما قامت مجموعة من الضباط بقيادة اللواء عارف عبد الرزاق رئيس الوزراء السابق بمحاولة انقلاب فاشلة في ٣٠ حزيران ١٩٦٦ . ان المحاولة المذكورة بينت بان هنالك قوى متطرفة ومتعصبة تعمل باصرار ضد الحل السلمي للقضية الكردية ولاترى طريقا للحل الا طريق القوة والعنف وانكار الحقوق القومية وتؤمن ببقاء هيمنة العسكر على مركز القرار السياسي .فرغم كل محاولات البزاز الرامية الى اصلاح الوضع الاقتصادي والسياسي للبلاد فقد رفضتهُ المجموعات العسكرية كأول رئيس وزراء مدني . وسقطت حكومته دون ان تتاح لها فرصة تنفيذ برنامجها وتحت ضغط الكتل العسكرية المتصارعة اضطر رئيس الجمهورية عبد الرحمن محمد عارف، تكليف اللواء الركن ناجي طالب بتشكيل وزارة جديدة فشكلها في ١٠/آب/١٩٦٦ .ولم يشارك فيها ممثلو الثورة الكردية (١). وهكذا استلم العسكر زمام الحكم مرة اخرى.

على الرغم من ان رئيس الوزراء الجديد اعلن عن احترامه لبرنامج سلفه بتنفيذ بنود اتفاقية ٢٩ حزيران الا انه لم يفعل شيئا من اجل تنفيذها وبقيت تصريحاته وعودا معسولة لاغير ، ولم تتخذ حكومته اية خطوات من شأنها تنفيذ الاتفاقية ولم تقم باية اصلاحات في كردستان ،فوجه البارزاني الخالد قائد الثورة الكردية

في نهاية اب برقية الى رئيس الجمهورية طلب فيها التنفيذ العاجل للاتفاقية وعقدت اجتماعات عديدة كان هدف الحكومة منها كسب الوقت لتقوية مواقعها وتعمل من اجل تعميق الخلافات بين صفوف الكرد . ونظمت الحكومة زيارات رسمية لكبار المسؤولين الى كردستان ففي بداية ايلول زار اللواء الركن شاكر محمود شكري وزير الدفاع مقر البارزاني وقدم له نسخة من القرآن الكريم هدية له اثناء المقابلة .ولكن ذلك لم يبرهن بخطوات عملية فبقى كل شيء حبرا على الورق وساءت العلاقات نتيجة الوعود الكاذبة للحكومة فخشى رئيس الجمهورية من ان تؤدي سياسة رئيس وزرائه الى تجدد القتال الذي لم يكن هو راغبا فيه . وعند ذلك قرر ان يزور كردستان بنفسه وقام بجولة دراماتيكية بدأها بزيارة الموصل بالقطار ثم توجه الى اربيل والى منطقة رواندوز حيث التقى في ٢٨/تشرين الاول/١٩٦٦ بالبارزاني الخالد وقادة الحزب والثورة الكردية . **وكان هذا هو اللقاء الاول بين البارزاني الخالد ورئيس عراقي منذ اندلاع ثورة ايلول الدفاعية .**

جرت مباحثات رسمية طالب خلالها الجانب الكردي بتنفيذ اتفاقية ٢٩ حزيران ووعد رئيس الجمهورية بتنفيذ ذلك فور عودته الى العاصمة وعلقت جريدة الجمهورية البغدادية في افتتاحيتها على هذه الزيارة قائلة :« ان زيارة السيد الرئيس لم تكن الا الصفحة الجديدة لبناء المجتمع وتعزيز الوحدة ، وانصراف الجهود الى العمل الذي يوفر الخير والرفاهية لابناء الشعب الذين شعروا بما تتركه الخلافات من خراب ودمار ، وتعطيل للنهضة المنشودة ، وفرصة سانحة للاعداء المتربصين للنيل من قوة الوحدة الوطنية (٢) . ونشرت على صفحاتها صور البارزاني الخالد اثناء لقائه برئيس الجمهورية ، ساعد هذا اللقاء على تهدئة الوضع بصورة مؤقتة ليس الا . وفي هذه الاجواء عقد الحزب الديمقراطي الكردستاني مؤتمره السابع في گلالة للفترة (١٥ـ٢٠ـ تشرين الثاني ـ ١٩٦٦). شارك فيه اكثر من (١٠٠) مئة مندوب عن منطقة الفرع الاول وفي اليوم الاخير

تم انتخاب لجنة مركزية جديدة .وبعد انتهاء المؤتمر وجهت رسالة الى رئيس الجمهورية ورئيس الوزراء حللت فيها الاوضاع السياسية وشخصت الصعوبات والقوى التي تعرقل تنفيذ الاتفاقية وبينت الرسالة السبل الصحيحة لحل القضية الكردية واعتبر الموتمر اتفاقية ٢٩ حزيران وثيقة هامة بالرغم من مرور خمسة اشهر على صدورها (٣)، الا ان الكتل المتصارعة داخل الحكم وخارجه وضعت العراقيل امام ما توصل اليه رئيس الجمهورية مع البارزاني الخالد ، لان المتصلبين كانت لهم اليد الطولي وكانت تخشى من ان اتفاقا بين البارزاني ورئيس الجمهورية قد تؤدي الى تقوية الاخير ، فراحت تفتعل الازمات والمشاكل الآنية لاشغال الحكومة بمسائل جانبية لكي تبقى الفرص سانحة امامها لتمرير مؤامراتها لانها كانت مدركة بان استقرار الاوضاع وعودة المؤسسات الديمقراطية تعد ضربة لها ولمخططاتها التآمرية فتوترت العلاقات ثانية بين قيادة الثورة الكردية والحكومة والتي كانت تتبع سياسة تفريق الكرد والتي ساهمت بدورها في توتر الاوضاع ، وتم تشكيل نوع جديد من المرتزقة الذين دعمتهم الحكومة بالمال والسلاح وقام هؤلاء باعمال الفوضى في العديد من مناطق كردستان وحدثت نتيجة ذلك اصطدامات بين القوات الحكومية وبين البيشمه ركه الابطال ونتيجة الاوضاع المتوترة في كردستان خاصة والشرق الاوسط عامة وظهور دلائل تشير الى اندلاع حرب جديدة ، **شكل رئيس الجمهورية وزراة جديدة برئاسته في ١٠/ايار/١٩٦٧ شغل فيها اللواء فؤاد عارف منصب نائب رئيس الوزراء بالاضافة الى الاستاذ احسان شيرزاد كوزير للبلديات والاشغال ممثلين عن الثورة الكردية . لقد كانت وزارة حرب اكثر من اي شيء اخر** وساهم فيه مختلف القوى والشخصيات الوطنية حيث شارك فيها احد انجال الزعيم الروحي للشيعة كوزيز للمواصلات (٤) . ويتحدث الاستاذ حبيب محمد كريم عن هذه الفترة قائلاً :« لقد وقع خلال هذه الفترة اخطر حدث عربي ودولي وهي الحرب التي سميت في حينه «بحرب الايام الستة» بين الدول

العربية واسرائيل في ٥ حزيران والتي اسفرت عن تدمير الجانب الاكبر من القدرة العسكرية لكل من مصر وسوريا والاردن بالاضافة الى احتلال اراضي عربية اخرى . وانعكست الاثار السلبية لتلك الهزيمة على الحكومة العراقية التي كانت عاجزة عن تقديم اي انجاز هام للشعب العراقي.» (٥) .

وكان الحزب الديمقراطي الكردستاني قد اصدر جريدة يومية سياسية باسم «**التآخي**»(٦) ،في بغداد عبرت عن افكار وتوجهات الثورة الكردية وتطلعاتها والتي سرعان ما تحولت الى مركز استقطاب لجميع المثقفين والسياسين الذين حولوها الى ناطقة ومعبرة عن افكار المعارضة العراقية ومن خلال صفحاتها عبر الكثير من القوى والاحزاب والشخصيات الوطنية عن ارائهم حول نظام الحكم وتطلعاتهم الى عراق ديمقراطي پرلماني ، فعلى سبيل المثال نشرت ريبورتاجاً عن المسيرة التي نظمها حزب البعث والتي انطلقت من ساحة الميدان ـ شارع الرشيد ـ ساحة التحرير في بغداد والتي شارك فيها قادة حزب البعث آنذاك (٧). هذا بالاضافة الى عشرات الاقلام التي كانت تساهم فيها وتطالب بتوسيع قاعدة الحكم والغاء الاوضاع الاستثنائية ، فاضطر رئيس الجمهورية الى ترك رئاسة الوزارة لغيره لعله بذلك يمتص النقمة الشعبية ، فتركها للسيد طاهر يحيى مرة اخرى . الذي لم يصغ الى مطاليب القوى الوطنية فجاءت وزارته التي شكلها في ١٠/تموز/١٩٦٧ هزيلة وبعيدة عن الشعب وقواه الوطنية ولم يشارك فيها ممثلو الثورة الكردية (٨). وحللت قيادة الحزب الديمقراطي الكردستاني عدم المشاركة في الحكومة الجديدة عبر تصريح مهم ادلى به البارزاني الخالد لجريدة التآخي جاء فيه :«ان القيادة الكردية كانت تطالب بتشكيل حكومة وطنية تضم مختلف فئات الشعب واتجاهاته ، وتكون نسبة تمثيل الشعب الكردي فيها ، منسجمة مع نفوس الاكراد في العراق واستجابة لمبدأ الشراكة في الوطن ، وتاخذ هذه الحكومة الوطنية على عاتقها التمهيد للحياة الديمقراطية البرلمانية وتحصر مهمتها الرئيسية في تصفية الاوضاع

الاستثنائية الشاذة التي هي السبب المباشر والرئيسي في ازمة الحكم المستعصية . وان هذا لايعني بان قيادة الثورة الكردية ستقف موقف العداء من الحكومة الجديدة . الاان قيادة الثورة الكردية لاتريد مواصلة تحمل مسؤولية استمرار الاوضاع الشاذة او تكريس التشتت في وحدة الصف الوطني . » (٩)
وعلقت جريدة التآخي على تشكيل الوزارة قائلة :«**ان تاليف الحكومة الجديدة جاء اجهاضاً واضحاً لمساعي الفئات الوطنية والقومية في العراق وتقليداً للاسلوب الخاطىء الذي رافق تاليف الحكومات العراقية** . ومما يزيد من مصاعب الحكومة الجديدة عدم اسهام ممثلين حقيقيين للاكراد فيها اصراراً منهم على وجوب التمسك بمبدأ المشاركة في الحكم وعلى النهج الذي اختطوه لانفسهم وللشعب العراقي باسره بان الوضع القائم لايمكن تجاوزه بدون وحدة وطنية متراصة وشاملة وامتناعهم عن الاسهام في اية حكومة لاتضم ممثلين حقيقيين لكل الفئات الوطنية والقومية في العراق » (١٠) .
حاول رئيس الوزراء طاهر يحيى مرة اخرى تهدئة الاوضاع وكسب الوقت لتوطيد اقدامه فقرر السفر الى كوردستان وتوجه في منتصف ايلول الى «گلاله» وقابل البارزاني الخالد واجرى مباحثات معه ومع قادة الحزب والثورة الكردية ، حاول خلالها الظهور بمظهر من يريد تنفيذ الاتفاقية وتوطيد دعائم السلم والاستقرار في المنطقة وعلقت جريدة التآخي على اللقاء قائلة «ان التفاهم قد ساد المحادثات التي جرت ورغم مضي هذه المدة الطويلة على صدور الاتفاقية وتثبيت الاسس التي ستنطلق منها الحكومة والشعب الكردي لحل المسألة فانه لم يخرج كل ذلك عن نطاق المجاملات المكتوبة والمثبتة والوعود بالعمل على حلها وتجاوزها » (١١) . وخلال الفترة التي اعقبت ذلك كانت « التاخي» تطرح عبر افتتاحياتها العديد من المطاليب وتوجهات وآراء مختلف القوى الوطنية في العراق التي كانت تنادي بانهاء فترة الانتقال وتطالب باطلاق الحريات وتوسيع قاعدة الحكم واجراء الانتخابات مما حدا برقيب وزارة الثقافة

والارشاد بمنع المقال الافتتاحي للجريدة لمرات عديدة (١٢) . وتحدث الاستاذ حبيب محمد كريم عن هذه الفترة قائلاً :«لقد ادى ضعف وتردي نظام الحكم الى شروع بعض اوساط المعارضة بالتفكير في الاطاحة بالحكومة . وتم مفاتحة حزبنا الديمقراطي الكردستاني من قبل البعث للمشاركة في عمل عسكري لاسقاط الحكم الا ان البارزاني لم يوافق على المشاركة في العملية واستند في ذلك على وجود علاقات بيننا وبين الحكومة »(١٣) . بهذا الصدق السياسي واخلاقية الكرد واحتراما للقلم الذي وقع به الاتفاقية لم يوافق البارزاني الخالد على التنصل منها والدخول في اتفاقيات سرية وثنائية ضد الحكومة طالما تتمسك الاخيرة بالاتفاقية ولو اعلامياً .

وفي جو يسوده عدم الثقة استمرت هدنة قلقة بين الطرفين وتناست الحكومة تدريجيا الحديث عن الحقوق القومية للاكراد وجمدت اللجان التي شكلت لتنفيذ الاتفاقية ، وتردت الاوضاع السياسية في البلاد فاستغل البعث كل ذلك ونسق مع كتلة الضباط العرب «النائف ـ الداود» وفي ١٧/تموز /١٩٦٨ اسقط البعثيون وشركاؤهم عبد الرحمن محمد عارف وحكومته .

اطاح البعثيون بالتعاون مع كتلة النائف ـ الداود برئيس الجمهورية عبد الرحمن محمد عارف وحكومته في ١٧/تموز/١٩٦٨. وتعهدوا بحل المسألة الكردية طبقا لاتفاقية ٢٩ حزيران وطلبوا من البارزاني الخالد المساهمة في الحكومة الجديدة ووافق البارزاني على ذلك شريطة عدم اشراك اية فئة اخرى(١٤) ، على الرغم من انه كان في ريب من نوايا البعثيين ، اذ انه لم ينس بان حكومتهم الاولى هي التي شنت اعنف حملة على كردستان عام ١٩٦٣ . **ولكن سرعان ما انفرط عقد تحالف الانقلابين** وفي اقل من اسبوعين حيث تآمر البعثيون على شركاء الامس وابعدوا النائف والداود في ٣٠/تموز/١٩٦٨ عن الحكم واستأثروا بمقاليد السلطة وعند الاعلان عن مراسيم **تشكيل الوزارة الجديدة لم يلتزم البعثيون بما تم الاتفاق عليه معهم وادخلوا ممثلاً لفئة اخرى في الوزارة**

هو طه محي الدين معروف ، فسحبت الثورة الكردية ممثليها من الحكومة التي شكلها البكر (١٥) . وبدات العلاقات بالتوتر التدريجي والتردي واصدرت قيادة الثورة الكردية بياناً شجبت فيه موقف السلطة اللاواقعي تجاه المشكلة الكردية واعتمادها على الموالين لها هي سياسة مكتوب لها الفشل ، وان من شأنها ان تخلق توترات ابعد وتهدد فرص السلام والامان في كردستان وان هذه السياسة هي المسؤولة عن خلق الجو السلبي الذي يسهل للاعداء التغلغل فيها (١٦) . ولم يستمر هذا الوضع مدة طويلة حيث بدأ البعث باستخدام لهجة التحدي بعد ان استلم كمية جديدة من الاسلحة من الاتحاد السوفيتي . وفي شهر كانون الثاني/١٩٦٩ بدأت المناوشات والاستفزازات من جانب مؤيدي ومرتزقة الحكومة ضد الثورة الكردية والمناطق المحررة من كردستان ، وانتهت هذه المناوشات الى استئناف العدوان على شعبنا حيث شنت الحكومة في آذار/١٩٦٩ هجوماً على مناطق واسعة من كردستان واعتبر هذا الهجوم اكبر تحشد للقوات الحكومية اعدتهُ السلطة حيث شارك فيه (٦٠٠٠٠) ستون الف رجل لمقاتلة البيشمه رگه **ما ان حل شهر تموز حتى كان البارزاني الخالد ورجاله لايزالون قادرين على التصدي فلم يبق امل للبعثين بمواصلة سيرهم (١٧) . وباء هجومهم بالفشل ولم يستطع تحقيق مكاسب على الارض** . وفي هذه الفترة اغلقوا جريدة التآخي . وفي حزيران بعث البارزاني الخالد بمذكرة الى الاحزاب والهيئات والشخصيات الوطنية والقوات المسلحة في العراق دعا فيها « الحكومة الى تعديل سياستها تجاه المسألة الكردية وتشكيل لجنة مشتركة تضم ممثلين عن جميع القوى السياسية في العراق بما فيها الحزب الحاكم لدراسة مختلف وجوه القضية الكردية واتهم الحكومة ايضاً باتباع سياسة تضر بمصالح الشعب والبلاد »(١٨) ، بهذه الروحية والمبدئية المتزنة ناشد البارزاني الخالد القوى والشخصيات السياسية ودعاهم الى فتح باب الحوار والمناقشة لايجاد حل عادل للقضية الكردية ضمن الاطار العراقي بعيداً عن روح التعصب

والشوفينية المقيتة . هكذا كان البارزاني يتعامل مع الاحداث . الا ان البعث لم يسلك الطريق القويم ولم يستجب لنداء البارزاني الخالد بل استمر في شن هجماته على معظم الجبهات تقريباً وتميزت كالسابق بالعنف والابادة ، ففي منتصف شهر اب حينما شن البعثيون ومرتزقتهم هجوماً على منطقة شمكان بقضاء الشيخان وعجزوا عن تحقيق اي نصر يذكر ارتكبوا مجزرة وحشية في احد كهوف قرية «**ده كان**» حيث اضرم المرتزقة النار في الكهف الذي كان مليئاً بالاطفال والنساء والشيوخ واستشهد (٤٧) شخصاً حرقاً في الكهف المذكور .

في ١٦/ ايلول/١٩٦٩ ارتكب البعثيون جريمة اخرى في سهل السليفاني عندما اقدم ضابط بعثي على جمع اهالي قرية «**صوريا**» في احدى ساحات القرية واطلق عليهم وابلا من النار من دون سبب او جرم واستشهد (٥٣) شخصاً من بينهم كاهن القرية بالاضافة الى عشرات الجرحى (١٩)، وأرادوا من خلال هذه العمليات الاجرامية ارهاب الشعب الكردي والپيشمه رگه الابطال الا ان النتائج التي تمخضت عنها هي غير ما كانت تتوقعها السلطة اذ كانت موضع استنكار شديد من قبل ابناء الشعب الكردي وازدادت صلابة الپيشمه رگه وعملياتهم العسكرية ضد قوات ومرتزقة السلطة .

وفي نهاية الخريف رجحت كفة القتال لصالح الثورة الكردية حيث قامت قوات الپيشمه رگه بهجوم كبير على مواقع المعتدين وتم اجتياح معسكرات وربايا الجيش والمرتزقة في مختلف المناطق وكبدهم خسائر فادحة . وايقن البعثيون بعد هذه الهزائم المتلاحقة استحالة الحل العسكري وعدم جدوى الاستمرار في الحرب اضافة الى ان هزائمهم هذه اصبحت سبباً مباشراً في تعميق خلافاتهم الداخلية ، الامر الذي جعل مستقبل النظام في مهب الريح وتوسط الاتحاد السوفيتي بصورة غير رسمية لتقريب وجهات النظر وايجاد ارضية للحوار والتفاوض واقتنع البعثيون بانه لابد من مناورة واجراء تغيير في سياستها المعلنة ازاء المسألة الكردية ولو بصورة مؤقتة .وفي اواخر تشرين

الثاني/١٩٦٩ اوفدت الثورة الكردية ممثلاً عنها الى بيروت للقيام بجولة عربية والاتصال بعدد من الرسميين والشخصيات العاملة في الحقل السياسي . ونشرت مجلة الاحرار البيروتية القريبة من البعثيين حديثاً لممثل الثورة الكردية حول الوضع في العراق وطرق حل القضية الكردية اعلن فيه بأن مفتاح الحل النهائي للقضية الكردية هو التعامل مع الثورة الكردية بقيادة البارزاني الخالد .

وفي ١٧/كانون الاول/١٩٦٩ نشرت جريدة الثورة لسان حال حزب البعث مقالاً وقعته هيئة التحرير اوضحت فيه وجهات نظر زعماء البعث حول كيفية حل **المشكلة الكردية واعترف المقال بالقومية الكردية وبحق تقرير المصير** وانها دعامة للقومية العربية وتلتها سلسلة من المقالات في هذا المنحى . وخطا البعث خطوة اخرى حيث نشرت جريدته الداخلية دراسة «حول القضية الكردية» حللت فيها كل القوى والفئات الكردية العاملة على الساحة العراقية موحية الى بدء الحوار مع الثورة الكردية بقيادة البارزاني **واعترفت بقوة مركزها العسكري وتمثيلها الحقيقي لكل فئات الشعب الكردي (٢١)** .

وفي ١٩/كانون الاول/١٩٦٩ بادر البعثيون الى ارسال احد مسؤوليهم هو سمير عبد العزيز النجم برفقة السيدين فؤاد عارف وعزيز شريف الى منطقة بالك حيث التقوا بقيادة الثورة والبارزاني الخالد واعرب المسؤول البعثي عن رغبة حكومته في فتح صفحة جديدة من العلاقات الطيبة واستعدادها للاعتراف بحق الشعب الكردي في الحكم الذاتي.

وفي ٢١/كانون الاول/١٩٦٩ عاد المسؤول البعثي برفقة الشهيد دارا توفيق الى بغداد لاجراء مزيد من المداولات واثناء المباحثات كان صدام حسين يوحي لممثل الثورة الكردية بانه الشخص الذي يريد حل القضية الكردية وتلبية مطاليبهم سلمياً وتوصل الطرفان الى مباديء عامة حول تلبية المطاليب الكردية بما فيها الحكم الذاتي (٢٢) .

وفي ٣١/كانون الاول توجه وفد حكومي ثان مؤلف من حردان التكريتي ،

عبد الخالق السامرائي ،طارق عزيز، فؤاد عارف، عزيز شريف الى ناو پردان حيث مقر المكتب السياسي للحزب لمواصلة الحوار والتفاوض ثم عاد الوفد الحكومي برفقة وفد كردي رفيع المستوى لاطلاع قادة البعث والحكم على نقاط الالتقاء والاختلاف (٢٣).

وفي ١٠/كانون الثاني/ ١٩٧٠ توجه صدام حسين الى ناوبردان للالتقاء بالبارزاني الخالد واطلاعه على النقاط العالقة بين الطرفين .

وفي نهاية شهر كانون الثاني/ ١٩٧٠ اعلن صدام حسين للصحافة بأن هنالك حواراً بين حكومة البعث والبارزاني من اجل الوصول الى صيغة نهائية لتآخي القوميتين العربية والكردية وايقاف كل مظاهر السلوك التي تسيء الى هذا التصور (٢٤). ويقول الاستاذ حبيب محمد كريم بان المفاوضات التي جرت بين الجانبين وعلى عدة مراحل في بغداد وناوبردان حضرها معظم المسؤولين من الطرفين المتحاورين خلال تلك الفترة وعلى رأسهم البارزاني الخالد وصدام حسين وانتهت الى الاتفاق الذي تم التوقيع عليه من قبل البارزاني وصدام حسين في ناوبردان في ١١/آذار/ ١٩٧٠ ويضيف بأن هذه الاتفاقية نقلت الحركة القومية الكردية الى مرحلة سياسية متقدمة ، وبرز الپارتي والثورة الكردية على مسرح السياسة كقوة هامة مؤثرة في سير الاحداث (٢٥) .

مصادر الفصل الخامس

١- لم يشارك في الوزارة ممثلون عن الثورة الكردية بل شارك فيها كل من السادة احمد كمال قادر وزير الدولة لشؤون الشمال ومصلح النقشبندي وزيراً للعدل كأكراد يمثلون انفسهم فقط . من المفكرة الشخصية .
٢- جريدة الجمهورية البغدادية عدد (١٠٠٨) في ٣٠ /تشرين الاول/ ١٩٦٦
٣- آشيريان ـ الحركة الوطنية الكردية في كردستان ص١٥٢ .
٤- كانت الوزارة تضم ثلاثة نواب لرئيس الوزارة هم الفريق طاهر يحيى واللواء عبد الغني الراوي بالاضافة الى اللواء فؤاد عارف كما ضم الوزارة السيد فاضل محسن الحكيم كوزير للمواصلات بالاضافة الى السادة : شاكر محمود شكري للدفاع ، عبد الستار عبد اللطيف للداخلية ، عدنان الپاجه چي للخارجية وعبد الرحمن القيسي للتربية وعبد الرحمن الحبيب للمالية ومصلح النقشبندي للعدل وعبد الكريم هاني للعمل والشؤون الاجتماعية والصحة وكالة واحمد مطلوب للثقافة والارشاد وعبد الحميد الجميلي للزراعة وعبد الكريم فرحان للاصلاح الزراعي ومحمد يعقوب السعيدي للتخطيط وكاظم عبد الحميد للاقتصاد وخالد الشاوي للصناعة وعبد الستار علي حسين للنفط وياسين خليل لرعاية الشباب والسادة عبد الرزاق محي الدين وغربي الحاج احمد واسماعيل خير الله وزراء دولة .
من المفكرة الشخصية .
٥- حبيب محمد كريم ـ تاريخ مؤتمرات الحزب ص٢٦ .
٦- جمال خزندار ـ مرشد الصحافة الكردية ص٩٨ صدر العدد الاول في يوم السبت المصادف ٦ /مايس/ ١٩٦٧ .
٧- التآخي عدد (٤٣) في ١١ /حزيران/ ١٩٦٧ .
٨- شارك في الوزارة السادة عبد الفتاح الشالي وزيراً لشؤون الشمال ووزيراً

للبلديات والاشغال وكالة والسيد مصلح النقشبندي كوزير للعدل ممثلين لأنفسهم فقط . من المفكرة الشخصية .

٩- التآخي عدد (١٧) في ١١ /تموز/ ١٩٦٧ .

١٠- المصدر السابق .

١١- التآخي عدد (١٣٩) في ١٧ /أيلول/ ١٩٦٧ .

١٢- التآخي عدد (١٠٧) في ١٦ /آب ١٩٦٧ .

١٣- حبيب محمد كريم ـ المصدر نفسه ص٢٦ .

١٤- تم تشكيل الوزارة في ١٩ /تموز/ ١٩٦٨ برئاسة السيد عبد الرزاق النائف وضم السادة ابراهيم الداود للدفاع ، د. ناصر الحاني للخارجية ، صالح مهدي عماش للداخلية ، عبدالله النقشبندي للاقتصاد ، صالح كبة للمالية ،مصلح النقشبندي للعدل ، د. أحمد عبد الستار الجواري للتربية ، أنور الحديثي للعمل والشؤون الاجتماعية ، الدكتور عزت مصطفى للصحة ، د. طه الحاج الياس للثقافة والارشاد ، محمود شيت خطاب للمواصلات ، محسن القزويني للزراعة ، عبد المجيد الجميلي للاصلاح الزراعي ، احسان شيرزاد للاشغال والاسكان ، د. محمد يعقوب السعيدي للتخطيط ، خالد مكي الهاشمي للصناعة ، مهدي حنتوش للنفط والمعادن ، د. غالب مولود مخلص للشؤون البلدية والقروية ، ذياب العلكاوي لرعاية الشباب ، محسن دزه ئي لشؤون الشمال ، عبد الكريم زيدان للاوقاف ، جاسم العزاوي للوحدة ، رشيد الرفاعي دولة لرئاسة الجمهورية ، ناجي عيسى الخلف وكاظم العلي للدولة .« من المفكرة الشخصية».

١٥- تم تشكيل الوزارة في ١ /آب/ ١٩٦٨ برئاسة أحمد حسن البكر بالاضافة الى رئاسة الجمهورية وضمت كل من : حردان التكريتي نائباً لرئيس الوزراء ووزيراً للدفاع ، صالح مهدي عماش نائباً لرئيس الوزراء ووزيراً للداخلية ، عبد الكريم الشيخلي للخارجية ، أمين عبد الكريم

للمالية ، مهدي الدولعي للعدل ، د. أحمد عبد الستار الجواري للتربية ، أنور الحديثي للعمل والشؤون الاجتماعية ، الدكتور عزت مصطفى للصحة ، عبدالله سلوم السامرائي للثقافة والارشاد ، محمود شيت خطاب للمواصلات ، د. عبد الحسين الوادي العطية للزراعة ، جاسم العزاوي للاصلاح الزراعي ، إحسان شيرزاد للاشغال والاسكان ، د. هاشم جواد للتخطيط ، د. فخري ياسين للاقتصاد ، خالد مكي الهاشمي للصناعة ، د. رشيد الرفاعي للنفط والمعادن ، د. غالب مولود مخلص للشؤون البلدية والقروية ، شفيق الكمالي لرعاية الشباب ، محسن دزه ئي لشؤون الشمال ، د. عبد الله الخضير و د. حمدي الكربلي ، عدنان ايوب صبري ، حامد الجبوري ، طه محي الدين معروف وزراء للدولة .
« من المفكرة الشخصية ».

١٦- أدمون غريب ـ الحركة القومية الكردية ص٩٨ .
١٧- ستيفن ـ س بيلته ر ـ الكرد عنصر عدم استقرار في منطقة الخليج باللغة الانكليزية ـ ١٩٨٤ ص١٦٤ .
١٨- أدمون غريب ـ المصدر نفسه ص٩٨ .
١٩- «من المفكرة الشخصية » .
٢٠- مجلة الاحرار عدد (٦٥٩) في ١٢ /ك١ / ١٩٦٩ .
٢١- مجلة الثورة العربية عدد (٩) في ١٩٦٩ .
٢٢- كريس كوجيرا ـ ميژوى كورد ـ وه رگيرانا/ محمد ريانى ص٤٢٠ .
٢٣- كان الوفد الكردي يتألف من المناضلين : إدريس البارزاني ، مسعود البارزاني ، الدكتور محمود علي عثمان ، سامي عبد الرحمن ، نوري شاويس ، صالح اليوسفي ، محسن دزه ئي ، دارا توفيق ، نافذ جلال .
٢٤- مجلة الاحرار عدد (٦٦٥) في ٢٣ /ك٢ / ١٩٧٠ .
٢٥- حبيب محمد كريم ـ تاريخ مؤتمرات الحزب ص٢٧-٢٨ .

هوامش الفصل الخامس

١- إشتركت في المؤتمر السابع للپارتي بصفة عضو لجنة محلية دهوك وتوجهنا من قرية كلنازك في ٣ /تشرين الاول/ ١٩٦٦ ووصلنا الى گلاله في ٩ /تشرين الاول/ ١٩٦٦ . وفي ٨ /تشرين الاول/ ١٩٦٦ زرنا قرية بارزان وحضينا بمقابلة الشيخ أحمد البارزاني في تكيته .

٢- كان المرتزقة الجدد «الجلاليون » الذين إنضموا الى صفوف الحكومة في مايس/ ١٩٦٦ . وشاع لقب جحوش (٦٦) عليهم منذ ذلك اليوم .

٣- قاد تلك التظاهرة أحمد حسن البكر وصالح مهدي عماش ونشرت جريدة التآخي ريبورتاجاً عن تلك التظاهرة بعد أن إعتذرت كافة الصحف العراقية من نشرها خشية من حكومة عبد الرحمن محمد عارف .

٤- إشترط البارزاني على الأنقلابيين مشاركة الپارتي في الوزارة شريطة عدم إشراك ممثل جحوش (٦٦) . الأ أن البعثيين لم يلتزموا بذلك في ٣٠/تموز/١٩٦٨ عندما شكلوا حكومة بعثية برئاسة رئيس الجمهورية أحمد حسن البكر ، فأنسحب ممثلو الپارتي من الوزارة .

٥- وكان قبل «سمير النجم» قد زار محافظ أربيل السيد «خالد عبد الحليم » قضاء رواندوز وشملت زيارته منطقة گلاله ، وإجتمع بالبارزاني الخالد ونقل لسيادته رأي البعث بالدخول في حوار وايجاد حل للمشكلة الكردية .

الفصل السادس

اتفاقية آذار واستئناف القتال ١٩٧٤ - ١٩٧٥

لقد كانت اتفاقية آذار تحولاً جديداً في تاريخ العراق وفي اقامة وحدة وطنية صادقة وانتصاراً للشعب الكردي ، وحظيت بتأييد ودعم من مختلف اوساط الشعب العراقي وقواه السياسية ومن القوى المحبة للسلم والحرية في العالم واعتبرها الجميع مفتاحاً لحل القضايا المعلقة في العراق وضربة للطروحات العنصرية والشوفينية ودعوات الصهر . **ولكن البعث اراد منها ان تكون مدخلاً لحبك المؤمرات والحيل والمناورات السياسية ويدخل من خلالها الى جسم الثورة الكردية** ويتحدث السيد حسن العلوي (١)، عن خلفية اتفاقية اذار وكوامنها قبل التوقيع مشيراً الى الخطر الذي كان يهدد صدام حسين في بداية ثورة **١٧-٣٠ تموز/١٩٦٨ حيث كان الجناح اليساري للبعث والذي يتهم صدام بارتباطه مع المعسكر الغربي لذلك دخل في مزايدات يسارية تجاوزت الحدود التي يقف عندها الماركسيون وكان يسعى لاكتساب سمعة شخصية كرجل قادر على تقديم الحلول للمسائل المستعصية كالمسألة الكردية فاندفع** لفتح حوار مع الثورة الكوردية وقائدها البارزاني ويضيف العلوي **بان صدام كان مستعداً بان يدفع ورقة بيضاء في طريقه الى لقاء البارزاني** وكان ذلك ضرورياً له لانه كان يخوض صراعاً مصيرياً ضد جنرالات مجلس قيادة الثورة واذا نجح في مهمته فسيكون في وضع الزعيم الذي يتجاوز المطروح اليساري لحل المشكلة الكردية .

وقد كشف صدام عن نيته الكامنة والدقيقة حيال الاتفاقية في احد احاديثه بعد ١٩٧٥ عندما كشف بانه كان قد جرى نقاش في مجلس قيادة الثورة احدها يوم ١٦/تموز/١٩٦٨ بخصوص التعاون مع كتلة (النائف - الداود) وكيف انه طلب من اعضاء المجلس الموافقة على الاشتراك معهم في انقلابهم على عبد الرحمن عارف رئيس الجمهورية انذاك ومن ثم ترك تصفية (النائف - الداود) على عاتقه حيث برهن على قوله حينما غدر بهم بعد اقل من اسبوعين واضاف **بان النقاش الثاني كان حول اتفاقية آذار والموافقة على الحكم الذاتي** وايضا

طلب منهم ترك الامر على عاتقه اسوة بالحالة الاولى . فبهذه الاحلام والنوايا توجه صدام الى لقاء البارزاني . وبهذه العقلية تعامل قادة البعث مع اتفاقية آذار وكانوا يريدون منها فترة هدوء لاعادة ترتيب قواهم وتذليل ما كان تكتنفه من الصعاب في الداخل والخارج والعمل لتخفيض عدد اعدائه في الداخل وتأمين جانب الثورة الكردية للتفرغ لغيرهم ويقول العلوي **بان الاتفاقية كانت احدى اهم خطوات التحفز على السلطة التي قطعها صدام حسين .**

ومن جهة اخرى توسط الاتحاد السوفيتي بصورة غير رسمية في المداولات التي سبقت الاتفاقية وكان لذلك التوسط تأثير كبير شجع البارزاني وقيادة الثورة الكردية للدخول في حوار مباشر مع البعث ويتحدث بريماكوف (٢)، بهذا الخصوص مؤكداً بان السلام واستقرار الوضع في العراق انذاك كان من مصلحة الاتحاد السوفيتي وكيف بدات بأقامة العلاقات مع حكومة البعث وكيف انه اكد لصدام قبل توقيع الاتفاقية بان الكرد اذا انتهكوا الاتفاقية وتلتزم بغداد بها فسيدخل الكرد الحرب بدون تاييد الاتحاد السوفيتي والكثير من القوى الدولية الاخرى ولذلك وافق صدام على هذه الفكرة ووقع اتفاقية اذار والتي تضمنت بنودا لم تعلن في النص المذاع ليلة ١١/آذار/١٩٧٠ من قبل مجلس قيادة الثورة العراقية منها تحديد فترة الانتقال باربعة سنوات لاعلان الحكم الذاتي واجراء احصاء سكاني في مدينة كركوك في موعد اقصاه ١١/اذار/١٩٧١ . شهدت فترة الانتقال توترا كبيرا حيث بدات حكومة البعث في مستهل عام ١٩٧٠ بسياسة تعريب المناطق الخاضعة للاحصاء مركزة جهودها على محافظة كركوك وخانقين والمناطق الكردية ضمن محافظة نينوى(٣)، وولد شك لدى البارتي بان نية قادة البعث لم تكن صافية ومبنية على القناعة والايمان بحل القضية الكردية بل انها مناورة تكتيكية تريد بها مواجهة الثورة الكردية وتعمل على تنفيذ الاتفاقية بطريقتها الخاصة وهي بذر بذور الشقاق وحبك المؤامرات حتى وصلت بهم التآمر الى حد تدبير مؤامرة

٢٩/ايلول/١٩٧١ التي استهدفت حياة البارزاني الشخصية **وذلك عن طريق ارسال وفد باسم علماء الدين الاسلامي ثم تفجيرهم سلكياً لدى اجتماعهم بالبارزاني** . وكذلك تم اخراج (٤٠) اربعين الف من الكرد الفيلين من بغداد وديالى والكوت الى ايران بحجة انهم من التبعية الايرانية في ايلول ١٩٧١.كما جرت محاولة اغتيال ثانية في ٦/تموز/١٩٧٢ للسيد البارزاني عن طريق ارسال مندوب باسم وكالة الانباء العراقية لاجراء لقاء اذاعي مع سيادته بمناسبة ثورة تموز وثم تفجير المسجل لدى اجراء المقابلة . ادت كل هذه الامور الى تصدع كبير في العلاقات بين البعث والپارتي إتضح ذلك بصورة جلية في المذكرتين المتبادلتين بين المكتب السياسي للپارتي والقيادة القطرية للبعث في ١٩٧٢/٩/٢٣ و ١٩٧٢/١٠/٢٨. وبامكان القارىء الكريم الاطلاع عليها والحكم على الامور .

حاول البعث جاهداً عزل الثورة الكردية عن اصدقائها فاغرت بعضهم بمعاهدات الصداقة كتوقيعهم معاهدة الصداقة مع الاتحاد السوفيتي ودخلت معهم ومع غيرهم من الدول الاشتراكية في عقود تجارية سخية انستهم قضية الشعب الكردي وحقوقه واغرت اخرين بكراسي في وزاراتها الى حد ان إنقلبوا على الثورة الكردية وقائدها البارزاني الذي حماهم من الابادة عام ١٩٦٣ على ايدي البعثيين انفسهم وفي ١٦/تموز/١٩٧٢ توصل البعث والحزب الشيوعي العراقي الى اتفاق ثنائي للدخول في جبهة واحدة باسم (الجبهة الوطنية والقومية التقدمية) رغم ماأبداه الپارتي من تحفظات على بعض فقراته .وكشفت الايام عن هزالة الجبهة تلك والغاية الكامنة من وراء توقيعه .

هكذا تردت الاوضاع يوماً بعد يوم حتى وصلت الى مرحلة لايمكن الخروج منها إلا بروحية جديدة وفي بداية عام ١٩٧٤ حاول الپارتي انقاذ ما يمكن انقاذه للمحافظة على السلام في كردستان فأرسل في ١٧/كانون الثاني/ ١٩٧٤ وفدا قياديا لاجراء المباحثات حول قانون الحكم الذاتي الا ان المباحثات تعثرت ولم

تصل الى نتيجة بسبب وضع مدينة كركوك وتحديد منطقة الحكم الذاتي .
وحاول البارتي ثانية احياء المباحثات فارسل وفدا ثانيا في ٢٢/شباط/١٩٧٤ بأمل استئناف المفاوضات ولكن الوفد لم يستقبل بصورة جدية من قبل البعث .
وفي ٣/اذار/١٩٧٤ اعلن ناطق بأسم الجبهة الوطنية والقومية التقدمية بان الحكومة العراقية تنوي اصدار قانون الحكم الذاتي دون مشاركة البارتي وبذلك خرجت على ماتم الاتفاق عليه في اذار ١٩٧٠ وفي ٥/اذار/١٩٧٤ بذل البارزاني الخالد جهداً اخر حيث ارسل المرحوم دارا توفيق الى بغداد حاملاً رسالة الى صدام حسين طالباً منه تجنب ويلات الحرب والدمار والبدء بمفاوضات جدية حول قانون الحكم الذاتي الا ان صدام بعث الى البارزاني الخالد في ٧/اذار برسالة جوابية يطلب فيها منه ارسال احد انجاله الى بغداد فاراد البارزاني الخالد سد كل المنافذ واسقاط الحجج امام الجانب الحكومي وبذل الجهود لابعاد شبح الحرب **فارسل في ٨/اذار المرحوم ادريس مع وفد ضم دارا توفيق ، احسان شيرزاد وفؤاد عارف الى بغداد للبدء بالحوار وهكذا اثبت البارزاني الخالد بان البارتي لايريد الا السلم والاستقرار والوصول الى حل مرضٍ ونهائي للمشاكل العالقة بين الطرفين والعمل بجد واخلاص لابعاد شبح الحربَ والدمار عن العراق وكردستان .**
اجتمع الوفد مساءً مع صدام حسين لاكثر من ساعتين قدم خلالها الوفد الكردي عدة مقترحات منها ان ترجىء الحكومة اصدار قانون الحكم الذاتي من جانب واحد وان تمدد فترة الانتقال سنة آخرى على ان تظل الاوضاع على ماهي عليه وحتى مع افتراض حالة عدم الاستقرار الا انها افضلِ من الحرب ولكن المقترح رفض من جانب صدام وبخصوص مدينة كركوك طالب المرحوم ادريسِ ان يتقدم الجانب الحكومي بخطوة نحو الامام وسيكون ذلك موضع تقدير فيخطو الجانب الكردي اكثر بهذا الاتجاه وقدم عدة مقترحات بهذا الخصوص :

١- عدم شطر محافظة كركوك ووضعها ضمن منطقة الحكم الذاتي .

٢- في حال قبول البعث بهذه الفقرة فان الپارتي يوافق على مشروع البعث للحكم الذاتي من دون اعتراض .

٣- ان تتألف محافظة كركوك من منطقتين :

أ-حويجة وقره تبة وتكون مرتبطاً بالحكومة المركزية .

ب- اما بقية اقضية محافظة كركوك بما فيها قضاء المركز ان تكون مرتبطة بمنطقة الحكم الذاتي (٤) .فطلب صدام من المرحوم ادريس الانتظار حتى الصباح لعرض مقترحاته على اعضاء مؤتمر حزب البعث الذي سيجتمع في اليوم المقبل ولكن كانت كغيرها من وعود البعثين . ففي صباح ٩/اذار/١٩٧٤ في الوقت الذي كان المرحوم ادريس ينتظر جواباً من صدام خابره عصراً غانم عبد الجليل طالباً منه ان كان لدى الوفد الكردي مقترحات واراء جديدة عليهم تقديمها حتى الساعة الثانية عشرة ظهراً من يوم ١١/اذار .وفي حالة عدم تقديم المقترحات سيعلن الحكم الذاتي من طرفهم وللپارتي فترة (١٥) خمسة عشر يوماً بعد ذلك لقبول الحكم الذاتي المعلن بحدوده وفي حالة عدم الموافقة ستكون الحكومة في حلٍ من اي حوار مع الپارتي بهذا الخصوص وبعد اجراء مناقشة مع غانم عبد الجليل بالتلفون حول وضع مدينة كركوك ومسألة الاحصاء السكاني تبين للمرحوم ادريس بان البعث قرر عدم الاستجابة لمطاليب الثورة الكردية واقتنع بان طروحاتهم ماهي الا مضيعة للوقت وانها (اتمام للحجة) لذلك اقترح على غانم عبد الجليل بعودة الوفد الكردي الى ناوپروان ووضع هذه الاراء امام البارزاني الخالد وقيادة الپارتي فعاد الوفد الكردي الى كردستان .

وفي ١٠/اذار جمع صدام حسين مجموعة من الكرد القاطنين في بغداد وغيرها من مدن العراق واكثرهم من الموالين لتوجهات البعث ، اعلن امامهم بان الحكم الذاتي سيعلن الليلة من قبل الحكومة والجبهة الوطنية ومن دون موافقة ومشاركة الپارتي ، **وتصور صدام بان هذا التجمع سيكون بديلا عن الپارتي**

بقيادة البارزاني الخالد . رفض البارتي القانون الذي اصدره مجلس قيادة الثورة العراقي للحكم الذاتي واعلن اذاعة صوت كردستان العراق بان النضال الكردي لن يتوقف من اجل تحقيق الحكم الذاتي الحقيقي لكردستان والديمقراطية للعراق وتجاهلت جريدة التاخي القانون المذكور صبيحة يوم ١١/اذار/١٩٧٤ واعلنت بانها ستتوقف عن الصدور بسبب الظروف المستجدة على ساحة كردستان وقدم الوزراء الكرد الخمسة استقالاتهم من الوزارة العراقية (٥).

وكمحاولة اخرى توجه الى بغداد كل من (دارا توفيق واحسان شيرزاد) حاملين رد البارتي على اراء ومقترحات البعث وقدماه الى الجانب الحكومي الا انه في الساعة العاشرة من مساء ١٧/اذار خابر غانم عبد الجليل المرحوم دارا توفيق متحدثاً معه هذه المرة نيابة عن (الجبهة الوطنية) بان جميع مقترحاته رفضت . فعاد المرحوم دارا توفيق في ١٨/اذار الى كردستان منهياً بذلك الاتصالات الرسمية مع البعثيين . وكآخر محاولة من جانب بعض المستقلين سافر (فتاح سعيد شالي) في ٢٣/اذار الى بغداد كمحاولة منهم لتقريب وجهات النظر الا ان جهودهم لم تثمر هي الاخرى . وهكذا دخل البعث لثالث مرة في صراع عسكري شرس مع الثورة الكردية بقيادة البارزاني الخالد .

وفي السابع من نيسان /١٩٧٤ عين صدام حسين خمسة وزراء كرد بدلاً من الوزراء المستقيلين (٦)، بالاضافة الى تعيين طه محي الدين معروف نائباً لرئيس الجمهورية كمناورة سياسية . وفي منتصف شهر نيسان ١٩٧٤ بدات القوات البعثية بشن هجمات كبيرة على المناطق المحررة واعد البعثيون خيرة قواتهم عدة وعدداً للهجوم على زاخو لفتح الطريق الدولي الذي يربط تركيا والعراق ونجح بعض الشيء في هذا الا ان هجومهم على طريق دهوك ـ عمادية باء بالفشل ولم تستطع القوات الحكومية من التقدم شبراً واحداً خارج مدينة دهوك . وفي ٢٤/نيسان ارتكب البعثيون جريمة بشعة اضيفت الى جرائمهم بقصفهم بالطائرات مدينة قلعة دزه الامنة التي كانت تحتضن المئات من طلبة

وطالبات جامعة السليمانية . وفي حزيران اشتدت المعارك على مختلف الجبهات وكانت المعارك على جانب كبير من القوة والشراسة ونجح الهجوم البعثي بعض الشيء في مناطق پنجوين وسهل اربيل ورانية وقاتل الپيشمه رگه قتالاً لامثيل له ولكن لم تكن تشابه سابقاتها حيث بدأ الطيران الحربي البعثي بشن هجماتهم على المدن والقصبات المحررة وبصورة مكثفة فاضطر المدنيون الى مغادرة المنطقة وعبروا الحدود العراقية ـ الايرانية حتى بلغ عدد المهاجرين اكثر من (٢٠٠,٠٠٠) مائتي الف شخص وزعوا في اثني عشر مخيماً اقامتها جمعية (الشمس والاسد) الايرانية (٧).

وفي ٢٢/اب استطاعت القوات البعثية الدخول الى قصبة رواندوز عن طريق تم فتحه في جبل كورك / بيخال / رواندوز متجنباً الطريق المبلط الذي يمر من مضيق گلي علي بك والذي كان قوات الپيشمه رگه تتحصن فيه ولكن الپيشمه رگه استطاعوا وضع القوات البعثية التي عبرت الى قصبة رواندوز . وسهل ديانا في حصار شبه كامل . اتخذت المعارك شكلها الشامل في شهر اكتوبر ووضع الشعب الكردي بكامله في مواجهة البعث وكانت ايران تحث الكرد على الرد على البعث بعنف ووعدتهم بجميع انواع المساعدات وتظاهرت وسائل الاعلام الايرانية بالدفاع عن الكرد (الاريين) . وادخل الشاه الولايات المتحدة في الصورة على اعلى المستويات واعطت الوعود بدعم الثورة وعدم التخلي عنها فصدقت قيادة الثورة الكردية الوعود ولكن كان العون المادي بمستوى الوعود اما العسكري فكان مخططاً له بان لاتنجز الثورة نصراً حاسماً على البعث بل كان بدرجة كافية لارهاقهم فقط ويبدد آمالهم في سحق الثورة الكردية وقد صرح ممثل امريكي لوفد كردي في تموز/١٩٧٤ «بان سياستهم لاترمي لاسقاط البعث ، ولكن لتغيير سياسته واذا ماغير سياسته فسيطلب اليه تقديم التنازلات للحركة الكردية» (٧).

ومن جهة اخرى صرح مسؤول بعثي كبير في خريف ذلك العام في احدى العواصم

الاوربية معلناً بانهم في ورطة ولكنهم سيواصلون القتال (٨) . وفي أواسط تشرين الاول / ١٩٧٤ **حاول البعث أن يجرب حظ قواته ثانية في جبهة هيز دهوك** والتي كان يقودها عبد الرزاق گه رماڤي . فدفع بقوات ضخمة من الجيش والمرتزقة تساندهم الطائرات والدبابات والمدفعية الثقيلة الى جبل دهوك وعلى مواقع «قه وغا ، شكه فتا سمطى ، ته حا ، قه شه فر» ، وتمكنت سرية من الجيش في المرحلة الاولى من هجومها من إيجاد موطىء قدم لها على قمة «سه رى ره ش » في منطقة قه شه فر . الا انها كانت وبالاً عليهم حيث قاد «قادر ئاله كيني» آمر الفوج الثاني من هيز دهوك هجوماً مقابلاً على مواقعهم وأبيدت السرية بكاملها وكان من بين القتلى آمر السرية وساهمت قوات من هيز زاخو كقوة مساندة بالاضافة الى مساهمة مدفعية الپيشمه رگه في دعم الهجوم

واشتدت المعارك حدة وقساوة فتأكد للبعث بانه لايستطيع احراز نصر على الثورة الكردية فحاول الوصول الى تفاهم مع ايران وبدأ صدام يتصل بالدول التي لها علاقة قوية معها . وفي مؤتمر القمة العربية في الرباط عرض صدام قضية العلاقات مع ايران وقرر المؤتمر تكليف الملك حسين ملك الاردن بالوساطة بين الدولتين وكذلك نشطت وساطة مصرية في هذا الاتجاه الا ان مصر طمأنت الثورة الكردية عن طريق احد موفديها الى القاهرة بان الشاه رجل نبيل وشريف وموقفه من قضيتكم نبيل وشريف ، وانها ليست للمساومة في المفاوضات وان الشاه اكد للسادات بان قضية الكرد يجب ان تكون واضحة وان السادات من جانبه يريد تطمين حقوقكم في هذه الوساطة التي باشرت بها مصر .

وتم عقد لقاءات سرية في استانبول بين ممثلين عراقيين وايرانيين كما عقد إجتماع بين كيسنجر وزير خارجية امريكا وممثل العراق الدائم في الامم المتحدة (طالب شبيب) لتحسين العلاقات بين البلدين ، وافادت معلومات اخرى بان كيسنجر سافر من احدى العواصم العربية الى بغداد في زيارة سرية لمدة (٢٤) اربع وعشرين ساعة . اجتمع خلالها بقادة البعث ووضع اسس

اتفاقية الجزائر في الاسبوع الاخير من شهر شباط/ ١٩٧٥ (٩) .
وفي ٦/اذار/ ١٩٧٥ عقد اتفاق بين صدام والشاه اثناء انعقاد مؤتمر (اوپك) في الجزائر وبحضور رئيسها هواري بومدين الذي صرح بعد نشوب الحرب العراقية الايرانية بانه اراد اقناع صدام بعدم التنازل عن السيادة العراقية على شط العرب واجزاء اخرى من البر العراقي ومن الاجدر به التفاهم مع الكرد الذين هم جزء من شعب العراق الا ان صدام اعلن عن استعداده للتنازل عن نصف العراق لايران وغير مستعد للتفاهم مع الثورة الكردية . هكذا وضع صدام العراق باسره على حافة حرب اخرى سرعان ما نشبت بين الدولتين بعد خمس سنوات احترق فيها العراق شعباً وارضاً واقتصاداً وآل الى ماهو عليه اليوم .
وتوصل صدام والشاه الى اتفاق كان من شأنه ان توقف ايران كل مساعداتها للاكراد وان تمنع اية امدادات عن طريق اراضيها وان تغلق حدودها في وجه التحركات الكردية بعد مهلة معينة . ولخصت لجنة الكونگرس الامريكي برئاسة (اونيس بايك) تقريرها بهذا الخصوص قائلة «لقد كانت سياستنا غير اخلاقية إزاء الكرد، فلانحن ساعدناهم ولانحن تركناهم يحلون مشاكلهم بالمفاوضات مع الحكومة العراقية لقد حرضناهم ثم تخلينا عنهم (١٠) .» بعد توقيع الاتفاقية احتدمت المعارك الطاحنة بين القوات البعثية الزاحفة على المناطق المحررة في بالك فتصدت لها قوات الپيشمه رگه واوقفتها في جبل «حسن بگ» وغيرها من المواقع الستراتيجية .
وفي ١٩/اذار رفض البعث عرض المكتب السياسي للپارتي باجراء التفاوض والدخول في حوار سياسي مع البعث وبدلاً من ذلك طلبت من الپيشمه رگه القاء اسلحتهم دون قيد او شرط والاستفادة من العفو الذي اعلنوه والذي ينتهي في الاول من نيسان وفي ١٧/اذار تم التوقيع الرسمي على الاتفاقية في طهران بين وزيري خارجية البلدين واعلنت الحكومة الايرانية بانها تستقبل الكرد حتى الاول من نيسان ثم تبدأ بغلق حدودها ومن جهة اخرى اعلن رئيس الحكومة

التركية بان الجيش التركي مستعد لمنع دخول اللاجئين الكرد الى بلاده . وبعد اجراء اتصالات على اعلى المستويات مع الحكومة الايرانية وقيادة الثورة الكردية هددت ايران خلالها بأنها ستساعد القوات البعثية عسكرياً على انهاء الثورة الكردية فاعلن البارزاني في ٢٢/اذار/ ١٩٧٥ بان الحرب مع الحكومة البعثية توقفت في هذه المرحلة ريثما يتم فرز الاوضاع والمستجدات وناشد وزير خارجية الولايات المتحدة الامريكية (كيسنجر)بالتدخل قائلاً : « ان حركتنا وشعبنا تتعرض للدمار ونشعر ياصاحب السيادة انه لابد للولايات المتحدة ان تتحمل مسؤولياتها إزاء شعبنا » واعلن البارزاني للصحافة ووكالة الانباء «باننا وحيدون ودون اصدقاء . ولم يعد الامريكان يقدمون لنا اية مساعدات وننتظر اياماً سوداء(١١). » وصدقت مقولة البارزاني الخالد بان اطناناً من حقوق الشعوب تباع ببرميل من النفط .

وفي ٣٠/اذار/ ١٩٧٥ عبر البارزاني الخالد الحدود العراقية في منطقة حاجي ثومه ران الى داخل الحدود الايرانية . ان اتفاقية الجزائر بين صدام والشاه اعتبرت من اكبر المفاجآت السياسية في الشرق الاوسط التي وقعت بعد الحرب العالمية الثانية وقد كانت صدمة قوية لقيادة الثورة الكردية . اذ ان ممثلي حكومة الشاه قالوا للقادة الكرد بعبارات فضة بان الحدود اغلق بوجه الثورة الكردية (١٢) . وصرح مسؤول بعثي كبير بعد اتفاقية الجزائر قائلاً **«لقد حسبنا ان حلفاء البارزاني هم السوفييت والحزب الشيوعي العراقي وايران . فجردناه من الاول والثاني قبل القتال وتركنا الثالث الى اخر لحظة** ، بهذا التفكير التزم البعث وصدام بتوقيعه على اتفاقية اذار بحبكه المؤامرات والدسائس على الثورة الكردية ناسين أن الحلفاء الحقيقيين للبارزاني هم ابناء الشعب الكردي الغيارى **ومنذ اليوم الذي وقع فيه صدام اتفاقية الجزائر والعراق كله شعباً وارضاً يعيش في ظل النكبات والمآسي وتتعرض سيادته واستقلاله الى الانتهاك** وعلى الرغم من ذلك فان اتفاقية اذار لها اهمية هامة في التاريخ

السياسي الكردي المعاصر **واثبتت الايام بانها وثيقة قيمة واساس صلب لحل المشكلة الكردية في العراق وكانت اساساً صالحاً لكل المداولات التي أعقبت عام ١٩٧٥** . فتفاوض الاتحاد الوطني الكردستاني عام ١٩٨٣ مع حكومة صدام على تنفيذها وكانت وثيقة مشتركة للحوار بين البعث والجبهة الكردستانية عام ١٩٩١ . فأن دل هذا على شيء يدل على سعة افق قيادة الثورة الكردية بقيادة البارزاني الخالد وبعد نظره ودقة تشخيصاته في الحاضر والمستقبل . وقد شخصت طريق الحركة (١٣)، المرحلة خير تشخيص قائلة « انها لمأساة حقاً ان يقاتل شعب باسره من اجل الحكم الذاتي (١٤) اربعُ عشرة سنة كاملة في هذا العصر ، وبدلاً من الحكم الذاتي يصار الى تهجيره وتشريده ، وانه لمن الخبث بالنسبة الى البعض والبساطة السياسية بالنسبة الى آخرين ، عندما يحاول البعض تفسير عدم نجاح الثورة بمجرد الصاق هذه الصفة أوتلك بقياداتها . ان المسألة اعقد كثيراً من ذلك ومن دون أن نأخذ جميع العوامل بنظر الاعتبار تكون الاستنتاجات سطحية » .

مصادر وهوامش الفصل السادس

١- حسن العلوى ـ العراق دولة المنظمة السرية . ص٨٦

٢- پريماكوف ـ يوميات .

٣- بيلته ر ـ الكرد عنصر إضطراب في منطقة الخليج ص١٢٦

٤- كريس كوچيرا ـ ميژوى كورد له سه ده ى ٢٠-١٩ دا .

٥- الوزراء الذين قدموا إستقالاتهم هم السادة :

١- محمد محمود عبد الرحمن (سامي) وزير شؤون الشمال

٢- إحسان شيرزاد وزير البلديات

٣- نوري شاويس وزير الاشغال والاسكان

٤- صالح اليوسفي وزير الدولة

٥- محسن دزه ئى وزير الدولة

كان السيد دزه ئى قد حل محل المرحوم نافذ جلال .

٦- عين صدام كل من «هاشم عقراوي وزيراً للبلديات ، عبد الستار طاهر شريف للاشغال ، عزيز عقراوي وعبدالله اسماعيل وعبيد الله بارزاني وزراء دولة » بدلاً من الوزراء الذين قدموا إستقالاتهم .

٧- حامد محمود ـ المشكلة الكردية في الشرق الاوسط ص٢٣٥

٨- طريق الحركة ص٨٦

٩- حامد محمود ـ المشكلة الكردية في الشرق الاوسط ص٢٣٧

١٠- أمين هويدى ـ كيسنجر وإدارة الصراع الدولي . ص٧٧

١١- حامد محمود ـ المشكلة الكردية في الشرق الاوسط ص٢٣٨

١٢- بيلته ر ـ الكرد عنصر إضطراب في منطقة الخليج ص١٨٨

١٣- طريق الحركة ص٦٤

الملاحـــق

مذكرة الحزب الديمقراطي الكردستاني
حول خطورة الوضع في كردستان

سيادة رئيس الوزراء والقائد العام للقوات المسلحة
اللواء الركن عبد الكريم قاسم المحترم

لايخفى على أحد أن الشعب الكردي قد اندمج في الثورة منذ إعلانها وأن طليعته الحزب الديمقراطي الكردستاني قد وضع جميع إمكانياته تحت تصرف قادة الثورة منذ ساعاتها الاولى الأمر الذي كان له اثر كبير في فشل المؤامرات الاستعمارية التي استهدفت جمهوريتنا باعتراف الاعداء والاصدقاء . وكان الشعب الكردي يأمل أن تكون الثورة فاتحة عهد جديد للعلاقات بين القوميتين المتآختين العربية والكردية بوضعها على أسس من المساواة التامة بينهما بحيث يوفر لكل واحدة منها الحرية والديمقراطية والسلام والمجال الرحب لتحقيق ما تصبو إليه من مطامح قومية مشروعة ضمن وحدة عراقية صادقة ، وانطلاقاً من هذه الرغبة الشعبية المخلصة فقد رفع حزبنا منذ البداية شعاراته الداعية إلى الحياة والرسوخ للاخوة العربية الكردية في ظل جمهورية العرب والاكراد الديمقراطية وكذلك الداعية الى محاربة الانفصال والانفصالية وقد استبشرنا جميعاً بادخال مبدأ الشراكة بين الشعب العربي والكردي والاعتراف بحقوق الاكراد القومية في دستور الجمهورية العراقية كنص يشكل المادة الثالثة فيه ، أكبر استبشار ، وتوقعنا أن تحول نصوص هذه المادة إلى حقائق مادية تلمس آثارها في مختلف نواحي الحياة للمجتمع الكردستاني وفي تطوير الشعب الكردي في اقرب وقت . غير أن شيئاً من ذلك لم يحصل وأن مشروع الدراسة الكردية الذي اقرته الحكومة بعد مماطلة وتأجيل اكثر من سنة ، جاء الى الوجود مشلولاً عديم الصلاحية أعزل ، مكروهاً ، لايحمل مما كان يهدف

إليـه الشعب الكردي من تأسيسه حتى الاسم أي أن التسمية أيضاً لم تأت كما كان يرغب الشعب الكردي ويريده .

صحيح ان الشعب الكردي قد تمتع بعض الوقت بالحقوق الديمقراطية التي أطلقتها الثورة للشعب العراقي بأسره غير أن ذلك لم يدم كما أن أثر الانتكاسة التي اصابت الديمقراطية في البلاد قد كان مضاعفاً فيما يتعلق بالشعب الكردي الذي اصبح يشعر أنه ليس فقط محروماً من جميع حقوقه القومية ، بل إنه مستهدف إلى حملة اضطهاد قومي شديد وعلى سبيل المثال لا الحصر نذكر فيما يلي بعض مظاهر سياسة الاضطهاد القومي المتبع ضد الشعب الكردي في العراق :

١- تجميد المادة الثالثة من الدستور تجميداً تاماً . وإهمال كون الجمهورية العراقية هي جمهورية العرب والأكراد بتعمد في جميع المناسبات التي تستوجب ذكر ذلك

٢- تجميد أعمال المديرية العامة للدراسة الكردية بصورة فعلية وتحويلها إلى مجرد دائرة الارتباط بين وزارة المعارف ومديريتي المعارف في السليمانية واربيل فقط

٣- حرمان الطالب الكردي من التدريس بلغته القومية في المدارس المتوسطة والثانوية كما تقضي بذلك الحقوق الانسانية فضلاً عن الحقوق المعترف بها دستورياً .

٤- إهمال استعمال اللغة الكردية كلغة رسمية في الدوائر الحكومية في الألوية الكردية في حين أن هذا الحق لم تجرؤ على حرمان الأكراد منه كلياً حتى حكومة العهد البائد .

٥- عدم تعيين الموظفين الأكراد في منطقة كردستان واعطاء نسبة جداً ضئيلة لهم في مجال التوظيف بصورة عامة وفي الوظائف العليا والحساسة بصورة خاصة ..

٦- نقل وابعاد الموظفين الأكراد الى جنوب العراق بل وتطبيق قاعدة النقل على الشرطة أيضاً الذين يعتبرون مستخدمين محليين عادة . فقد نقل منهم الى بغداد وغيرها في السنتين الماضيتين المئات زرافات ووحدانا .

٧- عدم تخصيص أي حصة من المشاريع الصناعية والعمرانية والزراعية وغيرها من مشاريع الخطة الاقتصادية للألوية الكردية وان مايزيد على ٩٠ بالمائة من المشاريع التي تتباهى الحكومة بانجازها في هذه الألوية هي مشاريع قديمة كانت قد بوشر بها أو كانت على وشك الانتهاء عند وقوع الثورة ، ليس هذا فقط بل ان الحكومة قد قصرت في إكمال بعض هذه المشاريع بالرغم من اهميتها ومرور مدة طويلة عليها كما والغت البعض الآخر كمشروع معمل السكر في السليمانية مثلاً . وهنا لابد ان نشير إلى المشروع الصناعي الوحيد الذي كانت قد قررت انشاؤه الحكومة في اربيل ، ولكنها نقلته إلى لواء خارج كردستان . وهو مشروع معمل للجواريب والالبسة الداخلية وغيرها .

٨- التشديد في قبول الطلاب الاكراد بصورة خاصة للكلية العسكرية وعدم ترفيع الضباط الاكراد المستحقين للترفيع والقيام باجراءات تعسفية تجاه الآخرين مما اضطر القسم الكبير منهم الى تقديم استقالاتهم التي قبلت فوراً .

٩- احتضان بعض أجهزة الحكومة للاقطاعيين الأكرادالموالين للاستعمارخدم نوري سعيد وعبدالاله الذين يعتبرهم الشعب الكردي خونة له واغداق الأموال والسلاح عليهم وتشجيعهم على الاستمرار في طريقهم المعادي لمصلحة الشعب الكردي ومصلحة الجمهورية العراقية .

١٠- تقدير بعض أجهزة الدولة للموظفين الذين يثبتون معاداتهم للقومية الكردية والتمسك بهم وتقديمهم على غيرهم ونقصد بهم الموظفين الذين لاهم لهم إلا توسيع شقة الخلاف بين الشعب الكردي والحكومة الحاضرة

وبث روح البغضاء والكراهية بين العرب والاكراد باعمالهم المخالفة للقانون والمنافية لأهداف الشعب من ثورة ١٤ تموز .

١١- اضطهاد حزبنا الديمقراطي الكردستاني طليعة الشعب الكردي ، المناضل في سبيل حقوق الشعب الكردي القومية والمخلص للوحدة العراقية الصادقة ولأهداف ثورة ١٤ تموز التحررية الديمقراطية اضطهاداً فاق ما قاساه في العهد البائد .

١٢- مكافحة الصحافة الكردية وغلق الصحف والمجلات الصادرة باللغة الكردية كـ - خه بات -و-كردستان -و-ئازادي- ، صوت الاكراد-،-راستي -،-هه تاو-..الخ .

١٣-الوقوف موقف المتفرج من الصحف والمجلات الداعية الى صهر الشعب الكردي ونكران حقوقه القومية ، تلك الحملة الظالمة التي تقوم بها بين حين وآخر صحف تعرف بصلاتها الوثيقة بجهة أوباخرى من الجهات المسؤولة في الدولة .

١٤- إهانة الشعب الكردي بوصف ثوراته ووثباته التحررية الوطنية التي قام بها في سبيل تحرير نفسه خاصة والشعب العراقي عامة بانها من وحي الاستعمار .

١٥- عدم الاهتمام بشعور الشعب الكردي وكرامته ، ومحاربته في اعتبار نفسه شعباً له خصائصه القومية المتمايزة ووطنه الخاص به ، ومحاربته واذلاله والحط من شعوره القومي بمختلف الطرق والوسائل .

١٦- اتباع سياسة فرق تسد الاستعمارية من قبل بعض الجهات الحكومية بصورة واضحة والتي من مظاهرها نقل مراكز التدريب للمكلفين بخدمة العلم من الاكراد الى الالوية الجنوبية واخواننا العرب الى الالوية الكردية ونقل الجنود الاكراد الى الجنوب والعرب الى كردستان واستخدامهم في قمع الاضطرابات التي يقوم بها الاهالي وأبرز مثال لذلك هو استخدام

الجنود والشرطة الاكراد في مكافحة اضراب سواقي السيارات وخاصة في منطقة الاعظمية .

١٧- توقيف وابعاد وحجز الوطنيين الاكراد بالجملة ولاسيما المعلمين منهم حتى ان بعض المدارس قد حجز المعلمون فيها بمافيهم المديرمماأدى الى سد باب المدرسة بوجه طلابها كما حدث في مدرسة -بيبو- في منطقة العمادية .

١٨- التفريق بين العرب والاكراد حتى فيما يتعلق باطلاق سراح الموقوفين والمبعدين والمحجوزين الذين تقذف بهم السلطات الى المواقف والمعتقلات دون أي مبرر . فعندما تريد الحكومة اخلاء سبيل بعضهم ليخلوا المكان لوجبة أخرى تفرق بوضوح بين الموقوف والمبعد والمحجوز العربي والكردي . فلم يسبق أن تناولت أية قائمة إطلاق سراح كردي واحد اللهم إلامن اشتبه في أمر جنسيته .

١٩- سكوت الحكومة عن الاعتداءات والاغتيالات التي وقعت على الاكراد في كركوك خاصة ووقوفها موقف المتفرج منها والمشجعة لها فهذه الأعمال وغيرها تظهر بوضوح معالم السياسة المعادية التي تتبعها بعض الجهات الحكومية تجاه الشعب الكردي المخلص لاهداف ثورة ١٤ تموز التحررية الديمقراطية وللاخوة العربية الكردية والمكافح ضد الاستعمار وأذنابه ومؤامراته . وفي الوقت الذي يعاني الشعب الكردي من آثار هذه السياسة خاصة ومن حرمان الشعب العراقي بأسره من حقوقه الديمقراطية بصورة عامة ظهرت الى الوجود من جديد استفزازات عملاء الاستعمار الذين بينَ كيف ان بعض أجهزة الدولة تحتضنهم وتدللهم وتمدهم بالنقود والمال والسلاح . وقد ذهبت المراجعات والشكاوي في جميع الحالات أدراج الرياح شأنها شأن مثيلاتها عند اعتداء هذه العصابات ، بل قام الموظفون المسؤولون بتلفيق التقارير عنها وارسالها الى الجهات العليا في

بغداد بغية التستر على أصدقائها وتوسيع شقة الخلاف بين الحكومة والعناصر الكردية المخلصة .

وفي هذه الاثناء أيضاً لم تقم السلطات الحكومية هناك بواجبها من حيث استتباب الامن وحقن دماء المواطنين بل قامت بعضها بما يؤجج نار الفتنة اشتعالاً وبعد انتهاء القتال وعودة الناس إلى اماكنهم سمعنا ان الحكومة قد قامت بتحشدات كبيرة في المنطقة وحواليها رافقتها شائعات كثيرة عن نية الحكومة في ضرب سكان بعض المناطق الكردية والقضاء على القومية الكردية بالذات وغيرها من الاشاعات التي سببت وضعاً في منتهى التوتر والحساسية والحراجة ، الامر الذي يجعل كل مواطن مخلص لهذا الوطن وكل من يهمه أمر ابعاد الخطر عن الوحدة العراقية ان يبادر الى إصلاح الحال وإعادة الامور إلى نصابها قبل ان يتفاقم الخطب مما يحدث في الكيان العراقي جروحاً عميقة فالحزب الديمقراطي الكردستاني المتفاني في الدفاع عن حقوق الشعب الكردي القومية والمخلص للوحدة العراقية الصادقة والتحرر والديمقراطية والسلام يرى من واجبه في هذا الوقت بالذات بتذكير المسؤولين بحراجة الموقف وعظم المسؤولية وخطورة الوضع في كردستان . وان يقول بكل صراحة ان الاستمرار في السياسة التي ذكرنا بعض مظاهرها فيما تقدم ودعمها بالتحشدات العسكرية والاعمال الاستفزازية يهدد البلاد بخطر نشوب حرب اهلية لايربح من ورائها إلا الاستعمار وأذنابه ولاتصيب اضرارها إلا الشعبين العربي والكردي اللذين بقيت صحيفة علاقاتهما العريقة في القدم ناصعة البياض الى الآن ..

هذا واننا في الوقت الذي نبرىء الشعب العربي من مغبة الأعمال العدوانية التي تقوم بها بعض الجهات الحكومية والموظفين العرب وفق مخططات الاستعمار نرى أنه ليس بامكان أي فرد أو حكومة أن ترغم

إخواننا العرب على توجيه النار الى صدور إخوانهم الاكراد كما ونرى ان القيام باجراء التحشدات العسكرية في منطقة كردستان المخلصة للجمهورية في الوقت الذي تهدد القوات الاستعمارية والموالية لها جهات أخرى من جمهوريتنا الحبيبة ، عملاً خاطئاً ومضراً بمصلحة البلاد . إذ لانعتقد ان بامكان أية حكومة جادة في معاداتها للاستعمار ان تقوم بهذا العمل فتولي ظهرها شطر الاستعمار عدو الشعوب وتوجه نيرانها الى شعبهاوقواها الوطنية المخلصة إلا إذا أمنت جانب الاستعمار . واننا مازلنا نرى بأن على الحكومة ان تقف مثل هذا الموقف . ولانقاذ البلاد من خطر محدق أكيد يهدد وحدتنا الوطنية في الصميم ، نطالب الحكومة بالقيام بالاجراءت التالية بصورة سريعة :

١- سحب القوات المرسلة أخيراً إلى مناطق معينة من كردستان إلى مقراتها الأصلية وعدم إجراء تحركات عسكرية غير اعتيادية في غير الأماكن المعتادة لهافي السنين السابقة .

٢- سحب رؤساء الادارة والأمن والشرطة والمسؤولين الذين لهم دور بارز في الحوادث الأخيرة اما بالاهمال المتعمد أو التحريض أو تشويه الحقائق ، وسوقهم إلى الجهات المختصة لينالوا العقاب الرادع العادل.

٣- إعادة الموظفين المبعدين والمنقولين في كردستان إلى أماكنهم وتعيين المتصرفين والقائمقامين للالوية والاقضية الكردية من الاكراد المخلصين للجمهورية وللاخوة العربية الكردية .

٤- تطبيق المادة الثالثة من الدستور العراقي تطبيقاً كاملاً وتحقيق المساواة التامة بين القوميتين العربية والكردية من كل الوجوه كقوميتين متآختين في ظل الدولة العراقية .

٥- تطهير جهاز الحكومة من العناصر المعادية لروح ثورة ١٤ تموز التحررية .

٦- إطلاق الحريات الديمقراطية للشعب وانهاء فترة الانتقال باسرع وقت لكي

تدار البلاد وفق نظام ديمقراطي سليم من قبل حكومة مسؤولة امام برلمان منتخب من قبل الشعب في انتخابات حرة مباشرة والغاء الاحكام العرفية وتصفية آثارها .

٧- تنفيذ مقررات مؤتمر المعلمين الاكراد لسنة ١٩٦٠ لتطوير الثقافة الكردية

٨- جعل اللغة الكردية لغة رسمية في جميع الدوائر الرسمية في منطقة كردستان .

٩- ازالة اثار جميع سياسات التفرقة العنصرية المتبعة بحق الاكراد مما سلف بيانه ومعاقبة الداعين الى التفرقة من ابناء الشعب العراقي .

١٠- إطلاق زراعة التبغ من قيد الدونم في الاماكن الصالحة للزراعة .

١١- تعديل قانون ضريبة الارض بما يرفع عن كاهل الفلاحين العبء الثقيل الذي القاه عليهم القانون الجديد .

١٢- معالجة البطالة المتفشية بالمباشرة بمشاريع عمرانية وصناعية والاسراع بانهاء المشاريع الموقوفة ووضع اخرى في الخطة الاقتصادية .

١٣- القضاء على الغلاء الفاحش وذلك بالضرب على أيدي المتلاعبين بالاسعار والمحتكرين لقوت الشعب .

اننا في الوقت الذي نطالب فيه الحكومة العراقية بالقيام بهذه الاعمال بصورة عاجلة للقضاء على خطر داهم ولسد الطريق امام مؤامرات الاستعمار وشركاتهم النفطية واذنابهم ولدعم وترسيخ الوحدة العراقية الصادقة ، نهيب بابناء الشعب العربي النبيل في العراق وبغيرهم من المواطنين القيام بكل ما من شأنه جعل الحكومة العراقية تقوم بتلبية هذه المطاليب الحقة العادلة باقرب وقت كما وندعو جميع الاحزاب الوطنية الى دعم نضالنا الرامي الى صيانة الوحدة العراقية وحقن دماء ابناء الشعب العراقي واحباط المشاريع الاستعمارية الهادفة الى القضاء على جميع مكاسب ثورتنا الخالدة في ١٤ تموز ولاعادة سيطرة الاستعمار والرجعية

الطالحة الى بلادنا .

عاشت الوحدة العراقية الصادقة .

عاشت الجمهورية العراقية جمهورية العرب والاكراد .

عاشت الاخوة العربية الكردية الى الابد .

الخزي والعار للمستعمرين واذنابهم اعداء الشعوب الألداء .

المكتب السياسي للحزب الديمقراطي الكردستاني

١٩٦١/٧/٣٠ .

- صورة منه الى مجلس السيادة الموقر .
- الى جميع الاحزاب والهيئات الوطنية .

بيان المجلس الوطني لقيادة الثورة العراقي
في تحقيق اهداف المواطنين الاكراد

عاش العرب والاكراد اخواناً تربطهم تربة وعقيدة ومصلحة ولم يعكر صفو هذه الاخوة الا الاستعمار والعملاء .
جاءت ثورة ١٤ تموز لتحرير الشعب ، وكان مما أكدته الاخوة العربية الكردية كما نص الدستور المؤقت ، ولكن الانحراف والارهاب في عهد الطاغية عبد الكريم قاسم شمل الاكراد كما شمل العرب، واحل الفتنة محل الالفة ، والريبة محل الثقة ، وجلب الويلات على البلاد ، وقامت ثورة الرابع عشر من رمضان المبارك لتزيل الانحراف وتؤكد مبادىء الحرية والعدالة ، وترى من تعاون العرب والاكراد والقوميات الاخرى اساساً لوحدة العراق . ولما كان من اهم اهداف هذه الثورة ايضاً اقامة جهاز عصري يأخذ باحسن الاساليب في الادارة والحكم ، ولما كان اسلوب اللامركزية اسلوباً تحققت فائدته بالتطبيق في مختلف انحاء العالم ، لذلك واخذاً بهذا الاسلوب وانطلاقاً من مباذىء الثورة التي اعلنت في بيانها الاول تعزيز الاخوة العربية الكردية بما يضمن مصالحهما القومية ويقوي نضالهما المشترك ضد الاستعمار ، واحترام حقوق الاقليات الاخرى وتمكينها من المساهمة في الحياة الوطنية ، لذلك فأن المجلس الوطني لقيادة الثورة يقر الحقوق القومية للشعب الكردي على اساس اللامركزية ، وسوف يدخل هذا المبدأ في الدستور المؤقت والدائم عند تشريعهما ، كما ان لجنة مختصة سوف تشكل لوضع الخطوط العريضة للامركزية .

المجلس الوطني لقيادة الثورة
١٩٦٣/٣/٩

مذكرة الوفد الكردي

الى السادة رئيس واعضاء الوفد العراقي في مفاوضات القاهرة المحترمين .

بمناسبة حضوركم اجتماعات القاهرة المعقودة بين ممثلي الجمهورية العراقية والجمهورية العربية المتحدة والجمهورية العربية السورية ، وبالنظر لطبيعة المباحثات التي تجري أثناءها وشمول آثارها العامة على الشعب العراقي بما فيه الشعب الكردي المحاط بظروفه الخاصة المميزة له ولمشاكله وجدنا من واجبنا نحن اعضاء الوفد الكردي المخول بالمفاوضة مع الحكومة العراقية حول تمكين الشعب الكردي من ممارسة حقوقه القومية على اساس اللامركزية ان تنور الوفد العراقي المحترم برأي الشعب الكردي وموقعه من شكل العلاقة التي قد تنشأ بين العراق وبين دولة أو دول عربية كي تكون القرارات التي قد يتم الوصول اليها حول ذلك منسجمة مع طبيعة ومركز الشعب الكردي في العراق وخالية من التعارض مع حقوقه القومية:

اولاً : نقول ابتداءاً ان مما تقتضيه طبيعة الشمول لمباحثات القاهرة أن يكون الشعب الكردي ممثلاً فيها على وجه من الوجوه لأن ماقد يتخذ فيها من قرارات حول تنظيم العلاقات بين الجمهوريات الثلاث ينسحب اثرها بداهة الى الشعب الكردي وحقوقه في الجمهورية العراقية ، ويمتد ذلك الاثر في رأينا الى موضوع اللامركزية كما سيتضح لكم من سياق هذه المذكرة .

ثانياً : نوضح لكم ان الشعب الكردي لايقف في يوم من الايام بوجه ارادة الشعب العربي في نوع العلاقة التي يقيمها بين اجزائه وحكوماته . ومن دواعي اعتزاز الشعب الكردي ان وجد الفرصة ليكون له شرف المساهمة في تسهيل رالصعب من موضوع العلاقة المراد ايجادها بين سائر اجزاء الوطن العربي عامة والدول العربية المتحررة خاصة أياكان نوع تلك

العلاقة ومداها .

ثالثاً : تفادياً لاي اشكال محتمل في المستقبل ورفعاً لاي تعارض بين المقررات التي قد تتمخض عنها اجتماعات القاهرة وبين الحقوق القومية للشعب الكردي في العراق .. نلخص فيما يلي رأيه المنبثق عن طبيعة وجوده ومركزه في العراق وعبر كفاحه وتجاربه خلال التاريخ في كيفية تنظيم العلائق بينه وبين الشعب العربي في الاحوال المختلفة :

أ- فيماإذا بقي العراق بدون تغييرفي كيانه يقتصر مطلب الشعب الكردي في العراق على تنفيذ البيان الصادر من الجمهورية العراقية بشأن الحقوق القومية للشعب الكردي على اساس اللامركزية .

ب- فيما إذا انضم العراق الى اتحاد فيدرالي ، يجب منح الشعب الكردي في العراق حكماً ذاتياً بمفهومه المعروف غير المتأول ولاالمضيق عليه .

جـ- فيما إذا اندمج العراق في وحدة كاملة مع دول عربية اخرى يكون الشعب الكردي في العراق اقليماً مرتبطاً بالدولة الموحدة وعلى نحو يحقق الغاية من صيانة وجوده وينبغي في الوقت نفسه الانفصال ويضمن تطوير العلاقات الوثيقة بين الشعبين الشقيقين نحو مستقبل أفضل .

وتقبلوا فائق الاحترام

رئيس الوفد الكردي
جلال الطالباني
١٩٦٣/٤/٨

-صوره منه :

الى جميع رؤساء واعضاء الوفود المجتمعة .

مشروع الوفد الكردي المعــدل

بعد اسبوع واحد من تصديق الحكومات العراقية والعربية السورية والجمهورية العربية المتحدة على ميثاق الدولة الاتحادية الذي تم التوقيع عليه في القاهرة يوم ١٧ نيسان ١٩٦٣ تقدم الوفد الكردي المفاوض في بغداد الى الحكومة العراقية بمشروع معدل للمقترحات السابقة التي اشرنا اليها .

وفيما يلي النص الحرفي للمشروع مع مقدمته :

" ان المخلص للاخوة العربية الكردية والحريص على تمتين الروابط التي تشد الشعبين العربي والكردي الى بعضها منذ فجر الاسلام ، لايسعه في مجال العمل الان يتلمس خير السبل لادامة تلك الاخوة وارساء التعايش بينهما على اسس راسخة قوية . وحقائق التاريخ تعلمنا ان اكمل صورة للارتباط الاخوي بين الشعوب هي التي تقوم على أساس الاتحاد الاختياري بينهما بعيداً عن موحيات الضم والدمج القسري الذي لم يولد عبر الزمن الا المشاكل والمآسي والمنازعات ، ولايكون للاتحاد الاختياري الاخوي معنى موضوعي اذا لم يقم على اساس الاعتراف بحقوق الامم المكونة له بتعايشها معا وتمكينها من ممارسة تلك الحقوق داخل الكيان العام لهذا الاتحاد . ويدلنا واقع الدول الحديثة على ان الحكم القومي الخاص الذي تمارسه القوميات المتآخية في ادارة مرافقها السياسية والاقتصادية والثقافية والاجتماعية ضمن اطار الحكم الاتحادي العام خير ضمان وكفيل بادامة الاتحاد الاختياري بينها ، بجانب كونه جوهر هذا الاتحاد واساسه الوطيد وما اتحادات سويسرا ويوغوسلافيا وتشيكوسلوفاكيا والهند ونيجيريا الاشواهد على افضلية الاتحاد الاختياري كأساس لسلامة الحكم وكضمان لوحدة الدولة . وقد بلغ من وضوح الفائدة لهذا النوع من الاتحاد الاختياري ان امما متجانسة قوميا اخذت به باعتباره شكلا رائعا للحكم الديمقراطي وتعبيرا صادقا على الارتباط الطوعي ، كما هو في

المانيا الاتحادية وايطاليا والبرازيل وبريطانيا والولايات المتحدة وما سيكون شأن الجمهورية العربية المتحدة لاقطارمصر وسورية والعراق .

اننا نجد الدولة في احقاب التاريخ وفي الواقع الراهن على ان تتمتع القوميات العائشة في ظل دولة واحدة بحقوقها القومية عن طريق مجالسها التشريعية والتنفيذية الخاصة بها لايقف جدواه عند انسجامه مع منطق وحدة الدولة وتماسكها فقط ، بل يجاوزه الى تمتين تلك الوحدة وتقويتها وتغذيتها بزاد النماء ، وشد اجزائها وابنائها بعضهم الى بعض شدا وثيقا محكما ، فعلى ضوء الحقائق المتقدمة نقول بثقة وايمان ان موافقة حكومة الجمهورية على هذا المشروع هي اسهام جدي منها في تعزيز الوحدة العراقية الصادقة ، وترسيخ الاخوة الكردية وتحصينها بوجه عوامل التصدع واسباب الوهن في الداخل والخارج . وانها اذا اقرت هذا المشروع تكون عند مستوى مسؤوليتها في صون تراث الاخوة العربية الكردية الموكول اليها من ضمير التاريخ وتسلمه الى الاجيال القادمة اوضح منهجا واهدى سبيلا واحفل بدواعي الخلود .

اننا لنأمل من مجلس قيادة الثورة المنبثق من ثورة عقائدية ذات فلسفة ومنهاج ، سيكون وفيا لعهده المعلن عنه مرارا على لسان قادته باحترامه الحقوق المشروعة للشعب الكردي بما فيها حق تقرير المصير،فيكون اقراره لهذا المشروع وفاء منه بالوعد الذي التزم به وقطعه على نفسه ، ويفتح بذلك عهدا جديدا لروابط الاخوة التاريخية بين الشعبين العربي والكردي واقامتها على اسس متينة من الصراحة والوضوح . والله من وراء القصد .

اولا - الجمهورية العراقية دولة موحدة مؤلفة من القوميتين الرئسيتين العربية والكردية المتمتعتين بحقوق متساوية ، وقد عبرتا عن ارادتيهما استنادا الى حق تقرير المصير في العيش معا .

ثانيا - يتضمن الدستور العراقي نصوصا لجهاز تشريعي اعلى للجمهورية ولرئيس الجمهورية وللحكومة ، كما ويتضمن الدستور تنظيم الجهاز

القومي المختص بممارسة الشعب الكردي لحقوقه القومية في الامور التشريعية والتنفيذية والقضائية في منطقة كردستان .

ثالثا - تكون الامور التالية من صلاحيات الحكومة المركزية :

١- رئاسة الدولة

٢- الشؤون الخارجية وتضمن .

أ-التمثيل السياسي والقنصلي والتجاري .

ب- المعاهدات والاتفاقيات الدولية .

جـ- هيئة الامم المتحدة .

د- اعلان الحرب وعقد الصلح .

٣- الدفاع الوطني (القوات البرية والبحرية والجوية) .

٤- العملة واصدار النقد .

٥- شؤون النفط .

٦- الكمارك .

٧- الموانىء والمطارات الدولية .

٨- البرق والبريد والتلفونات .

٩- السكك الحديدية والطرق العامة الرئسية .

١٠- شؤون الجنسية .

١١- تنظيم الميزانية العامة للدولة .

١٢- الاشراف على الاذاعة المركزية والتلفزيون المركزي .

١٣- الطاقة الذرية .

رابعا - ١ . تكون ممارسة الشعب الكردي لحقوقه القومية عن طريق مجلس تنفيذي منبثق من مجلس تشريعي منتخب من قبل القاطنين في كردستان بالاقتراع السري الحر المباشر .

٢ . يختص الجهاز القومي المنصوص عليه في المادة الثانية بشؤون : العدل ،

الداخليـة، التـربيـة والتـعليم ، الصـحـة ، الزراعـة ، التـبغ ، البلديات ، العمل والشؤون الاجتماعية ، الاعمار والمصايف ، وكل مايتعلق برفع المستوى المعاشي والاجتماعي والتنمية الاقتصادية وغير ذلك من الامور التي ترد ضمن اختصاص الحكومة المركزية .

٣ . المجلس التشريعي : يسن كافة القوانين اللازمة لممارسة الصلاحيات المذكورة في الفقرة الثانية اعلاه ، وينتخب المجلس التشريعي رئيس المجلس التنفيذي ، وله حق حجب الثقة عنه وعن اعضاء المجلس التنفيذي .

٤ . يقوم المجلس التنفيذي بممارسة السلطة التنفيذية في حدود الجهاز القومي الوارد في الفقرة الثالثة اعلاه ، وينفذ القوانين التي يصدرها المجلس التشريعي ، وكذلك القوانين والانظمة العامة التي تصدرها الحكومة المركزية بقدر علاقتها بكردستان ، وله حق تعيين موظفي اجهزة الادارة والدوائر الاخرى في المنطقة ، ويكون مسؤولا امام المجلس التشريعي في اعماله كافة .

خامسا- مالية الجهاز القومي لمنطقة كوردستان وتتكون من :

١ . الموارد المحلية والضرائب والرسوم التي تجبي داخل كوردستان .

٢ . حصة كوردستان بنسبة عدد سكانها الى عدد سكان العراق من : واردات النفط والكمارك والمطارات والموانيء والمعارف والبنوك الحكومية والسكك والبرق والبريد والتلفون على ان تخصم منهامصاريف الرئاسة والدفاع والخارجية واصدار العملة وادارة وزارة النفط والبرق والبريد والتلفونات وادارة المصايف بنسبة عدد سكانها الى سكان العراق ، ونفقات السكك الحديدية والطرق العامة بنسبة طول مسافاتها في كردستان الى مسافاتها في العراق .

٣ . حصة كردستان من المساعدات والقروض والمعونات الخارجية التي

ستحصل عليها الحكومة بنفس النسبة السابقة .

٤ . القروض الداخلية والقروض والمساعدات غير العسكرية التي ستحصل عليها كوردستان .

٥ . واردات التبغ والمصائف والغابات .

٦ . تعتبر كردستان مساهمة بحصة تعادل نسبة سكانها الى سكان العراق في المؤسات والمشاريع والمصالح ذات النفع العام .

سادسا- تشمل منطقة كوردستان الوية السليمانية وكركوك واربيل والاقضية والنواحي التي تسكنها اكثرية كردية في لوائي الموصل وديالى .

سابعا- يكون نائب رئيس الجمهورية كرديا وينتخبه شعب كردستان بالطريقة التي ينتخب بها رئيس الجمهورية العراقية .

ثامنا- يتضمن دستور الجهاز القومي لمنطقة كوردستان الحقوق الثقافية والاجتماعية والاقتصادية والحريات الديمقراطية والدينية للمواطنين من الاقليات كالتركمان والاثوريين والكلدان والارمن وغيرهم من الطوائف الدينية والعنصريةمع ضمان مساواتهم التامة في الحقوق والواجبات مع ابناء القوميتين العربية والكردية وضمان تمثيلهم في المجلس التشريعي والتنفيذي والاجهزة المختلفة بنسبة عادلة.

مواد عامة

١- يمثل شعب كوردستان في المجلس الوطني العراقي بعدد من النواب يتناسب مع نسبة سكان كوردستان الى سكان العراق .

٢- يكون لشعب كردستان عدد من الوزراء في الوزارة المركزية يتناسب مع سكان كوردستان الى سكان العراق .

٣- تكون نسبة الموظفين الاكراد في الوزرات المركزية متناسبة مع نسبة سكان كردستان الى سكان العراق .

٤-آ. يقبل في جامعة بغداد والمعاهد العالية العراقية عدد من طلاب كردستان يتناسب مع نسبة سكانها في العراق .

ب. ترسل الحكومة سنويا من البعثات والزمالات والمنح الخارجية عددا من طلاب كردستان يتناسب مع نسبة سكانها الى العراق .

٥- يكون احد معاوني رئيس اركان الجيش كرديا .

٦- يحتفظ الجيش العراقي باسمه وفي حالة تبديل الاسم يطلق على القسم الكردي منه اسم (فيلق كردستان) ويتكون هذا الفيلق من تجميع الجنودوالمراتب والضباط الموجوديين في الجيش العراقي من اهالي كردستان .

٧- يؤدي ابناء كوردستان خدمة العلم فيها . ويعاد الضباط وضباط الصف المفصولين لاسباب سياسية قومية الى الجيش العراقي ويعادون الى وحدات الجيش المعسكرة في كردستان .

٨- يقبل في الكلية العسكرية والشرطة والاركان والطيران والمؤسسات العسكرية الاخرى عدد من طلاب كوردستان يتناسب مع نسبة سكانها الى العراق .

٩- للحكومة المركزية ارسال قوات اضافية الى منطقة كردستان في حالة التعرض لهجوم خارجي او وجود تهديد حقيقي بالاعتداء الخارجي على الجمهورية العراقية . وفي غير هذه الحالات يجب اخذ موافقة المجلس التشريعي والتنفيذي في كردستان على ان لايعرقل مضمون هذه المادة قيام الجيش العراقي بتمريناته وفرضياته الاعتيادية لمدة معقولة .

١٠- يكون قيام قطعات الجيش العراقي بالحركات العسكرية التعبوية داخل كردستان بموافقة مجلسها التشريعي اوبناء على طلب المجلس التنفيذي

١١- يعتبر باطلا كل نص تشريعي مهما كان مصدره اذا كان من شأنه تقييد حقوق الشعب الكردي القومية والديمقراطية ويضيق مجالات تمتعه بها.

١٢- يكون اعلان الاحكام العرفية في كردستان -في غير حالات اعلان الحرب او وجود خطر حقيقي بالعدوان الاجنبي - بموافقة المجلس التشريعي .

١٣- يكلف احد الوزراء الاكراد الحاليين بتأليف المجلس التنفيذي المؤقت ليمارس صلاحيات المجلس مؤقتا ويجرى الانتخابات للمجلس التشريعي خلال فترة لاتتجاوز (اربعة اشهر) من تاريخ تأليفه .

١٤- ازالة آثار حكم الطاغية بتعويض جميع المتضررين بنتيجة ثورة كوردستان تعويضا عادلا سريعا في فترة لاتتجاوز اربعة اشهر .

١٥- في حالة تبديل الجنسية العراقية الى الجنسية العربية ينص في وثائق شهادة الميلاد ودفاتر النفوس وجوازات السفر على كون حاملها كردستانيا في الجمهورية العربية المتحدة اذا كان من مواطني كوردستان وكرديا اذا كان من اصل كردي .

١٦- عند تبديل العلم العراقي او شعار الدولة العراقية تضاف اليها اشارة كردية .

في العاشر من حزيران ١٩٦٣ اصدرت الحكومة البيان التالي
بيان الحكومة العراقية
بقيام الحركات العسكرية

لقد انبثقت ثورة الرابع عشر من رمضان من اعماق النضال الشعبي البطولي الدامي ضد الحكم القاسمي المعادي لآمال الشعب واهدافه في الحرية والديمقراطية والازدهار القومي والاجتماعي وجاءت لتقضي على ذلك الحكم وركائزه وآثاره، كما جاءت لتصحيح جميع الاوضاع الشاذة التي خلقها طيلة اربع سنوات ونصف ، وخاصة تلك الاوضاع الشاذة التي حاول ايجادها بين العرب والاكراد الذين عاشوا معا ولقرون عديدة في ظل المحبة والتضامن والمصير المشترك ، كما جاءت لتحقيق انطلاقة تطوير جبارة تنقل العراق من اوضاع التخلف والفقر الى اوضاع التقدم والرفاهية . وانطلاقا من اهدافها هذه ورغبة من المجلس الوطني لقيادة الثورة في الاسراع برفع الحيف الذي اصاب المواطنين الاكراد في العهد القاسمي بادرت فورا الى ايقاف اطلاق النار في مناطق الحركات العسكرية في الشمال ، واطلقت سراح المعتقلين السياسيين والاكراد واعادة الذين فصلتهم سلطات قاسم المتعسفة الى وظائفهم واعمالهم ليشاركوا مع اخوانهم الاخرين في بناء المجتمع الجديد . كمااتخذت حكومة الثورة كافة الاجراءات الفورية الحاسمة لفك الحصار الاقتصادي الذي فرضه قاسم على المناطق الشمالية لتزدهر الحياة الاقتصادية وينعم الجميع بالرفاه والخير .

ولقد بادرت الثورة الى اعادة الثقة التي هددها حكم قاسم المجرم بين العرب والاكراد فارسلت وفدا شعبيا من السادة الشيخ محمد رضا الشبيبي وحسين جميل وفائق السامرائي وفيصل حبيب الخيزران والدكتور عبد العزيز الدوري

وزيد احمد عثمان للتباحث مع ممثلي مصطفى البارزاني وجماعته ، وجعلت المسؤولين على صلة دائمة بهم لاحلال السلام الدائم في المناطق الشمالية وتوثيق الصلات التاريخية بين العرب والاكراد ، وتحقيق مطامح الاكراد في زيادة مساهمتهم في عملية الازدهار القومي والتقدمي في العراق . هذا في الوقت الذي يعلم فيه شعبنا تمام العلم بان الظروف الشاذة التي سببت القتال بين حكومة قاسم وجماعة البارزانيين قد زالت بانبثاق الحكم الديمقراطي الشعبي الممثل لكافة ابناء الشعب ولاهدافهم ومطامحهم .

وعلى الرغم من ان مصطفى البارزاني وزمرته لايملكون حق تمثيل مجموع الاكراد. وعلى الرغم من ان البارزانيين كانوا من الفئات التي ساندت بكل امكانياتهم حكم قاسم الدكتاتوري الشاذ وأزرته في القيام بالمجازر الدموية الرهيبة في الموصل وكركوك ، وعلى الرغم من مسايرتهم الشيوعيين المحليين في سياستهم الاجرامية المعادية للشعب ومطامحه في الحرية والديمقراطية والازدهار القومي ، وعلى الرغم من وضوح هويتهم الاقطاعية وارتباطهم بالاستعمار والرجعية والصهيونية ومعاداتهم وارتكابهم الجرائم بحق المواطنين الاخرين من الاكراد .

فقد تجلى ايمان الحكومة الثورية بوحدة المصير الذي يجمع بين العرب والاكراد في اشراكها لممثلي الاكراد في الوفود الرسمية والشعبية التي تدارست في الاقطار العربية شؤون الوحدة ، وفي جعلها الاكراد على صلة وثيقة بمجريات ونتائج مباحثات الوحدة الاتحادية بين مصر وسوريا والعراق .وبعد ان تدارست حكومة الثورة المطاليب التي قدمها مصطفى البارزاني ،وايمانا منها بضرورة اتخاذ الاجراءات الجدية السريعة لتلبية مطاليب الاكراد وتحقيق اهدافهم في الازدهار القومي والمشاركة الفعلية في الحكم الثوري ، اعلن المجلس الوطني لقيادة الثورة في التاسع من اذار ١٩٦٣ بيانه التاريخي بتطبيق نظام اللامركزية وذلك بعد مرور شهر واحد فقط من قيام الثورة وفي وقت كانت فيه الاخطار

تتهددها من كل جانب وقد اسرعت الحكومة الثورية ،بتشكيل اللجان الرسمية والشعبية لدراسة مبدأ اللامركزية والتوصل الى افضل صيغة له . وفعلا تم اعداد لائحة القانون الخاص بالنظام اللامركزي .

لقد شرعت حكومة الثورة ، وبسرعة ، في اعادة النظر في الخطة الاقتصادية بالشكل الذي يعمل على اعادة تعمير المنطقة التي خربها القتال بين جماعة قاسم وجماعة البارزانيين ، وبالشكل الذي يضمن للمناطق الشمالية حصة وفيرة من المشاريع التي تحقق الازدهار الاقتصادي في ذلك الجزء من الوطن ، وتنقله من اوضاع التخلف الى اوضاع التقدم .

ايها المواطنون ..

لقد اعلنت الثورة الشعبية ، في بيانها الاول ، وفي بيانين لمجلس قيادتها وفي منهجها المرحلي ايمانها بمطامح الاكراد في زيادة مساهمتهم في عملية الازدهار القومي والتقدمي في العراق ، وعملت الحكومة الوطنية بصدق واخلاص منذ البداية على التوصل الى حل سلمي سريع للمشكلة التي نشأت في العهد القاسمي ، هذه المشكلة التي اضر بقاؤها معطلة حتى الان بالاقتصاد الوطني واثر اسوأ تأثير على الامن وعرقل جميع مشاريع الاعمار والتطوير في المنطقة الشمالية ، كالمشاريع الصناعية ومشاريع الري والاصلاح والمصايف والسياحة . لكن الفئة الانفصالية والاقطاعية المعروفة بارتباطاتها بالاستعمار والرجعية والصهيونية ، والتي ساندت زمنا طويلا حكم قاسم الدكتاتوري الرجعي لم يؤثر عليها هذا الموقف النبيل الذي اتخذته الحكومة الوطنية ، ولم تاخذ بنظر الاعتبار المصالح المشروعة للاكراد ولمجموع ابناء العراق ، ولم تعمل على حقن دماء المواطنين من العرب والاكراد وتوفير الامن والاستقرار لانهاء الاوضاع الشاذة ، ولم تضع مصلحة الوطن ومصلحة جماهير الاكراد فوق مصالحها الانانية الذميمة ، ولم تطرح جانبا مطامعها الانتهازية للتسلط على جماهير الاكراد وانما سلكت سلوك العصابات وتعنتت في مواقفها التي اتضح

للحكومة الوطنية بما لايقبل الشك انها لاتدور حول تطوير الحياة الاقتصادية والاجتماعية للاكراد ، ولاتستهدف توثيق التآخي بين العرب والاكراد والعمل على تحقيق الازدهار لهما ، بل انها تدور حول مطلب انفصالي رجعي استعماري مرتبط اشد الارتباط بمصالح الدول الاجنبية الطامعة ، وهدفه تهديد استقلال العراق ووحدته الوطنية وانطلاقته الثورية .

ان وقائع كثيرة تدمغ هذه الفئة الاقطاعية بنواياها الانفصالية وبرغبتها في تقويض اية محاولة للتوصل الى حل سلمي وهذه بعض الوقائع :

١- ايواء كافة الشيوعيين والقتلة والهاربين من وجه العدالة مدنين وعسكريين وعدم تسليمهم للسلطات الحكومية .
٢- قيام فلول هذه العصابات المسلحة بالتجول في قرى المناطق الشمالية ، واستخدام اساليب التهديد والوعيد مع المواطنين للأنضمام اليها وفرض الاتاوات وجمع الاسلحة من الاهالي الامنين .
٣- اصدار ممثلي المتمردين التعليمات الى الأهليين في المنطقة الشمالية بعدم مراجعة السلطات الحكومية واجبارهم على مراجعتهم في كل القضايا المتعلقة بهم .
٤- تفتيش السيارات على الطرق الرئسية وسلب ونهب اموال المواطنين .
٥- الهجوم على مخافر الشرطة النائية واسر افراد الشرطة وسلب اسلحتهم وتجهيزات واثاث المخافر .
٦- قطع الخطوط التلفونية بين المدن والقصبات للتأثير على اعمال السلطات الحكومية وتعطيل المعاملات الاهلية .
٧- اطلاق النار على ربايا القوات المسلحة .
٨- اختطاف الاهليين والموظفين الاداريين كاختطاف قائمقام مركه سور وخطف ثلاثة من افراد الحرس القومي في مخمور وخمسة افراد في منطقة - التون كوبري - وخمسة آخرين في منطقة - عين دبس .

٩- بتاريخ ١٩٦٣/٥/٥ هاجم ثلاثمائة شخص من العصاة والشيوعيين الهاربين قرية - ابن ناصر- وسلبوا منها السلاح والمال ونكلوا باهالي القرية الامنين .

١٠- بتاريخ ١٩٦٣/٥/١٤ فتح الانفصاليون النار على قطاعات الجيش العاملة في منطقة مصلحة الكهرباء الوطنية في الدبس .

١١- هجم الشقي جبار الجباري وعادل عزة مع مائة وخمسين شقيا من أتباعهم على منطقة - قره حسن واستولوا على القرية وانسحبوا اتجاه قرية -تكية جباري - وكلهم من جماعة البارزاني .

١٢- هاجم الانفصاليون في منطقة حرير سيارة اسعاف اثناء نقلها لجندي مريض وسلبوا بندقيتين مع عتادهما من الجنديين اللذين كانا برفقة المريض .

١٣- بتاريخ ١٩٦٣/٥/٢٨ هجموا على قرية - زلكة - في منطقة -ميدان- وقتلوا الشيخ نوري زلكة وحرقوا القرية لرفضه التعاون معهم مما اضطر اهلها المواطنين للالتجاء الى شرطة ميدان .

١٤- بتاريخ ١٩٦٣/٦/٤ فتح الانفصاليون والشيوعيون الهاربون النار على قوة من فرسان صلاح الدين ودام الاشتباك مدة خمس ساعات انتهت بانسحاب العصاة بعد ان تكبدوا ستة عشر قتيلا وثلاثين جريحا وثمانية اسرى واستشهد من قوة الفرسان - الشيخ سامي عبد غزالة - رئيس عشيرة السليفاني.

١٥- بتاريخ ١٩٦٣/٦/٥ فتح الانفصاليون النار لمدة ربع ساعة على قوات الجيش في قرية - حاج ابراهيم بك -انتهت بقتل مواطن وجرح آخر . والقي القبض على اربعة مراتب هاربين .

١٦- بتاريخ ١٩٦٣/٦/٥ فتح الانفصاليون النار على الشرطة العاملة في جبل قره جوق - عند قيامهم بالتحري عن الشيوعيين والهاربين والعصاة

الذين يقومون باعمال استفزازية في المنطقة وقتلهم احد شباب الحرس القومي .

١٧- اتخذ الانفصالي المدعو عمر مصطفى الملقب - عمر دبابة - مكتب المحامي كمال محيي الدين في -كويسنجق - محكمة له وفرض احكاما مجحفة بحق الابرياء .

١٨- تعرض الانفصاليون في العمادية وزاويته وزاخو ومناطق اخرى للسيارات المارة واخذوا يحتجزون بعض الركاب ويختطفون بعض الموظفين ومنعوا السكان من مزاولة اعمالهم .

١٩- فتح المجرمون النارعلى طائرة هليكوبتر اثناء تحليقها في منطقة جمجمال وجرحواالطيارفي ساقه .

٢٠- شكل الانفصاليون الخونة محكمة فوضوية في خانقين حكمت على اربعة من المواطنين الابرياء بالاعدام ونفذ الحكم بهم فعلا .

٢١- بتاريخ ١٩٦٣/٦/٦ تصدى العصاة لقافلة تموين في مخفر ازمر ، ودارت معركة ضارية معهم استمرت ساعات .

٢٢- بتاريخ ١٩٦٣/٦/٨ تصدى الاشقياء الى قافلة تموين اخرى في منطقة كلار وفتحوا النار عليها.

٢٣- وبتاريخ ١٩٦٣/٦/٨ ايضا هاجموا قافلة عسكرية للجنود المجازين وهي في حالة التنقل الاعتيادي في منطقة - سبيلك - فقتلوا الملازم الشهيد عباس كمال وثلاثة مراتب وجرحوا ٢٣ ضابط صف وجندي وحرقوا اربعة سيارات عسكرية غدرا .

هذا غيض من فيض حوادث الاجرام والشغب التي ارتكبها الانفصاليون اثناء فترة المحادثات اضافة الى اعمالهم الاجرامية في تحريض الشرطة والجيش من الاكراد للهروب باسلحتهم .

وبالنظر لما تقدم وحرصا منا على حماية المواطنين في المناطق الشمالية واعادة

الامن والاستقرار الى ربوع الوطن ليتسنى للحكومة الوطنية تنفيذ جميع ماجاء في المنهاج المرحلي للمجلس الوطني لقيادة الثورة وبناء على ارادة الشعب في حماية إستقلاله ووحدته الوطنية من عبث الخونة الرجعيين الانفصاليين قررنا القيام بتطهير المناطق الشمالية من فلول البارزانيين واتباعهم ، اعتبارا من هذا اليوم كما قررنا اعتبار كافة المناطق الشمالية منطقة حركات فعلية .
ان المجلس الوطني لقيادة الثورة لينذر هذه الزمرة الخائنة الخارجة على ارادة الشعب ووحدته الوطنية ان تلقي السلاح خلال (٢٤ ساعة) من اذاعة هذا الانذار وتعلن تأييدها للحكم الوطني الديمقراطي الشعبي لتجنب المنطقة ويلات القتال وليعمل الجميع على بناء وطنهم الحر المزدهر ، والا فان المجلس الوطني يحمل هذه الزمرة كافة النتائج المترتبة على مواقفها الخيانية .

ايها المواطنون ..
ان المجلس الوطني لقيادة الثورة يدعو كافة المواطنين لمساندة ومساعدة القوات المسلحة والسلطات الحكومية للقضاء على هذه الزمرة الخائنة وألاخبار عن كل من تسول له نفسه مساعدتها باي شكل من الاشكال .
عاشت ثورة ١٤ رمضان المباركة والموت للخونة الانفصاليين اعداء الشعب .

المجلس الوطني لقيادة الثورة

صدر ببغداد في الثامن عشر من محرم الحرام سنة ١٣٨٣ هجرية المصادف للعاشر من حزيران سنة ١٩٦٣ ميلادية .

بيان بقيام دولة عبد السلام عارف
وازالة حكم البعث

باسم الله الرحمــن الرحيـم
ايها الشعب العراقي العظيم
ايها المواطنون . ياابناء العروبة والاسلام
ان ماقام به العابثون والشعوبيون وسفاحو الحرس اللاقومي من اعتداء على الحريات ، وانتهاك للحرمات ، ومخالفة للقانون ، واضرار عام للدولة والشعب والامة ، واخرها التمرد المسلح يوم ١٣-١١-١٩٦٣ اصبح امرا لايطاق ويتندى له الجبين .
بل واصبحت الحالة تنذر بالخطر الجسيم على مستقبل هذا الشعب الذي هو جزء من امته العربية ، فتحملنا ما تحملناه ، صبرا على المكارم والايام وتجنباً لاراقة الدماء ، وحفظا لوحدة هذا الشعب النبيل تيمناً بقوله تعالى و « ادفع بالتي هي احسن » .
لكننا كلما زدنا صبرا وايمانا ، ازداد هؤلاء العابثون الشعوبيون واقزام الحرس اللاقومي تعنتا واستكبارا وظنوا انهم مانعتهم حصونهم فبلغ السيل الزبى . بل لقد تجاوزوه .
فنادى الشعب جيشه وقواته المسلحة فلبى نداءه . وتلاحمت القوى الخيرة لانقاذ هذا الشعب العزيز من عبث العابثين وخيانة الخائنين من الشعوبين والانتهازيين .
وعليه فقد قرر المجلس الوطني لقيادة الثورة بعد الاتكال على الله مايلي :
(١) تلبية انقاذ الشعب . وتنفيذ طلبات الجيش والقوات المسلحة الوطنية .
(٢) انتخاب رئيس الجمهورية المشير الركن عبد السلام محمد عارف ،رئيسا

للمجلس الوطني لقيادة الثورة .

(٣) تعيين رئيس الجمهورية المشير الركن عبد السلام محمد عارف قائدا عاما للقوات المسلحة الوطنية وممارسته كافة الصلاحيات المخولة له .

(٤) تعيين زعيم الجو الركن حردان عبد الغفار بمنصب نائب القائد العام للقوات المسلحة الوطنية بالاضافة الى منصبه .

(٥) منح رئيس الجمهورية المشير الركن عبد السلام محمد عارف صلاحيات استثنائية تتضمن جميع الصلاحيات المخولة بها المجلس الوطني لقيادة الثورة بموجب القانون رقم (٩) للسنة ١٩٦٣ وتعديلاته ـ لمدة عام تتجدد تلقائيا كلما تطلب الامر ذلك وبتقدير منه .

(٦) حل الحرس القومي ، قيادة ومقرات وافراداً والغاء كافة القوانين والانظمة والتعليمات والاوامر الصادرة بخصوصه .

(٧) حل المجلس الوطني لقيادة الثورة المتشكل صبيحة يوم ٨ شباط ١٩٦٣(١٤ رمضان ١٣٨٣) وتكوينه على الوجه الاتي :

أ- رئيس الجمهورية (رئيسا) .

ب- الاعضاء : القائد العام للقوات المسلحة الوطنية (يعني الرئيس) . نائب رئيس الجمهورية (لاوجود له) رئيس الوزراء ، نائب القائد العام للقوات المسلحة . رئيس اركان الجيش . معاونو رئيس اركان الجيش، قادة الفرق .قائد القوة الجوية .الحاكم العسكري العام . الضباط الذين يقرر انتخابهم في المجلس .

جـ- يعين المجلس سكرتيراً له ، ويجوز ان يكون من اعضاء المجلس او من خارجه ويحق للرئيس تخويله التوقيع على البيانات والاوامر الصادرة من المجلس بعد اطلاع الرئيس.

د- المجلس الاستشاري : يشكل المجلس الوطني مجلسااستشاريا يختارهم من المواطنين ذوي السمعة الطيبة والسير الحسنة والكفاءة ومن ذوى الخبرة

والفن والاختصاص .
(٨) اتخاذ الاجراءات القانونيــة والفـورية بحـق المتمردين والمسببين للتمـرد يوم ١٣-١١-١٩٦٣

التوقيع : المشير الركن
عبد السلام محمد عارف
رئيس المجلس الوطني لقيادة الثورة

صدر ببغداد في يوم الاثنين
المصادف ٢ رجب ١٣٨٣ .
١٨ تشرين الثاني ١٩٦٣ .

بيان الحكومة العراقية حول ايقاف الاعمال العسكرية

بسم الله الرحمن الرحيم

بناء على مقتضيات المصلحة العامة ولأستجابة اخواننا الاكراد لما جاء في نداء الملا مصطفى البارزاني ورغبة منا في اعادة الحياة الطبيعية الى الجزء الشمالي من وطننا (الحبيب !). ووضع حد لمحاولات الاستعمار واذنابه وقطع دابر المستغلين والمتصيدين وحقنا للدماء البريئة، وبناء على ماتمليه مصلحة الوطن العليا قررنا مايلي :

اولا : اقرار الحقوق القومية لاخواننا الاكراد ضمن الشعب العراقي في وحدة وطنية واحدة متآخية وتثبيت ذلك في الدستور المؤقت .

ثانيا : اطلاق سراح المعتقلين والمحتجزين والمحكومين بسبب حوادث الشمال واصدار العفو العام ، ورفع الحجز عن الاموال المنقولة وغير

المنقولة للاشخاص الذين حجزت اموالهم .

ثالثا : اعادة الادارات المحلية الى المناطق الشمالية .

رابعا : اعادة الموظفين والمستخدمين .

خامسا : رفع القيود المفروضة على تسويق المواد المعاشية على اختلافها .

سادسا : الشروع باعادة تعمير المنطقة الشمالية فورا . وتشكيل اللجان المختلفة لتذليل الصعوبات التي تعترضها حول التقيد بالاعمال الروتينية مع ملاحظة تعويض المتضررين .

سابعا : تعويض اصحاب الاراضي التي غمرت اراضيهم من جراء سدّيْ [دوكان ودربه ندي خان] تعويضا عادلا .

ثامنا : تتخذ التدابير بما يضمن اعادة الامن واستقرار المنطقة الشمالية .

واننا نهيب باخواننا الاكراد العودة الى الحياة الطبيعية لينعموا ببركات هذا البلد وتوحيد الصف الوطني تجاه مؤامرات الاستعمار واذنابه ، وليعلم اخواننا الاكراد باننا سنعمل على مايضمن حقوقهم المشروعة شأن بقية المواطنين في الجمهورية العراقية والله من وراء القصد .

تاسعا : على كافة الوزارات ذات العلاقة ، اصدار المراسيم والاوامر والتعليمات المقتضية تنفيذاً لما جاء في هذا البيان .

رئيس الجمهورية
عبد السلام محمد عارف
١٠/شباط/١٩٦٤

بيان مصطفى البارزاني

بسم الله الرحمن الرحيم

ايها الاخوة الكرام

ان اصدق الكلام كلام رب العالمين فقد جاء في محكم كتابه المبين « ياايها الذين امنوا اذكروا نعمة الله عليكم اذ كنتم اعداءً فألف بين قلوبكم فاصبحتم بنعمته اخواناً » صدق الله العظيم .

بعد تلبيتنا لرغبة السيد رئيس الجمهورية المشير الركن عبد السلام محمد عارف بالمحافظة على وحدة الصف الوطني وحقن الدماء البريئة وانهاء اقتتال الاخوة ،ولثبوت حسن النية عند السلطة الحاكمة ، قررنا المبادرة الى ايقاف اطلاق النار والطلب الى اخواني العودة الى محلات سكناهم والانصراف الى اعمالهم الحرة الكريمة وبهذا ينفسح المجال للسلطة الوطنية للمبادرة الى اتخاذ الخطوات الكفيلة باعادة الحياة الطبيعية والامن والاستقرار الى المنطقة وتتهيء الفرصة لاقرارالحقوق القومية للمواطنين الاكراد ضمن الشعب العراقي في وحدة وطنية واحدة وارساء الاخوة العربية الكردية على امتن القواعد بما يصونها من الوهن ويحصنها من دسائس المستعمرين والمتصيدين والطامعين وليعلم الجميع ان سيادة القانون وتأمين الامن والنظام في المنطقة كفيل بحل كل معضلة مهما كانت مستعصية .

فليسدد الله خطى المخلصين ويكلل جهودهم بالنجاح فيما يريدونه للشعب والوطن من وحدة وسؤدد وازدهار والله من وراء القصد .

التوقيع
البارزاني مصطفى

مذكرة البارزاني
في ١١ تشرين الاول ١٩٦٤ . حول مماطلات الحكومة عن التعهدات التي قطعتها قبيل وقف اطلاق النار وبعده ومشروع الحكم الذاتي المفصل

سيادة المشير الركن عبد السلام محمدعارف رئيس الجمهورية العراقية المحترم
سيادة الفريق طاهر يحى رئيس مجلس الوزراء المحترم
سيادة الرئيس :

بدافع من الواجب ومن الحرص على وحدة وسلامة الشعبين العربي والكردي في العراق نصدر بشعور مخلص نبيل هذه المذكرة ونقدمها عرضا للواقع بكل مافيه من مرارة .

بروح تؤمن بالسلم والعقل طريقان يوصلان لنتائج طيبة بعيدة عن رؤى الدم الفاجع الذي لطخ الذرى الشم والسهول الخضر ، دم الشعب الحر الذي فرض عليه السير في درب الالم وهو يريد العيش الكريم ان ماستحمله هذه المذكرة من آراء هي اجماع الكثرة الكاثرة من الشعب الكردي . انها كلمات حق يسنده الواقع التاريخي والقانوني وارادة الحياة بعيدة عن شوائب التشويه والتضليل .

ايها السيد الرئيس :

منذ ان ارتد شبح الموت عن كردستان حاسرا وبدت بوادر السلام وانفتح المجال للحوار الهادىء لحل ماتعقد وحتى اليوم وقد قارب العام ، دون ان يلمس الشعب الكردي اي تجسيد للامل القليل الذي فتحت بابه هدنة ايقاف القتال .

ولعلنا نملك الحق ونقولها ممزوجة بالمرارة ان بذور الثقة قد زرعت ولم تخضر ، وكان الامل ان تورق وتزهر وان الذي ينظر بدقة يشعر ويحس باليأس والجفاف .

ولنستقرىء ماحدث :

حق المواطنة في العراق وتكافؤ الفرص نظريا وواقعيا له حدود واضحة بينة تفصل بين الحق والواجب ولكن الفرد الكردي اصبح اليوم يعيش واقعا انعدمت فيه حدود الحق وتجسمت فيه حدود الواجب بشكل كاد يساوي في الفهم معنى من معاني التمييز العنصري الذي شجبته الانسانية .ومن صور ذلك ان ابواب الوظائف العامة المدنية والعسكرية سدت في وجوه الاكراد اذ يوجد مايقارب آلاف من كبار موظفي الدولة وبضعة الاف من ضباط القوات المسلحة ليس بينهم من الاكراد الاقل القليل بحيث لم يتجاوز اصابع اليدين .

ومن صور ذلك ايضا ان وزارة النفط كانت تضم دائرة اسمها « تعريق الشركات النفطية » .وبين « التعريق » و«التعريب» يضيع الحق الكردي بعد ان كان له ذلك .

ومن صور ذلك كذلك ان ماصرف في بضعة اشهر على تدمير كردستان وقد قارب مائة مليون دينار ، اعلن الحكم الحالي في العراق بعد الثامن عشر من تشرين الثاني وبمزيد من الدعاية والضجيج انه خصص خمسة ملايين دينار سنويا لتعمير ماكلف تخريبه في اشهر مائة مليون دينار .وليت الامر وقف عند هذه الخطوط النافرة للصورة . بل تعداها الى مزيد من « النفرة » اذ لم يصرف من ذلك التخصيص الضئيل الابضعة الاف من الدنانير . وكان وجه الصرف ـ وهنا وجه الغرابة ـ على اعادة بناء المخافر والطرق العسكرية . والاكثر غرابة ان البعض الاخر ذهب لجيوب « الجاش » اولئك الذين تسميهم السلطة بالفرسان بالرغم من انهم مازالوا يرهقون ميزانية الدولة بمخصصات طائلة لقاء استعدائهم على حق الشعب الكردي واباحتها لهم القتل والسلب والنهب .

ومن صور ذلك ماعاناه الشعب الكردي من ابادة بكل اسلحة الفتك والدمار وماحلّ بالقرى من حرق وقتل كما حدث في السليمانية واربيل والموصل وكركوك وخانقين . مدناً وقصبات وقرى بشكل يذكر بابادة الجنس كل ذلك بمسؤولية البعض ممن هم في المسؤولية هذا اليوم .

نقول : انه رغم ذلك فقد نفذت عملية تهجير الاكراد . اذ اخليت ٣٧ قرية من قرى اربيل من مالكيها وسكانيها من الفلاحين واعطيت لعشائر عربية اسكنت فيها وزودت بالحماية والمال ومايعينهم على الزرع بقصد تعريب المنطقة .
وفي كركوك المدينة ـ طردت الاف من العوائل الكردية من بيوتها لتحل محلها عوائل عربية وقد رافق تلك الحملة التهجيرية تصريحات لمسؤولين كبار تشير بوضوح الى ان ماجرى هو من اجل عروبة العراق وايهام الشعب العربي بان بقاء العروبة لايكون الابالقضاء على الشعب الكردي .
ان هذه الصورة بعمق مرارتها ـ لانرسمها على سبيل ذكر الماضي اذ انها لازالت حقيقة قائمة ولم يقم الحكم الحالي باي اجراء يشعر بانه يريد حل المشكلة حلا سلميا . فقد مرت قرابة تسعة اشهر والحال على ماهي عليه وان بقاء الحال مع الاقرار بسوئه دلالة لاتحتاج الى عمق تأويل .
ياسيادة الرئيس
من البديهي ان الكردي ـ اسوة بالعربي في العراق ـ لايمكن ان ينعزل بالعمل السياسي المشروع كجزء من حق المواطنة . لكن الواقع يشير بوضوح ان العزل السياسي قد فرضه الحكم القائم على الشعب الكردي بطريق غير مباشر وآية ذلك أن الحكم القائم حصر العمل السياسي في اطار التنظيم الحكومي المشروع الوحيد ، وهو الاتحاد الاشتراكي العربي الذي لامجال للعمل السياسي خارج اطاره . ومن التسمية يظهر العزل السياسي للاكراد .والافكيف يكون مجال عمل سياسي لشعب غير عربي في تنظيم لامكان لهم فيه .
هذا التساؤل يقودنا الى بديهية اخرى تؤكد قصدا خفيا هو ان الحكم الحالي يريد ان يكون الكردي عربيا او على الاقل هادرا لكرديته لكي يتمتع بابسط حقوق المواطنة في وطنه العراقي وهو العمل السياسي . ولعل في الاجراء الذي اتخذته السلطة استعجالا ولم تصطبر لمعرفة موقف الشعب الكردي من (الاتحاد الاشتراكي) تمشيا مع القصد الخفي الذي نظمته البديهية التي

نقول : انه رغم ذلك فقد نفذت عملية تهجير الاكراد . اذ اخليت ٣٧ قرية من قرى اربيل من مالكيها وسكانيها من الفلاحين واعطيت لعشائر عربية اسكنت فيها وزودت بالحماية والمال ومايعينهم على الزرع بقصد تعريب المنطقة .
وفي كركوك المدينة - طردت الاف من العوائل الكردية من بيوتها لتحل محلها عوائل عربية وقد رافق تلك الحملة التهجيرية تصريحات لمسؤولين كبار تشير بوضوح الى ان ماجرى هو من اجل عروبة العراق وايهام الشعب العربي بان بقاء العروبة لايكون الابالقضاء على الشعب الكردي .
ان هذه الصورة بعمق مرارتها - لانرسمها على سبيل ذكر الماضي اذ انها لازالت حقيقة قائمة ولم يقم الحكم الحالي باي اجراء يشعر بانه يريد حل المشكلة حلا سلميا . فقد مرت قرابة تسعة اشهر والحال على ماهي عليه وان بقاء الحال مع الاقرار بسوئه دلالة لاتحتاج الى عمق تأويل .

ياسيادة الرئيس

من البديهي ان الكردي - اسوة بالعربي في العراق - لايمكن ان ينعزل بالعمل السياسي المشروع كجزء من حق المواطنة . لكن الواقع يشير بوضوح ان العزل السياسي قد فرضه الحكم القائم على الشعب الكردي بطريق غير مباشر وآية ذلك أن الحكم القائم حصر العمل السياسي في اطار التنظيم الحكومي المشروع الوحيد ، وهو الاتحاد الاشتراكي العربي الذي لامجال للعمل السياسي خارج اطاره . ومن التسمية يظهر العزل السياسي للاكراد .والافكيف يكون مجال عمل سياسي لشعب غير عربي في تنظيم لامكان لهم فيه .
هذا التساؤل يقودنا الى بديهية اخرى تؤكد قصدا خفيا هو ان الحكم الحالي يريد ان يكون الكردي عربيا او على الاقل هادرا لكرديته لكي يتمتع بابسط حقوق المواطنة في وطنه العراقي وهو العمل السياسي . ولعل في الاجراء الذي اتخذته السلطة استعجالا ولم تصطبر لمعرفة موقف الشعب الكردي من (الاتحاد الاشتراكي) تمشيا مع القصد الخفي الذي نظمته البديهية التي

الحقوق المثبتة للاكراد تعتبر كقوانين اساسية لايجوز ان ينقضها او يعارضها اي قانون اونظام اوعمل رسمي لافي حينه ولافي المستقبل وانها تعتبر تعهدات ذات شأن دولي .

مما تقدم يظهر بوضوح ان وجهة نظر السيد رئيس الوزراء معطلة لحق الشعب الكردي المستند الى شرعية راسخة بدأت مع تكوين العراق كدولة ، بل كان اساسا من اسس تكوينه دولياً . فلاحاجة لقانون جديد لتثبيت ماهو ثابت ولايجوز لقانون جديد الغاؤه .

ثانيا : ان ثورة ١٤ تموز كانت مجال نماء للقومية العربية والقومية الكردية في ذات الوقت ، مما جعل الدستور المؤقت الذي صدر بعدها ينص بصراحة على وجود القومية العربية والكردية على اساس المشاركة في هذا الوطن وبعد ١٤ من رمضان خطا الحكم خطوات اوسع في ايضاح حقوق القوميتين المتآخيتين في العراق .فقد اصدر المجلس الوطني لقيادة الثورة انذاك بيانا يتضمن الاعتراف بالحقوق القومية للشعب الكردي على اساس اللامركزية .ومن الجدير بالذكر هو ان سيادتكم وبعضا من المسؤولين قد ساهمتهم في اصدار هذا البيان وثبتم كون الاكراد شعبا له حقوق اساسية في العراق وليسوا اقلية .ولكن الذي اصبح مثار غرابة للشعب الكردي هو ان الدستور المؤقت الذي اصدرتموه بعد الثامن عشر من تشرين الثاني لم يكن بمستوى الوضوح الذي كان عليه الدستور المؤقت بعد « ثورة ١٤ تموز » وبيان المجلس الوطني بعد ١٤ رمضان . بل واكثر من ذلك ، ان حق الشعب الكردي لم يرد في باب اساسي من ابواب الدستور بل ذكر ذكرا غامضا وعارضا في فصل غير رئيسي وبشكل غير واضح وغير مقبول اطلاقا.

ثالثا : ان الحكومة الحالية قد شرعت قوانين ذات مساس بحقوق المواطنين وواجباتهم بل وبكيانهم كالقوانين الاشتراكية . وشرعت قوانين ذات

مساس بكيان العراق ككل ، كميثاق الوحدة (في ٢٦من ايار) كل ذلك دون الاستناد الى استفتاء شعبي ولارجوع الى مجلس نيابي منتخب ولكنها في موضوع اقرار حقوق الشعب الكردي القومية الثابتة قانونيا ودوليا تعكس الحجة وترجىء الامر معتذرة بعدم وجود مجلس نيابي منتخب ان فيما تقدم تناقضا غريبا يدعو الى تساؤلات عديدة .

ايها الرئيس :

نخلص مما تقدم أن الشعب الكردي الذي ضحى في سبيل قوميته وكيانه بخيرة ابنائه لايمكنه ان يكون بجانب اي عمل ينقص من حقوقه القومية الملحة او يعطلها. وهو بقدر مايتمسك بالحلول الهادئة المسالمة جاهز للتضحية بكل شيء في سبيل الحفاظ على حقوقه واهدافه . ان المطلب الملح العادل هو الاستجابة لحق الشعب الكردي في الحكم الذاتي ضمن جمهورية عراقية دستورية ديمقراطية اسوة بالدول التي تعيش فيهاالكثر من قومية واحدة كيوغسلافيا ، وسويسرا والاتحاد السوفياتي وچيكوسلوفاكيا وكندا والهند وغيرها حيث حلت هذه الدول مشكلة القوميات فيها بمراعاتها لنقطة جوهرية وهي الاعتراف وتطبيق الحقوق القومية لجميع القوميات القاطنة فيها على قدم المساواة .

ان المصلحة الوطنية تقضي بضرورة الاخذ بروح الفهم الواضح والصدق في العمل والمبادرة على ضوء ما احتوته هذه المذكرة من نقاط حددت المشاكل والحلول . وان اهمال ماورد فيها تاكيد لروح الشك وسير في الدروب التي لاتؤدي الى الحل القريب الواضح الذي تفرضه المصلحة الوطنية في العراق لتسود راية الاخوة العربية الكردية وتندغم اماني الشعبين العربي والكردي في آن واحد بعيدا عن الاخطار والكوارث التي اعاقت تقدم العراق حضاريا .

واملنا وطيد بان مذكرتنا هذه سوف تلقى الاهتمام المطلوب من قبل المسؤولين ونتطلع الى تعيين وفد مخول بصلاحيات كاملة للالتقاء بوفدنا المعد لهذا

الغرض بغية ايجاد الحلول الحاسمة النهائية للمسألة وهذه هي الحقوق القومية للشعب الكردي كما نطلبها :

١- تعديل الفقرة الاخيرة من المادة ١٩ من الدستور المؤقت التي تنص على : [ويقر هذا الدستور حقوقهم القومية ضمن الوحدة العراقية] لتصبح كما يلي [ويقر هذا الدستور حقوق الشعب الكردي على اساس الحكم الذاتي ضمن الوحدة العراقية].

٢- وتنفيذا لما جاء في المادة الاولى فاننا نرى ان تطبيق ذلك يكون كما يلي :

(أ) تتكون وحدة ادارية تشمل الوية اربيل ، كركوك والسليمانية واقضية زاخو ودهوك وعقرة وعمادية وشيخان وسنجار وتلعفر وخانقين وجميع الاقضية والنواحي التي تسكنها اكثرية كردية في لواءي الموصل وديالى وتسمية هذه الوحدة الادارية بولاية او محافظية كردستان .

(ب) تدار هذه الولاية او المحافظية من قبل مجلس تنفيذي منبثق عن مجلس تشريعي يسمى بمجلس الولاية او المحافظية وينتخب اعضاؤه بطريقة الانتخاب المباشر من قبل القاطنين في كردستان . ويكون المجلس التنفيذي مسؤولا امام مجلس الولاية او المحافظية الذي يكون له الحق في حجب الثقة عنه ومرتبط بالحكومة المركزية بواسطة رئيسه المسمى رئيس المجلس التنفيذي لولاية او محافظية كردستان .

(جـ) يختص مجلس الولاية او المحافظية بتشريع القوانين والانظمة المحلية لادارة شؤون كردستان والتي لاتتعارض مع دستور الجمهورية .

(د) يختص المجلس التنفيذي بالاوامر التالية ضمن حدود الولاية او المحافظية.

(١) تنفيذ القوانين والانظمة التي يشرعها المجلس التشريعي للولاية او المحافظية في الشؤون التالية : العدل ، الادارة ، الشرطة ، التربية والتعليم ، الصحة ، الزراعة ، الغابات ، الطرق والمواصلات ، البلديات ،

العمل والشؤون الاجتماعية ، الاعمار ، الاسكان ، المصايف ، التبوغ وغير ذلك من الشؤون التي ليست من اختصاص الحكومة المركزية .

(٢) تنفيذ القوانين والانظمة العامة التي تصدرها الحكومة المركزية والتي لاتتعارض مع كيان الولاية او المحافظية .

(٣) تعيين الموظفين والمستخدميين لادارة جميع شؤون الولاية او المحافظية

٣- تكون اللغة الكردية اللغة الرسمية في الولاية او المحافظية مع استخدام اللغة العربية ومراعاة حق الاقليات في استعمال لغاتها .

٤- تتكون مالية الولاية او المحافظية من : (١) الموارد المحلية والضرائب والرسوم التي تجبى داخلها (٢) حصة الولاية او المحافظية من القروض والمنح التي تحصل عليها الحكومة المركزية بنسبة تتفق وعدد سكانهاوماتقدم لها الحكومة المركزية من المنح والقروض . (٣) حصة الولاية او المحافظية من واردات الگمارگ والمطارات والمواني بنسبة عدد سكانها الى العراق . (٤) حصة الولاية او المحافظية من عوائد النفط بنسبة عدد سكانها الى سكان العراق .

٥-حقوق المواطنين من الاقليات في الولاية او المحافظية :

تضمن قوانين وانظمة الولاية او المحافظية الحقوق الثقافية والاجتماعية والاقتصادية والحريات الديمقراطية للمواطنين القاطنين في كردستان لضمان مساواتهم التامة في الحقوق والواجبات مع ابناء القوميتين العربية والكردية ويمثلون في الولاية او المحافظية والمجلس التنفيذي بنسبة عادلة

٦- يكون نائب رئيس الجمهورية كرديا وينتخب من قبل المجلس التشريعي للولاية او المحافظية .

٧- المواد العامة :

(١) يكون لسكان الولاية او المحافظية في الوزارة ،نائب رئيس وزراء وعدد من الوزراء يتناسب مع نسبة سكان العراق .

(٢) تكون نسبة الموظفين الاكراد في الوزارات والادارات المركزية متناسبة مع سكان ولاية او محافظية كردستان .

(٣) يقبل في جامعة بغداد والمعاهد العالية العراقية وكذلك ترسل الى البعثات والزمالات والمنح الدراسية عدد من طلاب الولاية او المحافظية بنسبة تتناسب مع السكان .

٨- الشؤون العسكرية :

(أ) الابقاء على فصائل الانصار الوطنية كما هي عليها الان . لحين تشكيل لجنة الولاية او المحافظية ويجري تحويلها حينذاك الى قوة نظامية باسم [الدرك او حرس الحدود] وتحديدها بعشرين الف مسلح .

(ب) يودي ابناء الولاية او المحافظية خدمة العلم ضمن حدودها .

(جـ) يعاد الضباط وضباط الصف والجنود المطرودون والمحالون على التقاعد من الاكراد لاسباب سياسية قومية الى وظائفهم واعتبار مدة خدمتهم في صفوف فصائل الانصار خدمة فعلية لغرض الترفيع والتقاعد .

(د) يستخدم ابناء الولاية او المحافظية من الضباط وضباط الصف والجنود في الوحدات العسكرية في الولاية والمحافظية في غير حالات الحرب اذا سمح الملاك .

(هـ) يقبل في الكليات العسكرية والشرطة والاركان والطيران والمؤسسات العسكرية الاخرى عدد من طلاب الولاية او المحافظية يتناسب مع نسبة سكانها .

(و) يكون اعلان الاحكام العرفية في الولاية او المحافظية في حالة الحرب او وجود خطر حقيقي بالعدوان الخارجي بموافقة المجلس التشريعي للولاية او المحافظية .

(ي) للحكومة المركزية ارسال قوات اضافية الى منطقة كردستان في حالة التعرض لهجوم خارجي او تهديد حقيقي على الجمهورية العراقية وفي غير

هذه الحالات يجب اخذ موافقة المجلس التشريعي والتنفيذي في كردستان . على ان لايعرقل مضمون هذه المادة قيام الجيش العراقي بتمريناته وفرضياته الاعتيادية .

(ن) يكون قيام قطعات الجيش العراقي بالحركات العسكرية والتعبوية داخل كردستان بموافقة مجلسها التشريعي وبناء على طلب المجلس التنفيذي .

٩- يعتبر باطلا كل نص تشريعي مهما كان مصدره اذا كان من شأنه تقييد حقوق الشعب الكردي القومية والديمقراطية ويضيق مجالات تمتعه بها .

١٠-وفيما يتعلق بتنفيذ هذه المطاليب :

١. تتكون لجنة مشتركة بعدد متساو من الطرفين وذلك لسن قانون تشكيل ولاية كردستان وانتخاب مجلس الولاية او المحافظية ووضع هذه البنود وغيرها موضع التنفيذ .

٢. تبحث اللجنة المشتركة وتقرر جميع الاجراءات اللازمة وتهيء مشاريع القوانين والانظمة التي ترتأي اصدارها من قبل الحكومة ضروريا لتعزيز الثقة بين الطرفين وتقوية اواصر الاخوة بين العرب والاكراد وتحاشي كل خلاف او سوء تفسير حول الاختصاصات والواجبات كما يتطلبه التوافق والانسجام بين الحكومة المركزية ووزرائها ودوائرها وبين سلطات الولاية او المحافظية واجهزتها .

٣. انجاز الامور الواردة في الفقرة (١-٢) من هذه المادة بأسرع وقت أو أنتخاب مجلس الولاية أو (المحافظية) لممارسة مهامه في مدة اقصاها اربعة اشهر من تاريخ الموافقة على هذا المشروع .

٤. الاسراع بتخصيص مبالغ مناسبة للقيام بدفع تعويضات عادلة الى جميع افراد فصائل الانصار الوطنية وتوزيعها عليهم من قبل لجنة مشتركة من الطرفين تشكل باسرع وقت .

٥. اعادة العشائر العربية التي اسكنها البعثيون في قرى كردستان الى اماكنها

الاصلية واعادة اصحابها الشرعيين اليها باسرع وقت .

٦ . الاسراع باعادة جميع الموظفين والمستخدميين والمفصولين والمحاليين على التقاعد والذين اعتبروا مستقلين بسبب حوادث كردستان الى وظائفهم السابقة مع تعويضهم عما لحق بهم من اضرار واعتبار مدة انقطاعهم عن الخدمة ، خدمة فعلية لغرض الترفيع والتقاعد .

٧ . حل الفرسان وتجريدهم من السلاح واعادتهم الى اماكنهم .

٨ . الاسراع باطلاق سراح جميع المعوقوفين والمحكوميين بسبب حوادث كردستان واصدار العفو العام عن المحكومين والمعتقلين والمبعدين السياسين في العراق .

٩- تعديل المادة الاولى من الدستور المؤقت التي تنص على [ان الشعب العراقي جزء من الامة العربية] الى مايلي : [ان الشعب العربي في العراق ... جزء من الامة العربية] .

١٠- اضافة المادة التالية على الدستور المؤقت :

[تطوير القومية الكردية بنفس المستوى الذي تتطور فيه القومية العربية من النواحي السياسية والاقتصادية والثقافية] .

١١- ضمان حقوق الاقلية الكردية خارج حدود ولاية او محافظية كردستان ومساواتها في الحقوق والواجبات مع غيرها من المواطنين .

١٢- في حالة قيام وحدة او اتحاد بين الجمهورية العراقية واي قطر عربي اخر ، تصبح ولاية اومحافظية كردستان اقليما يتمتع بنفس الحقوق التي يتمتع بها الاقاليم المكونة للوحدة او الاتحاد .وتلزم بنفس واجباتها ويسمى بـ (اقليم كردستان) .

وفي الختام ايها الرئيس ... ارجو قبول خالص احتراماتي.

مصطفى البارزاني

-ايضاح الحقوق القومية الكردية -

اولا : لقد اوضح الدستور المؤقت الذي اذيع بتاريخ ٤ مايس (ايار) ١٩٦٤ على ان « العراقيين لدى القانون سواء ، متساوون في الحقوق والواجبات العامة ، لاتمييز بينهم في ذلك بسبب الجنس او الاصل او اللغة او الدين . ويتعاون المواطنون كافة في الحفاظ علي كيان هذا الوطن بما فيهم العرب والاكراد ويقر هذا الدستور حقوقهم القومية ضمن الوحدة العراقية] . واننا نود ان نوضح مايلي :

ثانيا : ان تفاصيل الحقوق القومية ستوضح نصوصها من قبل مجلس الامة الذي سينتخب اعضاؤه من قبل الشعب .

ثالثا : الدراسة : تقر الحكومة (التي هي انتقالية) الدراسة بما يلي :

أ- تكون باللغة الكردية حتى الصف الثالث المتوسط للمناطق التي سكانها اكراد .

ب- باللغة العربية لمن يرغب من الاكراد ذلك ، ولأولاد الموظفين والقاطنبن العرب في المناطق الكردية.

رابعا : التعيين : تراعى نسبة المواطنين الاكراد في التعيين في الوظائف التالية : (١) الوزراء (٢) المتصرفيات والادارة المحلية (٣) قبول الطلاب في الجامعة وفي الأيفاد خارج العراق .

خامسا : مساواة اخواننا الاكراد في كافة الحقوق والامتيازات والواجبات الاخرى شأنهم شأن بقية المواطنين في الجمهورية العراقية .

سادسا : ان الحكومة الحالية انجزت الدراسات اللازمة لتعمير المنطقة الشمالية ورصدت المال اللازم وستشرع قريبا جدا بتنفيذها . وانها اصدرت التعليمات والوصايا بشأن اعادة الموظفين والمستخدمين الى وظائفهم

بصرف النظر عن الملاك . كماعملت على اطلاق سراح كافة المحتجزين بقضايا الشمال - وسهلت ايصال البضائع والمواد المعيشية على اختلافها الى المناطق النائية في الشمال .

سابعا : ان الحكومة الحالية ، انطلاقا من سياستها الرامية الى تأمين كل السبل لخدمة ابناء الشعب على حد سواء ستعمل كل مافي وسعها لان يعم الخير والرفاه في الشمال وفي المناطق الاخرى من وطنناالحبيب .

والله الموفق .

البارزاني مصطفى

متصرف لواء السليمانية
عبد الرزاق سيد محمود

المشروع الذي نشر رسميا . بتوقيعي البارزاني ومتصرف لواء السليمانية عبد الرزاق سيد محمود الارحيم [لم يثبت له تاريخ ولكنه بالتأكيد تم بعد الضجة التي اثارتها مذكرة البارزاني لرئيس الجمهورية ورئيس الوزراء - الملحق السابق بيومين اوثلاثة ايام .

رأي الحكومة الذي قدمه السيد وزير الداخلية عند زيارته كركوك بتاريخ ٧-١٢-١٩٦٤

١-تحديد الحقوق القومية :

الاعتراف بالقومية الكردية كحقيقة واقعة والالتزام بعدم تعريب الاكراد لا الان ولا في المستقبل والسماح بالتدريس بالمدارس في الاقضية والنواحي التي فيها اكثرية كردية باللغة الكردية وحتى الدراسة المتوسطة .

٢- تكون المشاركة في الحكم كما كانت عليه قبل ابتداء الاضطرابات في المنطقة سنة ١٩٦١ دون تقيد او التزام .

٣- تكون كافة وظائف الدولة مفتوحة لكافة المواطنين عربا ام اكراداً حسب الكفاءة والشهادة ولافرق في ذلك بين عربي او كردي .

٤- اللغة الرسمية في كافة انحاء العراق هي اللغة العربية ويسمح للاكراد الدراسة في المدارس الابتدائية والمتوسطة باللغة الكردية .

٥- ان مجلس الخدمة هو المسؤول عن التعيين في كافة وظائف الدولة ولامانع من تعيين اعضاء اكراد فيه .

٦- لايمكن الاحتفاظ بقوة ثالثة للدولة ونعتقد بان مشكلة (البيش مركه) تحل بان يعود الجندي الى وحدته والشرطي الى الشرطة والموظف الى وظيفته ومن تبقى منهم يعودون الى اعمالهم السابقة ومن يبق بدون عمل تجد الحكومة له عملا . كما نعتقد بان عودتهم سريعا تساعد كثيرا على حل باقي المشاكل .

٧- تلتزم الحكومة بتعويض كافة المتضررين تعويضا عادلا .

٨- ان عودة الفرسان الى قراهم واعمالهم الاعتيادية مرهون باستقرار الاوضاع وعودة الامور الطبيعية .

٩- مبدأ نقل الموظفين في الالوية الشمالية يجري كماكان متبعاً قبل بدء الاضطرابات ومن الطبيعي ستسير كافة الوزارات في تفضيل ابناء المنطقة بتعيينهم في منطقتهم .

١٠- يرشح الملا مصطفى عددا من الشخصيات الكردية لانتخاب العدد المناسب منهم كأعضاء في مجلس الشورى الذي سيشكل خلال هذا الشهر.

رد البارزاني على مقترحات السيد وزير الداخلية بتاريخ ٧-١٢-١٩٦٤

١- تحديد الحقوق القومية للشعب الكردي على اساس اتفاقية ١٠-٢-١٩٦٤

٢- الحكومة ترفض الاعتراف بالحكم الذاتي والاستقلال والانفصال ونطلب ان تقر الحكومة مبدأ المشاركة في الحكم والمطلوب تحديد تفصيلات مبدأ المشاركة في الحكم واسلوبه . هل يكون من قبل الحكومة ؟ ام من قبل لجنة مشتركة .

٣- وجهة نظر البارزاني ورفاقه حول تعيين الموظفين هو أن يكونوا من الاكراد في كل من الوية السليمانية . كركوك اربيل .والاقضية والنواحي الكردية من لوائي الموصل وديالى وفي حالة عدم توفر الكفاءات من الاكراد لامانع من تعيين غيرهم.

٤- اللغة الرسمية في المنطقة تكون اللغة الكردية مع مراعات استعمال اللغة العربية معها في التدريس.

٥- مبدأ المشاركة في الحكم يتم عن طريق لجنة مشتركة تشرف على القضايا الادارية في المنطقة الكردية وتكون اللجنة دائمية ولامانع من ان يكون

مقرها في بغـداد .

٦- تعيـين جانب من (البيش مركه) كشرطة محليـة وقسم اخر قـوة سيـارة لحراسة الحدود .

٧- الاسراع بتخصيص مبالغ مناسبة للقيام بدفع تعويضات عادلة الى جميع المتضررين بسبب حوادث كردستان من قبل لجنة مشتركة تشكل لهذا الغرض .

٨- اعادة العشائر العربية التي اسكنها البعثيون في قرى كردستان الى اماكنها الاصلية واعادة اصحابها الشرعيين اليها باسرع وقت .

٩- حل الفرسان وتجريدهم من السلاح واعادتهم الى اماكنهم .

وزارة الداخلية

مديرية المخابرات السرية والسياسية

الرقم ق.س - ٩٥٥

التاريخ ١١-٢-١٩٦٥

الى - متصرف لواء السليمانية

الموضوع - رأي الحكومة في حل مشكلة الشمال

١- نرجو تبليغ السيد عكيد صديق بأن رأي الحكومة بحل مشكلة الشمال تتضمن النقاط المدونة في الملحق (ك) المرفق لينقلها بدوره الى الملا مصطفى البارزاني .

٢- كما ونرجو اخباره بما يلي :

أ- لايمكن قبول اضافة وزارة باسم وزارة الشؤون الكردية ترتبط بها الالوية الشمالية من كافة الوجوه اذ أن معنى ذلك استقلال ذاتي مبطن فبدلا من ان يكون اسم المسؤول عن المنطقة (حاكم) اصبح اسمه وزير وبدلا من أن يكون مقر الحاكم (السليمانية) اصبح بغداد .

ب- لايمكن احداث لواء جديد أو فك اقضية من لواء وربطها بلواء اخر .

جـ- لايمكن الموافقة بالاحتفاظ بالبيش مركه (العصاة المسلحين) كقوة مسلحة ثالثة بأي شكل من الاشكال .

صبحي عبد الحميد
وزير الداخلية

رد البارزاني على برقية السيد وزير الداخلية

الاخ متصرف لواء السليمانية المحترم

السلام عليكم ورحمة الله وبركاته

اشارة الى كتابكم المرقم ق.س/٢٠٩ والمؤرخ في ٢٦-٢-١٩٦٥ يرجى اعلام وزارة الداخلية بالملاحظات التالية :

١- ان المقترحات التي تقدم بها اخواننا الذين ارسلناهم الى بغداد هي في نظرنا مقترحات واقعية وعملية ولاتنطوي على مانعتقد على أي مظهر من مظاهر التطرف والتعجيز وكانت مخففة وبسيطة الى درجة اثارت لدى عدد كبير من اخواننا هنا موجة من المعارضة وعدم الرضا باعتبارها اقل حتى من الحد الادنى لما يمكن ان تطالب به الثورة الكردية او اية ثورة قومية اخرى في العالم.

٢- نرى من الضروري ان نوضح بان وفدنا المذكور اعلاه لم يطالب (باضافة وزارة باسم وزارة الشؤون الكردية ترتبط بها الالوية الشمالية من كافة الوجوه) كما هو وارد في كتاب وزارة الداخلية اليكم بل ان نص الطلب كماهو سبق وقدم الى الاخ وزير الداخلية هو (استبدال اسم وزارة اعمار الشمال بوزارة الشؤون الكردية ويناط بها الاشراف على القضايا الادارية والثقافية في المنطقة الكردية) لذا يرجى مراعاة الفرق الواضح بين الصيغتين .

٣- اما النقاط التي تضعها الحكومة لحل مشكلة الشمال فاننا نجد صعوبة كبرى في الموافقة عليها لان الالتزامات الواردة هي اكثر بما لايقاس من الحقوق التي كان ينتظرهاالشعب الكردي من وراء ثورته . واننا نرى في محاولة فرضها علينا نوعا من التعجيز والتطرف التي طالما اتهمنا بها الاخوان المسؤولون في الجمهورية العراقية .

وعليه فاننا نتطلع الى ان تعيد الحكومة النظر في حلولها المقترحة بشكل يؤمن الحد الادنى من مطاليب الثورة الكردية ويحفظ في الوقت نفسه هيبة الدولة ويعزز وحدة الشعب الوطنية لما فيه خير وصلاح المواطنين جميعا واشكركم ودمتم .

اخوكم
مصطفى البارزاني
١٨-٢-١٩٦٥

سيادة الاخ طاهر يحى رئيس الوزراء المحترم

السلام عليكم ورحمة الله وبركاته

استلمت رسالتكم الاخوية الكريمة شاكرا لطفكم وحسن ظنكم وقد تداولنا الرأي مع الاخوان هنا حول ماورد في كلام الاخ سردار نقلا عن سيادتكم واستقر رأينا جميعا على ارسال هذه النقاط اليكم مع الاخوين شفيق احمد اغا وسردار محمد اغا راجين اخذهابنظر الاعتبار لحل المسألة الكردية في العراق بالشكل الذي يخدم مصلحة الوطن ويجنب الشعب العراقي العزيز بعربه واكراده المزيد من الويلات والنكبات وسفك الدماء وختاما ارجو ان تتقبلوا احترامي وتقديري ودمتم

اخوكم

البارزاني مصطفى

١١/٣/٩٦٥

سيادة الاخ طاهر يحى رئيس الوزراء المحترم

السلام عليكم ورحمة الله وبركاته

استلمت رسالتكم الاخوية الكريمة شاكرا لطفكم وحسن ظنكم
وقد تداولنا الرأي مع الاخوان هنا حول ما ورد في كلام الاخ
سردار نقلاً عن سيادتكم واستقر رأينا جميعاً على ارسال هذه
النقاط اليكم مع الاخوين شفيق احمد اغا وسردار محمد اغا راجين
اخذها بنظر الاعتبار لحل المسألة الكردية في العراق بالشكل
الذي يخدم مصلحة الوطن ويجنب الشعب العراقي العزيز بعربه
واكراده المزيد من الويلات والنكبات وسفك الدماء و
ختاما ارجو ان تتقبلوا احترامي وتقديري ودمتم

اخوكم

البارزاني مصطفى

مقتطف من محضر جلسات وفدي الاتحاد الاشتراكي المصري والعراقي بخصوص القضية الكردية في العراق(١)

عبد الكريم فرحان :

الخلاف الاساسي بيننا وبينكم هو ان المجتمع العراقي مر بمرحلة خطيرة من الارهاب والحكم الشيوعي . ثم البعث لذلك تكره غالبية الشعب العراقي الحزبية كراهية شديدة.

اديب الجادر :

اما بالنسبة لموضوع الاحزاب في العراق فالواقع انها هي التي ساعدت على قيام الثورة . فقبل عام ١٩٥٨ كانت هناك جبهة وطنية تضم الشيوعيين والبعثيين وكان الشيوعيون وطنيين حتى ١٩٥٩ وكان البعثيون حتى عام ١٩٦٣ كذلك ... كنت في الاتحاد السوڤياتي ووجدت معلوماتهم عن العراق كانت خاطئة تماما. فالشيوعيون ينشرون معلومات كاذبة عن العراق .ان الشيوعيين في عهد عبد الكريم (قاسم) سجنوا حوالي (٨٠) الف شخص والبعثيون فعلوا ذلك تقريبا وفي فترات حكمهم لم يحققوا اجراءات اشتراكية .

عبد العزيز الدوري :

ثورة الزنج القديمة في بغداد لم تكن ثورة اشتراكية كما يقال احيانا لكنها كانت ثورة عبيد ضد اسيادهم وثورة الاسماعيلين كانت تستند في بدايتها الى مبادىء اسلامية لكنها اتخذت بعد ذلك اتجاها شيوعيا فاصبحت تتنافى مع المبادىء الاسلامية .

من المفيد عندما نتعرض للمشكلة الكردية ان نبدء بتصحيح بعض الافكار الخاصة بتاريخ العراق . لقد كان العراق دائما وحدة واحدة ولم يحدث ان انقسم الى عدد من الاقسام كما ادعى البعض وكان يشار دائما الى شمال العراق باسم

منطقة الجبال اومنطقة الجزيرة ولم يقل احد في تاريخ العراق ان اسمها «كردستان » او «عراق العجم » فهذا الاسم لم يظهر الا اخيرا . وفي هذه الحدود الطبيعية لم تظهر قط دولة او امارة حتى في عهد العباسيين بسبب طبيعة الارض الوعرة وصعوبة ربطها معا .واثناء الحرب العالمية الاولى تقدم بعض العسكريين الاكراد المشتركين في قوات الحلفاء بطلبات خاصة باسم الاكراد وعملت دول الغرب على تشجيع هذه الحركة لمواجهة الدولة العثمانية في ذلك الوقت وكان من هذه الطلبات تكوين وحدة ادارية عاصمتها "السليمانية" وعندنا نص المراسلات التي تبادلها الاكراد مع دول العرب وفي فترة الانتداب على العراق وجرت محاولات لاعطاء بعض الاستقلال للاكراد وكانت سلطة الانتداب تركز دائماعلى حقوق الاقليات واحترام حقوقها ... كما كان من خطة (قاسم) الاعتماد على الاكراد لمقاومة القومية العربية .

عبد الكريم فرحان :

في الحقيقة ان الاكراد لم يؤلفوا قط حكومة خاصة وكل ماحدث في العصور السابقة ان بعض الشيوخ كانوا يمارسون نوعا من الخروج على السلطة المركزية عند ضعف السلطان كما يحدث في اي مجتمع اقطاعي .واكثر من هذا اننا لانستطيع حتى الان ان نحدد لهم بدقة منطقتهم . ثم ان لهم اصولا متعددة وبعض قبائلهم تزعم انها في الاصل من «مضر»والبعض يزعم انه من «الرمادي» فالعنصر العربي ممتزج بالعنصرالكردي

من قبل ان تنشأ اي ثورة في الشمال بسبب قومي . وعندما عاد (البارزاني) من الاتحاد السوڤياتي اعتمد على شيوخ القبائل وكون حزب (الپارت) وحاول ان يعطيه مظهرا قوميا اي مظهر المكافح من اجل تحرير شعب وهم في الحقيقة لايكونون سوى عشرة بالمائة من الاكراد ، ويعتمد [الملا مصطفى] ايضا على بعض الشيوعيين الذين يحملون السلاح في القتال المسلح . واخيراً اتصل البارزاني بالسعودية وبمتصرف السليمانية وطلب حقن الدماء ...وفي رايي ان

(عبد الكريم قاسم) شجع الاقلية الكردية لتقف في وجه الوحدة العربية .

اديب الجادر :

في الاجتماع الاخير مع مندوبي الحزب الشيوعي السوفيتي استعرضنا معهم الموقف وتهديدات الاستعمار وخصوصا في ايران وكيف يحاول الاستعمار اثارة الاكراد لتهديد العراق وابلغناها بان لدينا الادلة على الاتصال بين الاكراد والقوى الاستعمارية فقالوا انهم يعتقدون بان هناك بالفعل اتصالات ولكن ليس مع [الملا مصطفى البارزاني] والحقيقة انه لاتوجد مشكلة للقومية الكردية في العراق لاننا نعترف بهم وبلغتهم وبحقهم في استخدامها في المدارس الخ .. ثم انهم في العراق مليونان وفي تركيا ٦ ملايين وفي ايران ٣ ملايين وهم هناك ينكرون القومية الكردية فلماذا لم تنفجر المشكلة الا في العراق .

بالنسبة للروس اظن ان خطتهم هي ان حصول الاكراد على المزيد من الحقوق في العراق سيؤدي الى اثارة الاكراد في ايران وتركيا . وفضلا عن هذا يرتبط موقف الروس من الاكراد بمحاولتهم للدفاع عن الحزب الشيوعي العراقي . وفي ظل الحكم البعثي دفعوا للطلبة الاكراد معونة جعلوها عن طريق الحزب الشيوعي العراقي بالذات .القضية الآن ليست قضية داخلية خاصة بالعراق .ولكن توجد لها اصول خارجية .

عبد العزيز الدوري :

في الحرب العالمية الثانية قدم لنا الالمان خريطة لاقامة دولة كردية من بحر قزوين حتى الاسكندرونة .

فؤاد الركابي :

ولهذا لم تكن مصادفة ان المشكلة لم تظهر الابعد ١٤ تموز والقوى الانفصالية في ايران وتركيا تدعم هذه الحركة .والجيش الاول الايراني يساعدها . وقد حدث في ايران التقاء بين ممثلي هذه الحركة وممثلي اسرائيل. وهذه واقعة مؤكدة . لكن الكيان العراقي لايحتمل اكثر من الاعتراف بالمساواة الكاملة

وفي رايي ان الحكم اللامركزي لايحل المشكلة ولكنه يفتح الباب لمشكلة اكبر ويعطي فرصة لمطالب اخرى مثلا هم يرسمون حدودا تضع (الموصل) و(كركوك) في المنطقة التي يطالبون بها.وهذه مشكلة كبرى لان اقتصاد العراق مبني على البترول في (كركوك) .حتى عام١٩٤٥ لم يكن الاكراد يشكلون سوى ١٠٪ من لواء (كركوك) ولكنهم وصلوا اليوم الى نسبة ٤٨٪ .كيف حدث هذا ؟ حدث بواسطة عملية تهجير منظمة تشرف عليها شركات البترول عن طريق استحضار عمال الاكراد وعائلاتهم ومن هذا تتضح مصالح شركات البترول في تأكيد الكيان الكردي . وفي رايي ان قضية الاكراد لاتحلها سوى الوحدة العربية .

اديب الجادر :

في الحقيقة ان (البارزاني) شيخ عشيرة . اي انه اقطاعي قبلي لايمكن ان يؤمن بالديمقراطية ولابالاشتراكية ولعل اكبر دليل على ذلك ان ثورتهم بدأت عام ١٩٦٠ وهو العام الذي امتد فيه قانون الاصلاح الزراعي الى مناطقهم . واذا تأملنا وضع اعوان (البارزاني) نجد نفس الشيء ومنهم على سبيل المثال (عباس مامند).

احمد بهاء الدين :

ولكن لماذا لايمارس الفريق الكردي المؤيد للحكومة دوره ؟ ان التيار الذي تتردد الاخبارعنه خارج العراق هو تيار (البارزاني) ومن الواجب ان ينشأ صوت آخر للاكراد تشجعه الحكومة وتعطيه بعض المكاسب .(٢)

عبد الكريم فرحان :

ان الاكراد يخافون من عمليات الارهاب والاغتيال التي مارسهاالبارزانيون ضد الموالين للحكومة . ان المشكلة يمكن انهاؤها في دقيقة واحدة لو تخلت الحكومة العراقية عن الموقف الوحدوي التقدمي . ولو اعلنا مثلا التعاون مع طهران بدلا من القاهرة .

مجلة الكاتب المصري/ ٥٠/ايار/١٩٦٥

نص بيان ٢٩ حزيران

ان هذه الحكومة رغبة منها في وضع حد للوضع غير الطبيعي في انحاء من شمال الوطن ، وسيرا وراء ماجاء في الفقرة الرابعة من كتاب التكليف عند تشكيل الوزارة في الحفاظ على وحدة التربة العراقية وتحقيق الوحدة الوطنية وتأكيدا للروابط الوثيقة القائمة فعلا بين العرب والاكراد والتي تدعوهما للعمل الحثيث المخلص لخير وطنها المشترك تعلن المنهاج التالي وتؤكد عزمها القاطع على الالتزام به وتطبيقه نصا وروحا باسرع وقت مستطاع .

اولا : لقد اعترفت الحكومة بالقومية الكردية بشكل قاطع في الدستور المؤقت عند تعديله وهي مستعدة لتاكيد هذا المعنى وزيادته جلاء في الدستور الدائم بحيث يصبح من الواضح اقرار القومية الكردية وحقوق الاكراد القومية ضمن الوطن العراقي الواحد الذي يضم قوميتين رئسيتين هما العرب والاكراد وبحيث يتمتع العرب والاكراد بحقوق وواجبات متساوية

ثانيا : والحكومة على استعداد لاعطاء هذه الحقيقة الكلية وجودها الفعلى في قانون المحافظات ـ الذي هو في طريقه الى التشريع ـ على اساس من اللامركزية بان يكون لكل لواء ولكل قضاء ولكل ناحية شخصية معنوية معترف بها .ولكل من هذه الوحدات الادارية مجالسها المنتخبة وسلطاتها الواسعة في الشؤون الخاصة بها بما في ذلك امور التربية والتعليم والصحة وكل ماله صلة بالشؤون المحلية والبلدية حسبما فصله القانون المذكور .

كما ان القانون المذكور يمكن من اجراء التعديل في حدود الوحدات الادارية كما يمكن من انشاء وحدات ادارية جديدة عند الضرورة ومقتضيات المصلحة العامة .

ثالثا : وطبيعي ان الحكومة تعترف باللغة الكردية لغة رسمية مع اللغة العربية في المناطق التي تكون غالبية سكانها اكراداً . وتكون لغة التعليم -مع العربية - في الحدود التي يقرها القانون وتحددها المجالس المحلية .

رابعا : ان هذه الحكومة عازمة على اجراء الانتخابات النيابية في الحدود الزمنية التي نص عليها الدستور المؤقت وحددها المنهاج الوزاري بشكل صريح . وسيمثل الاكراد في المجلس الوطني القادم بالعدد الذي يتناسب مع مجموع السكان الكلي . وبالطريقة التي يفصلها قانون الانتخابات .

خامسا : وطبيعي ان يشارك الاكراد اخوانهم العرب في كافة الوظائف العامة بنسبة سكانهم بما في ذلك الوزارات والوظائف الادارية العامة والقضائية والدبلوماسية والعسكرية دون الاخلال بمبدأ الكفاءة

سادسا : وسيكون هناك عدد من طلاب البعثات والزمالات والمنح الدراسية في مختلف الفروع وعلى شتى المستويات من الاكراد يرسلون للتخصص خارج البلاد دون الاخلال الكلي بالكفاءة وحاجة القطر.

كما ستزيد جامعة بغداد من اهتمامها بدراسة اللغة الكردية وادابها وتراثها الفكري والحضاري وتسعى الجامعة لفتح فرع لها في الشمال عند توافر الامكانيات .

سابعا : وسيصبح من طبيعة الاشياء ان يكون ـ الموظفون المحليون ـ في الالوية والاقضية والنواحي الكردية من الاكراد ماتوفر العدد المطلوب منهم .ولن يصار الى غيرهم الا بمقدار ماتقتضيه مصلحة تلك المناطق ذاتها

ثامنا : سيرافق الحياة النيابية انشاء بعض التنظيمات السياسية وتمكين الصحافة من التعبير عن رغبات الشعب وستسمح الحكومة للاكراد بذلك في الحدود التي يرسمها القانون وستكون الصحافة السياسية

والادبية في المناطق الكردية باللغة الكردية او باللغة العربية او بهما معا حسب طلب ذوي العلاقة .

تاسعا : أ- عندما تنتهي اعمال العنف يصدر العفوالعام عن كافة الذين ساهموا في اعمال العنف في الشمال او كانت لهم صلة بها بما فيهم جميع من صدر بحقهم احكام بسبب الاعمال المذكورة او لصلتهم بها او احتجزت حرياتهم .

ب- يعود جميع الموظفين والمستخدمين من الاكراد الى وظائفهم السابقة كما يؤمن الملاك اللازم لهم ويلاحظ انصافهم .

جـ- تسعى الحكومة لاعادة جميع العمال الاكراد المفصولين الى اعمالهم السابقة بكل طاقاتها .

عاشرا : على منتسبي القوات المسلحة البدأ بالعودة الى وحداتهم فور صدور هذا البيان على ان يتم ذلك كله خلال مدة اقصاها - شهران - وسيعامل العائدون بالرفق ويصدر العفو عنهم .

أ- فمن كان منتسبا الى الجيش عليه ان يعود الى الجيش بسلاحه .

ب- من كان منتسبا الى الشرطة عليه ان يعود الى الشرطة بسلاحه .

جـ- اما الاخرون ممن حملوا السلاح فيعتبرون هيئة تابعة الى الحكومة التي عليها ان تعمل على عودتهم الى الحياة الطبيعية . والى ان يتم ذلك فالحكومة مسؤولة عن اعاشتهم . وعلى كل من تحوله منهم الى الحياة الطبيعية اعطاء كافة معداتهم واسلحتهم واعتدتهم وتجهيزاتهم الى الحكومة ويجرى ذلك كله حسب خطة مدروسة من جميع ذوي العلاقة

د- وطبيعي ان يعود الفرسان الى اماكنهم بعد احلال الامن ويجرى استعادة الاسلحة منهم حسب خطة مدروسة .

احد عشر : وغني عن القول ان الاموال التي تبذل اليوم في مقاومة العنف وكذلك الاموال التي تصرف فيها لاطائل تحته ستصرف في اعمار

الشمال وستؤلف هيئة خاصة لاعمار المنطقة الكردية من العراق تخصص لها المبالغ المناسبة من الخطة الاقتصادية للقيام بالتعمير والنهوض بالمشاريع الانمائية في المنطقة وترتبط بوزير مسؤول يناط بوزارته ادارة مصايف الشمال وشؤون الغابات والتبوغ في الشمال . كما يشرف على تنسيق الشؤون الخاصة بالوحدات الادارية التي تكون غالبية سكانها من الاكراد مما هو من صميم القومية الكردية كالعناية بالثقافة الكردية ومناهج التعليم باللغة الكردية .وستحاول الحكومة تعويض كل المتضررين تعويضا عادلا يمكنهم من العودة الى حياة منتجة نافعة للاسهام في النهوض في اقتصاديات البلاد وازدهارها والعيش بامن وسلام .

كما ان الحكومة لاعتبارات وطنية وانسانية ستعني بكل الارامل واليتامى وذوي العاهات الذين كانوا من ضحايا اعمال العنف في شمال الوطن ،وستنشأ بالتعاون مع الهيئات المختصة الملاجيء ومعاهد التأهيل اللازمة باسرع وقت مستطاع .

ثاني عشر : تسعى الحكومة في توطين كل الافراد والجماعات الذين نزحوا او هجروا من مناطقهم وسيكون الاصل في هذا العودة الي الوضع الطبيعي القديم مع العلم بان ماسيكون لازما للدولة السيطرة عليه فيما بعد للمنفعة العامة يجب ان يقترن حسب احكام القانون بتعويض سريع عادل .

برقية البارزاني

الى/ السيد رئيس الجمهورية والسيد رئيس الوزراء المحترمين
من/ مصطفى البارزاني

جاء البيان الذي تفضل السيد رئيس الوزراء بالقائه مساء هذا اليوم حول سياسة الحكومة في شمال العراق والمنهاج الذي تضمنه تعبيراً صادقاً عن رغبة ابناء الشعب عموماً من عرب وأكراد لتحقيق ماتصبو إليه البلاد من سلم وإخاء وإزدهار ووحدة وطنية ، اننا نؤيد مخلصين ماجاء في هذا البيان المذكور وسنعمل من جانبنا كل مايقتضي بتحقيق الأهداف التي وردت فيه . داعين الله أن يأخذ بيدكم ويوفقكم في إداء مهمتكم التأريخية .

١٩٦٦/٦/٢٩

نص اتفاقية ١١ اذار عام ١٩٧٠

لقد كان المبرر لثورة السابع عشرمن تموز انها جاءت تعبيرا عن سخط الجماهير العربية كافة على الاسباب والمسببين لهزيمة حزيران وان اجماع الراى الشعبي في العراق على ادانة الحكم الرجعي الفردي السابق بسبب مساهمته بدوره الانهزامي في هذه المحنة القومية . وذلك لعزلته التامة عن الشعب وعجزه المطلق عن حل المشاكل الوطنية التي كانت تنخر في الكيان الوطني والتي كان حلها المقدمة الضرورية التي لابد منها لكل عزم صادق على تعبئة الطاقات البشرية والمادية في العراق جميعا ووضعها بدون اي شاغل في موضعها الطبيعي وبالدرجة الاولى في الخطوط الاولى للمعركة المصيرية للامة العربية .

لذلك وضعت الثورة نصب عينيها منذ ايامها الاولى واجب تحقيق الوحدة الوطنية للشعب العراقي دون اي تفريق بسبب الجنس او اللغة او الدين او المنشأ الاجتماعي وتوفير جميع الشروط الضرورية السياسية والاجتماعية التي تتطلبها مقومات هذه الوحدة لكي يستطيع العراق ان يتجه بكل طاقاته وامكانياته الى المعركة القومية المصيرية ..التي تمثل في نظر الثورة ذروة الصراع التاريخي المرير بين الاستعمار والصهيونية واطماعها الشريرة في الوطن العربي من جانب وبين مصالح تحرر الامة العربية وكفاحها من اجل اهدافها التقدمية الانسانية من جانب آخر .

ورغم تركة المعضلات الكثيرة المعقدة التي جابهتها الثورة منذ ميلادها ظلت ماضية بحزم وايمان في سبيل تحرير العراق من مخلفات الاستعمار والعمالة والطغيان السياسي والاجتماعي وفي العمل على توفير جميع الشروط الضرورية لبناء عراق جديد تحقق فيه بصورة جدية المساواة الفعلية في الحقوق والواجبات

وتكافؤ الفرص بين المواطنين .. وتنفتح فيه الافاق امام جماهير الشعب كافة خلال التزام وطني جماعي مخلص لوحدة تربة الوطن ووحدة شعبه واهدافه الاساسية الكبرى ـ الوحدة القومية والحرية الاشتراكية.

ولقد كان حل المسألة الكردية في العراق في مقدمة المشكلات الوطنية التي واجهتها الثورة ولاسيما ان عدم قدرة العهود السابقة على تفهمها .بل وعدم توفر الرغبة الصادقة في معالجتها ووضع الحلول الصحيحة لها لدى تلك العهود .. في العراق ضد اعداء الشعب واعداء الامة العربية والشعب العراقي ، الاستعمار والصهيونية والرجعية العميلة .

ولم يكن مصادفة توقيت المؤامرة الاستعمارية الصهيونية الرجعية على الجمهورية العراقية في نفس الوقت الذي بدأت تظهر فيه بشائر السلام في ربوع شمالنا الحبيب بسبب المساعي المخلصة التي بذلتها حكومة الثورة والتجاوب المخلص من جانب قيادة السيد مصطفى البارزاني ،

ولم يعد خافيا ان الثورة بادرت من جانبها لاتخاذ جميع الاجراءات الضرورية لاعادة اسباب الطمأنينة والسلام في ارجاء شمالي العراق اذ عملت على مايلي:

أ- فلقد تم الاعتراف بالوجود الشرعي للقومية الكردية وفقا بمقررات المؤتمر القطري السابع لحزب البعث العربي الاشتراكي ومن خلال جميع البيانات الرسمية والصحفية التي صدرت عن السلطة الثورية وسوف تتكرس هذه الحقيقة نهائيا في نصوص الدستور المؤقت ونصوص الدستور الدائم .

ب- ولقد اقر مجلس قيادة الثورة انشاء جامعة في السليمانية وانشاء مجمع علمي كردي كما اقر جميع الحقوق الثقافية واللغوية للقومية الكردية فاوجبت تدريس اللغة الكردية في جميع المدارس والمعاهد والجامعات ودور المعلمين والمعلمات والكلية العسكرية وكلية الشرطة .. كما اوجب تعميم الكتب والمؤلفات الكردية العلمية والادبية والسياسية المعبرة عن المطامح الوطنية والقومية للشعب الكردي وتمكين الادباء والشعراء

والكتاب الاكراد من تأسيس اتحاد لهم وطبع مؤلفاتهم وتوفير جميع الفرص والامكانيات امامهم لتنمية قدراتهم ومواهبهم العلمية والفنية وتأسيس دارللطباعة والنشر باللغة الكردية واستحداث مديرية عامة للثقافة الكردية واصدار صحيفة اسبوعية ومجلة شهرية باللغة الكردية وزيادة البرامج الكردية في تلفزيون كركوك ريثما يتم انشاء محطة خاصة للبث التلفزيوني باللغة الكردية .

جـ- واعترافا للمواطنين الاكراد بحقوقهم في احياء تقاليدهم وأعيادهم القومية ومن اجل مشاركة الشعب كله في اعياد ابنائه قرر مجلس قيادة الثورة اعتبار عيد ـ النوروز ـ عيدا وطنيا في الجمهورية العراقية .

د- كما اصدر مجلس قيادة الثورة قانون المحافظات الذي ينطوي على مركزية الادارة المحلية وأقر استحداث محافظة دهوك .

هـ- كذلك اصدر مجلس قيادة الثورة عفوا عاما شاملاً عن جميع المدنين والعسكريين الذين اشتركوا في اعمال العنف في الشمال ليزيل كل اثر من آثار الاوضاع السلبية الشاذة السابقة ويقيم معالم الحياة الوطنية الجديدة على ارضية وطيدة للامن العام والارخاء القومي الشامل .

ولقد استقبلت جماهير العراق العربية والكردية مقررات واجراءات مجلس قيادة الثورة بالتأييد والترحاب الامر الذي هيأ الظروف الملائمة للمضي قدما في تحقيق الغايات التي انعقد عليها اجماع الشعب وتضافرت حولها ارادته وقوته وكلمته .

ومما تقدم فان مجلس قيادة الثورة اجرى اتصالات بينه وبين قيادة السيد مصطفى البارزاني رئيس الحزب الديمقراطي الكردستاني وتم تبادل وجهات النظر واقتنع الجميع بضرورة قبول محتويات هذا البيان وتنفيذها .

وهو يؤكد الاجراءات الفعاله لاستكمال اسباب النهوض الثقافي والاقتصادي والتطور العام في ممارسة حقوقها المشروعة واشراكها عمليا

في المساهمة الجادة في بناء الوطن والكفاح من اجل اهدافه القومية الكبرى لذا قرر مجلس قيادة الثورة :

١-تكون اللغة الكردية لغة رسمية مع اللغة العربية في المناطق التي غالبية سكانها من الاكراد وتكون اللغة الكردية لغة التعليم في هذه المناطق وتدرس اللغة العربية في كافة المدارس التي تدرس باللغة الكردية . كما تدرس اللغة الكردية في بقية انحاء العراق كلغة ثانية في الحدود التي يرسمها القانون .

٢-ان مشاركة اخواننا الاكراد في الحكم وعدم التمييز بين الكرد وغيرهم في تقليد الوظائف العامة بما فيها المناصب الحساسة والهامة في الدولة كالوزارات وقيادة الجيش وغيرها ..كانت ومازالت من الامور الهامة التي تهدف حكومة الثورة الى تحقيقها فهي في الوقت الذي تقر هذا المبدأ تؤكد ضرورة العمل من اجل تحقيقه بنسبة عادلة مع مراعاة مبدأ الكفاءة ونسبة السكان وما أصاب اخواننا الكرد من حرمان في الماضي .

٣- نظرا للتخلف الذي لحق بالقومية الكردية في الماضي من الناحيتين الثقافية والتربوية توضع خطة لمعالجة هذا التخلف عن طريق :

أ- الاسراع بتنفيذ قرارات مجلس قيادة الثورة حول اللغة والحقوق الثقافية للشعب الكردي وربط اعداد وتوجيه المناهج الخاصة بالشؤون القومية الكردية في الاذاعة والتلفزيون بالمديرية العامة للثقافة والاعلام الكردية .

ب- اعادة الطلبة الذين فصلوا او اضطروا الى ترك الدراسة بسبب ظروف العنف في المنطقة الى مدارسهم بغض النظر عن اعمارهم .

جـ- الاكثار من فتح المدارس في المنطقة الكردية ورفع مستويات التربية والتعليم وقبول الطلبة الاكراد في الجامعات والكليات العسكرية والبعثات والزمالات الدراسية بنسبة عادلة.

٤- يكون الموظفون في الوحدات الادارية التي تسكنها كثرة كردية .. من

الاكـراد . .اويحـسنون اللغـة الكردية مـاتوفـر العـدد المطلوب منهم ويتم تعيين المسؤولين الاساسيين ـ محـافظ ـ قائممقام ـ مدير الشرطة ـ مدير الامن ـ ومـاشـابه ذلك ـ ويبـاشر فـورا بتطوير اجـهـزة الدولة في المنطقـة بالتشاور ضمن اللجنة العليا المشرفة على تنفيذ هذا البيان بما يضمن تنفيذه ويعزز الوحدة الوطنية والاستقرار في المنطقة .

٥- تقرر الحكومة حق الشعب الكردي في اقامة منظمات طلبة وشبيبة ونسا ء ومعلميـن خاصـة به وتكون هذه المنظمات اعضـا ء في المنظمـات الوطنيـة العراقية المتشابهة .

٦-أ. يمدد العمل بـ الفقرتين ١ . ٢ من قرار مجلس قيـادة الثورة المرقم ٥٩ والمـؤرخ في ١٩٦٨/٨/٥ حتى تاريخ صدور هذا البـيـان .ويشـمل ذلك كافة الذين ساهموا في اعمال العنف في المنطقة الكردية .

ب. يعود العمـال والموظفـون والمسـتـخدمـون من المـدنيـين والعسكريين الى الخدمة ويتم ذلك دون التقيد بالملاك ويستفاد من المدنيين في المنطقة الكردية ضمن احتياجاتها .

٧-(أ) تشكيل هيئة من ذوي الاختصاص للنهوض بالمنطقة الكردية من جميع الوجوه باقصى سرعة ممكنة وتعويضها عما اصابها في السنوات الاخيرة وتخصيص ميزانية كافية لتنفيذ ذلك وتكون هذه الهيئة تابعة لوزارة شؤون الشمال .

الفـقـرة (ب) اعداد الخطة الاقـتـصادية بشكل يؤمن التكافيء لانحـا ء العـراق المختلفة مع مراعاة ظروف التخلف في المنطقة الكردية .

الفـقـرة (جـ) تخـصـيـص رواتب تقـاعـدية لعـوائل الذين اسـتـشـهـدوا في ظروف الاقـتـتـال المؤسـفـة من رجال الحـركـة الكردية المسلحة وغـيـرهم وللعـجـزة والمشـوهين بسـبب تلك الظروف وفق تشـريع خـاص على غرار القوانين المرعية .

الفقرة (د) العمل السريع لاغاثة المتضررين والمعوزين عن طريق انجاز مشاريع سكنية وغيرها تؤمن العمل للعاطلين وتقديم معونات عينية ونقدية مناسبة واعطاء تعويض معقول للمتضررين الذين يحتاجون المساعدة ويناط ذلك باللجنة العليا ويستثني من ذلك من شملتهم الفقرات السابقة .

٨- اعادة سكان القرى العربية والكردية الى اماكنهم السابقة اما سكان القرى الواقعة في المناطق التي يتعذر اتخاذها مناطق سكنية وتستملكها الحكومة لاغراض النفع العام وفق القانون فيجرى اسكانهم في مناطق مجاورة ويجرى تعويضهم عن ما لحقهم من ضرر بسبب ذلك .

٩- الاسراع بتطبيق قانون الاصلاح الزراعي في المنطقة الكردية وتعديله بشكل يضمن تصفية العلاقات الاقطاعية وحصول جميع الفلاحين على قطع مناسبة من الارض واعفاؤهم من الضرائب الزراعية المتراكمة عليهم خلال سنين القتال المؤسفة .

١٠-جرى الأتفاق على تعديل الدستور المؤقت كما يلي :

أ- يتكون الشعب العراقي من قوميتين رئيسيتين هما القومية العربية والقومية الكردية ويقر هذا الدستور حقوق الشعب الكردي القومية وحقوق الاقليات كافة ضمن الوحدة العراقية .

ب- اضافة الفقرة التالية الى المادة الرابعة من الدستور تكون اللغة الكردية لغة رسمية الى جانب اللغة العربية في المنطقة الكردية .

جـ- تثبيت ماتقدم في الدستور الدائم .

١١- اعادة الاذاعة والاسلحة الثقيلة الى الحكومة ويكون ذلك مرتبطا بتنفيذ المراحل النهائية من الاتفاق .

١٢- يكون احد نواب رئيس الجمهورية كرديا .

١٣- يجرى تعديل قانون المحافظات بشكل ينسجم مع مضمون هذا البيان .

١٤- اتخاذ الاجراءات اللازمة بعد اعلان البيان بالتشاور مع اللجنة العليا المشرفة على تنفيذه لتوحيد المحافظات والوحدات الادارية التي تقطنها كثرة كردية وفقا للاحصاءات الرسمية التي تجرى وسوف تسعى الدولة لتطوير هذه الوحدة الادارية وتعميق وتوسيع ممارسة الشعب الكردي فيها لجعل حقوقه القومية ضمانا لتمتعه بالحكم الذاتي . والى ان تتحقق هذه الوحدة الادارية يجرى تنسيق الشؤون الكردية عن طريق اجتماعات دورية تعقد بين اللجنة العليا ومحافظي المنطقة الشمالية . وحيث ان الحكم الذاتي سيتم في اطار الجمهورية العراقية فان استغلال الثروات الطبيعية في هذه المنطقة من اختصاص سلطات هذه الجمهورية بطبيعة الحال .

١٥- يساهم الشعب الكردي في السلطة التشريعية بنسبة سكانه الى سكان العراق .

ايها المواطنون الاكراد ..

ان هذه المكتسبات التي انجزتها الثورة . لن تكون اكثر من مرقاة لبلوغ كامل اهدافهم القومية في ظل هذا الوطن المفدى ووحدة شعبه العظيم .

وسوف يشهد التاريخ انه ماكان لكم ولن يكون ابدا اخا مخلصا وحليفا دائما كالشعب العربي .

ياجماهير شعبنا العظيم .

ان ارادتكم في الوحدة الوطنية هي وحدها التي ستنتصر ،وسوف تتحطم على صخرة وعيكم لمسؤولياتكم التاريخية جميع المحاولات الرامية الى أضعاف تلاحمكم الكفاحي . ان جموعكم المناضلة تنفض اليوم عن كاهلها غبارمكائد اعدائكم والطامعين فيكم لتسير معا كتلة واحدة . تفيض بالقوة والوعي وارادة العمل والكفاح . لنصر قضية الامة العربية الكبرى - فلسطين - ولتحقيق اهدافكم السامية في الوحدة والحرية والاشتراكية .

ياجماهير امتنا العربية المناضلة ..

هكذا تنتهي صفحة من صفحات تاريخ هذا القطر المناضل لتفتح بيد الثورة ، وايدي جميع المناضلين الاحرار من ابناء هذا القطر . صفحة جديدة مشرقة . تتجدد فيها مرة اخرى فوق هذه الارض الطيبة . شروط المحبة والسلام والتآخي بين القوميتين . لهما تأريخ كفاحي مشترك طويل عبر التاريخ وسوف يكون لهما اليوم وغدا والى الابد شرف احياء نضالهما المشترك من اجل القضاء على أعداء القوميتين... اعداء الشعوب والانسانية جمعاء .. الاستعمار والصهيونية والتخلف وشرف الاسهام المشترك في دعم الكفاح الانساني من اجل التحرر والتقدم وترسيخ حضارة العصر على اسس الحق والمساواة والعدل بين الشعوب كافة .

فالى نضال مشترك .. وآمال مشتركة وانتصارات قومية وانسانية مشتركة

مجلس قيادة الثورة

النص الكامل لمشروع الحكم الذاتي المقدم من الحزب الديمقراطي الكردستاني الى الحكومة العراقية بتاريخ ١٩٧٣/٣/٩

١- المقدمة : مبادىء اساسية وعامة :

١-١ الجمهورية العراقية وحده غير قابلة للتجزئة شعبها مؤلف من قوميتين رئيسيتين هما القومية العربية والقومية الكردية واقليات قومية متآخية.

١-٢ المواطنة في الجمهورية العراقية موحدة ويتمتع المواطنون بحقوق وواجبات متساوية .

١-٣ تشكل الجمهورية العراقية وحدة اقتصادية وكمركية واحدة والتجارة حرة داخلها .

١-٤ للجمهورية العراقية دستور وعلم وشعار واحد . يجرى تعديل قانون العلم وقانون الشعار بحيث يتضمن ماجاء في الفقرة (١-١) اعلاه .

١-٥ التشريعات المركزية المطابقة للدستور وغير المعارضة لقانون الحكم الذاتي واجبه التطبيق في جميع انحاء الجمهورية وتطبيق التشريعات الاقليميةالمطابقة للدستور وغير المعارضة لقانون الحكم الذاتي والتشريعات المركزية ضمن اقليم الحكم الذاتي .

١-٦ تكون اللغة الكردية لغة رسمية مع اللغة العربية في اقليم كردستان وتكون اللغة الكردية لغة التعليم في هذه المناطق وتدرس اللغة العربية في كافة المدارس التي تدرس باللغة الكردية كما تدرس اللغة الكردية في بقية انحاء العراق كلغة ثانية .

١-٧ تراعي حقوق الاقليات الثقافية والادارية ويراعي تمثيلهم في الاجهزة التشريعية والتنفيذية في انحاء الجمهورية كافة .

٨-١ يشارك الشعب الكردي في الحكم وفي تقليد الوظائف العامة بما فيها المناصب الحساسة والهامة في الدولة كالوزارات - والمجالس وقيادات الجيش وغيرها بنسبة السكان .

٩-١ يساهم الشعب الكردي في السلطة التشريعية المركزية بنسبة سكانه الى سكان العراق .

١٠-١ يكون احد نواب رئيس الجمهورية كرديا ويجري انتخابه من قبل المجلس التشريعي الاقليمي .

٢- الخطوط العامة لتشكيلات وصلاحيات اجهزة الحكم الذاتي لاقليم كردستان ونطاق عملها :

١-٢ المجلس التشريعي الاقليمي :

١-١-٢ يكون لاقليم كردستان مجلس تشريعي منتخب انتخابا حرا مباشرا وفق قانون خاص باسم المجلس التشريعي الاقليمي تكون اختصاصاته كالاتي

٢-١-٢ تشريع القوانين الاقليمية وفرض الضرائب والرسوم المحلية وغيرها من الواردات الاقليمية .

٣-١-٢ مناقشة واقرارميزانية الاقليم .

٤-١-٢ المصادقة على الخطط التفصيلية الاقتصادية للتنمية الاقتصادية والاجتماعية والثقافية للاقليم ضمن التخطيط العام للبلد .

٥-١-٢ اقتراح لوائح قانونية ذات الطابع العام الى السلطة التشريعية المركزية

٦-١-١ مسائلة رئيس واعضاء المجلس التنفيذي .

٧-١-٢ منح الثقة للمجلس التنفيذي وسحبها منه .

٨-١-٢ مناقشة اعضاء المجلس التنفيذي في شؤون واعمال دوائرهم .

٩-١-٢ يضع المجلس التشريعي الاقليمي نظامه الداخلي .

١٠-١-٢ ينتخب المجلس التشريعي رئيسا له من بين اعضائه ويكون بدرجة نائب رئيس السلطة التشريعية المركزية .

٢-٢ السلطة التنفيذية للاقليم :

١-٢-٢ يكون للاقليم جهاز تنفيذي على رأسه المجلس التنفيذي الاقليمي مسؤول امام المجلس التشريعي الاقليمي .

٢-٢-٢ يختار المجلس التشريعي الاقليمي رئيس المجلس التنفيذي يصدرمرسوم جمهوري بتعيينه ويكون بدرجة نائب رئيس الوزراء .

٣-٢-٢ يرشح رئيس المجلس التنفيذي اعضاء المجلس التنفيذي وبعد موافقة المجلس التشريعي الاقليمي عليهم يعينون من قبل رئيس الجمهورية بدرجة وزراء .

٤-٢-٢يقوم المجلس التنفيذي بالاشراف على ادارة الدوائر الاقليمية اي بمهام الحكومة المركزية ضمن الاقليم في الامور الخارجة عن نطاق اختصاصات الحكومة المركزية المذكورة في الفقرة (-٣/) والامور المذكورة في قانون المحافظات الخاصة باختصاصات الوحدات الادارية ويمارس صلاحياته ضمن القوانين المحلية والقوانين العامة المركزية .

٥-٢-٢ يكون رئيس المجلس التنفيذي الاقليمي عضوا في مجلس الوزراء (كنائب رئيس الوزراء) .

٦-٢-٢ تتصل دائرة رئيس المجلس التنفيذي بالوزرات المركزية عبر ديوان رئيس الوزراء او مباشرة .

٧-٢-٢ تشكيلات المجلس التنفيذي .

٧-٢-٢ رئاسة الجهاز التنفيذي وتتبعها :

الديوان

جهاز المتابعة

جهاز التفتيش

وترتبط بها

مجلس التخطيط الاقليمي

وزارة التربية والتعليم العالي
وزارة الادارة المحلية ويضمنها الشرطة المحلية والامن المحلي
وزارة الصحة والعمل والخدمات الاجتماعية
وزارة الاشغال والاسكان
وزارة النقل والمواصلات
وزارة المالية او الخزانة
وزارة التخطيط ـ تضع الدراسات والتفاصيل لخطط التنمية الاقليمية بالتعاون والتنسيق مع وزارة التخطيط المركزية وضمن اطار خطط التنمية العامة للقطر .
وزارة البلديات والمصايف .
وزارة الزراعة ـ وتشمل الزراعة والاصلاح الزراعي والري .
وزارة الثقافة والاعلام والشباب
وزارة العدل والاوقاف
وزارة الصناعة ـ تختص بانشاء جميع الصناعات في الاقليم اخذين بنظر الاعتبار ان استغلال النفط في جميع انحاء الجمهورية العراقية من اختصاص سلطات الحكومة المركزية .
وزارة التجارة المحلية والاعاشة .

٢-٢-٨ تكون تشكيلات المحافظات والوحدات الادارية في كردستان، واجباتها وصلاحياتها طبقا لقانون المحافظات مع اجراء التعديلات الضرورية ويكون ارتباط المحافظين بوزير الادارة المحلية في الاقليم.

٢-٢-٩ للاقليم شخصية معنوية وقانونية لممارسة صلاحياته وواجباته كافة ضمن نطاق الدستور والقوانين المرعية .

٢-٢-١٠ تكون حصة الاقليم من ايرادات الخطة والميزانية والقروض بنسبة سكانه الى سكان العراق .

٢-٢-١١ تحدد عاصمة الاقليم بقانون وهي محل تواجد المجلس التشريعي

والمجلس التنفيذي الاقليميين .
٣- اختصاصات وصلاحيات السلطة المركزية :
٣-١ وضع الدستور وتعديله مع مراعاة الفقرة (٩-٤).
٣-٢ قضايا السلم والحرب واعلان العفو العام .
٣-٣ تشريع القوانين العامة المدنية والجنائية والاحوال الشخصية وقوانين العمل واصول المرافعات وقوانين الخدمة وقضايا الجنسية والاقامة والكمارك وامن الدولة والمواصلات ذات الطابع العام .
٣-٤ رسم السياسة الخارجية والمسائل الرئيسية في السياسة الداخلية العامة .
٣-٥ وضع الخطط الاقتصادية وإقرارها بعد الاخذ بنظر الاعتبار خطط التنمية الاقليمية .
٣-٦ وضع الميزانية العامة بعد الاخذ بنظر الاعتبار ميزانية الاقليم .
٣-٧ عقد المعاهدات والاتفاقات الدولية .
٣-٨ شؤون القوات المسلحة وحماية سلامة وسيادة البلاد وحدودها وتطوير القوة الدفاعية وشؤون امن الدولة .
٣-٩ استثمار النفط .
٣-١٠ وضع السياسة النقدية والائتمانية وادارة البنوك المركزية .
٣-١١ شؤون المحاكم العليا .
٣-١٢ الرقابة المالية العامة .
٣-١٣ فعاليات الوزارات والاجهزة المركزية .
٣-١٤ تكون للوزارات المركزية دوائر تابعة لها في الاقليم ضمن الامور والاختصاصات التابعة لها .
٣-١٥ للوزراء في الحكومة المركزية حق التوجيه العام للدوائر النوعية والاقليمية ضمن اختصاصات الحكومة المركزية وحق الاشراف المباشر للدوائر التابعة لها الموجودة في الاقليم .

٤- تنظيم العلاقات بين السلطة المركزية وسلطة الحكم الذاتي .

٤-١ ان تثبت صلاحيات واختصاصات السلطات المركزية في الدستور والقوانين والتشريعات العامة وتثبيت الخطوط العامة لصلاحيات واختصاصات السلطات الاقليمية في تشريع الحكم الذاتي والقوانين المتفرعة عنه ، كما ذكر اعلاه ببعض التفصيل ، يكون الاساس الاصلح لرسم الخطوط الفاصلة العامة ولكن ستبقى مع ذلك بعض الاختصاصات المشتركة فتختص السلطة المركزية بوضع الخطوط العامة لها وتترك للسلطات الاقليمية التفاصيل مع وجوب تأمين التنسيق والرقابة كما في احوال وضع خطط التنمية التفصيلية والميزانية والضرائب والاقتراض وادارة بعض المؤسسات العامة .

وحتى بالنسبة الى الوزرات المركزية فان الامثلة التالية (لاعلى سبيل الحصر) يمكن ان تشكل الاساس السليم لاسلوب تنظيم العلاقة .

٤-١-١ ففي مجال التربية والتعليم فان وضع المناهج الدراسية العلمية ونوعية الدراسات وشروطها والامتحانات تكون من وضع الاجهزة المركزية .

٤-١-٢ وفي مجال الاعلام وضع السياسات الاعلامية ومايتعلق بالسياسة الخارجية ونشرات الاخبارالعامة من اختصاص السلطات المركزية .

٤-١-٣ وفي مجال الزراعة ، التجديد والتوجيه النوعي من المراكز بعد استطلاع راي الاقليم .

٤-١-٤ وفي امور الاعمار ، وضع المواصفات والشروط العامة تختص به السلطة المركزية وهكذا .

٤-٢ وفي مجال التعيينات :

١- يكون تعيين رئيس الجهاز التنفيذي واعضاء المجلس التنفيذي بترشيحات من المجلس التشريعي الاقليمي واقرار من قبل رئيس الجمهورية كما اشير الى ذلك في (٢-٣)و(٣-٣) ويعين المحافظون والموظفون

المحليون الذين يتطلب تعيينهم بموجب القوانين مراسيم جمهورية بترشيح من الجهاز التنفيذي الاقليمي وبامر من رئيس الجمهورية .

٤-٢-٢ يكون تعيين الموظفين الاخرين الذين يدخل تعيينهم ضمن صلاحيات وزراء الحكومة المركزية او المؤسسات او مجلس الخدمة في الوقت الحاضر من قبل الوزراء الاقليميين او مجلس خدمة اقليمي ، مع مراعات قانون المحافظات بخصوص صلاحيات رؤساء الوحدات الادارية .

٤-٢-٣ يكون تعيين الموظفين التابعين للوزارات المركزية اي المرتبطة بالدوائر التي تمتد اختصاصاتها الى جميع البلاد من قبل الحكومة المركزية .

٤-٣ توضع الاسس الخاصة بالايرادات للميزانية والخطة بنسبة السكان وكذالك الاسس الخاصة بالضرائب العامة واسس الصرف من قبل السلطة المركزية

٤-٥ للوزراء في الحكومة المركزية حضور اجتماعات المجلس التنفيذي عند بحث القضايا النوعية التي تخص وزاراتهم .

٤-٦ ينبغي اجراء التعديلات الدستورية اللازمة على الدستور لتطبيق الحكم الذاتي بعد الاتفاق على المشروع وادخال الامور الاساسية منه في الدستور وسن التشريعات الاخرى المتعلقة بالتفاصيل واسلوب التطبيق .

٤-٧ اي تشريع او قانون اونص يتعلق بالحكم الذاتي وتشريعاته يجب ان يحظي بمصادقة المجلس التشريعي الاقليمي قبل نفاذه .

٤-٨ ان مشروع تعديل احكام الدستور والقوانين المركزية التي لهاعلاقة بالحكم الذاتي يجب ان يحظي بمصادقة المجلس التشريعي الاقليمي قبل عرضه على السلطات المختصة بتعديل الدستور والقوانين المركزية .

٤-٩ المحكمة الدستورية العليا :

تؤلف محكمة دستورية عليا من عدد من الاعضاء تعين نصفهم السلطة

٤-٩-١ دستورية وقانونية القوانين الاقليمية اذا تبين للسلطة التشريعية المركزية ان قانونا اقليميا يخالف الدستور اوقانونا مركزيا فلها ان تطلب الى رئيس الجمهورية عرض وجهه نظرها على المجلس التشريعي الاقليمي وفي حالة اصرار كلتا الجهتين على رايهما يوقف نفاذ القانون ويحال النزاع الى المحكمة الدستورية العليا للبت في الخلاف ويكون قرارها ملزما .

٤-٩-٢ دستورية القوانين المركزية اذا تبين للمجلس التشريعي الاقليمي ، ان قانونا مركزيا يخالف الدستور فيما يتعلق بالحكم الذاتي او انه يمس اختصاصات الاقليم او انه يفرض على الاقليم التزامات جديدة . فله ان يطلب الى رئيس الجمهورية عرض وجهه نظره على السلطة المركزية التشريعية وفي حالة اصرار كلا الجهتين على رأيهما يوقف نفاذ القانون ويحال الخلاف الى المحكمة الدستورية العليا للبت في الخلاف ويكون قرارها ملزما .

٤-٩-٣ في حالة حدوث خلاف حول تطبيق الفقرة (٨-٤) تطبق احكام الفقرة (٢-٩-٤) في حل الخلاف .

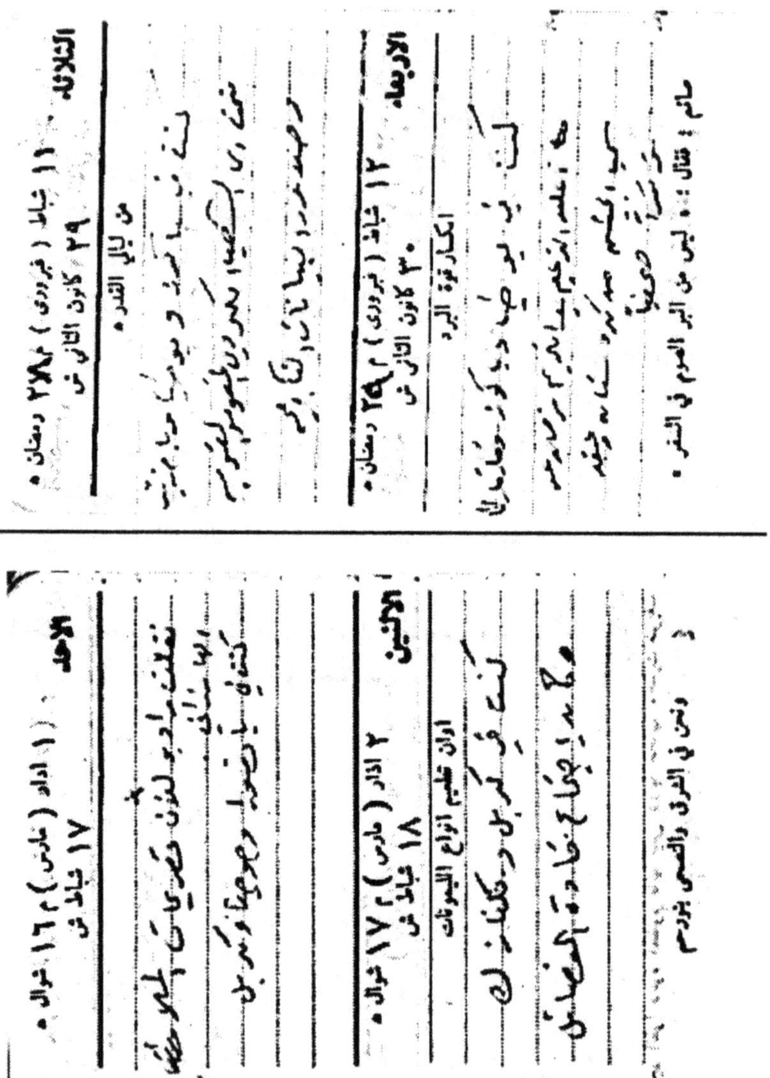

الثلاثاء ١١ شباط (فبروري) م ٢٨ رمضان هـ
٢٩ كانون الثاني ش

من ليالي القدر ه

[illegible]

الاربعاء ١٢ شباط (فبروري) م ٢٩ رمضان هـ
٣٠ كانون الثاني ش

انكسار قوة البرد

[illegible]

صائم ؛ فقال : ه ليس من البر الصوم في السفر ه

الاحد ١ اذار (مارس) م ١٦ شوال هـ
١٧ شباط ش

[illegible]

الاثنين ٢ اذار (مارس) م ١٧ شوال هـ
١٨ شباط ش

اوان تطعيم انواع الليمونات

[illegible]

ونحن في الغرق والضحى بوردهم

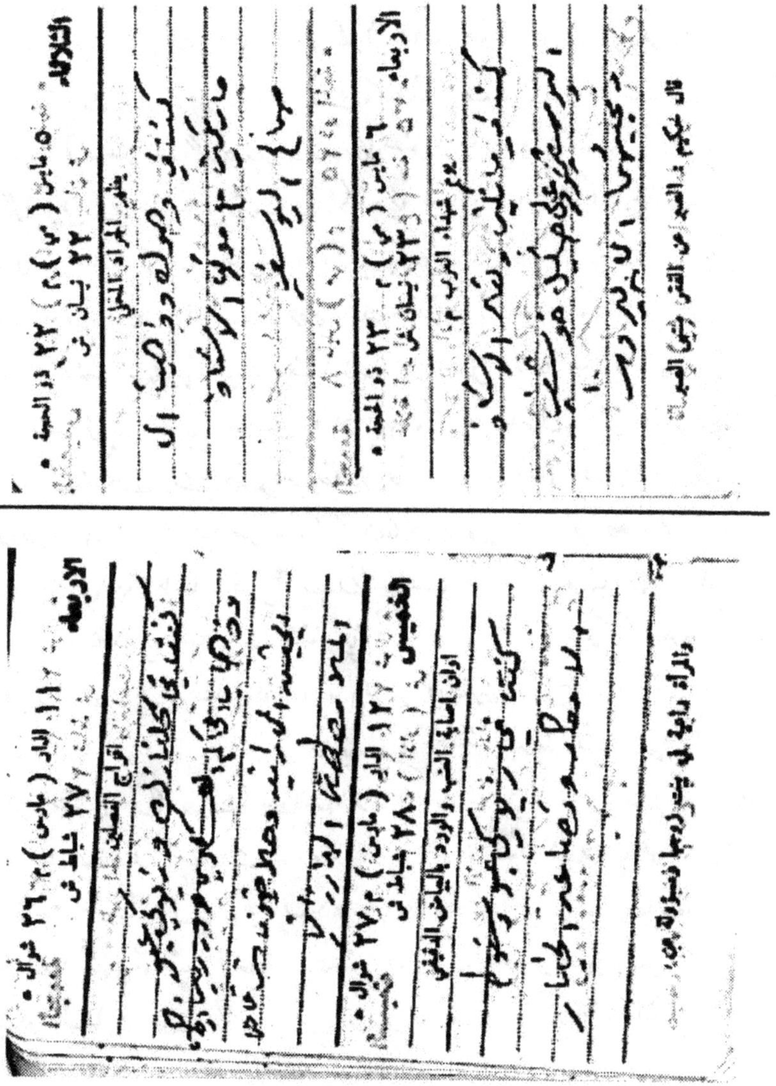

١٢\١١ – تحركنا وبعد الوصول الى الموقع السابق قربنا انجوية
من كلفاناي وبيو ترش وبابو خدن اكدمجا حيث تناولنا هناك طعام
الغداء وبعدها الى كرجيض وده ركن شوكه ماريه في سوارگا الوشي
ياگرات ووصلنا ليلا الى صاركي وفي صباح ١١\١٤ تحركنا سيرنا
الجبل ووصلنا قرية غليرمش، قرابيا بهيري، خورينيم حيث تناولنا
الغداء وبعدها الى كلي سوره روي بامتداد باشا، سيندار وسكنا في المساء
حتى وصلنا سواري حيث بقينا هناك ليلا. وفي صباح ١١\١٥ تحركنا
ووصلنا قرية ميزي المسيحية، جي نن، گه لي مازني، قرية كاني مازني
أشكفتي حيث سكن هو ميرخان وتناولنا طعام الغداء. وفي المغرب
توجهنا الى قرية بلمباس وبقينا هناك حتى الصباح تحركنا في
صباح ١١\١٦ باتجاه قرية ميلكا وشيفا خاني، حيث هناك عدة
بيوت أهالي ياكرمان، ومكثنا في السير حتى وصلنا بيوت يسم الكرم الجبلي باكرناز
وتناولنا هناك طعام الغداء، وأكرمونا بالمشروب الكريم والضيافة. ثم تحركنا
باتجاه نهر . . . . . وفي برين حيث عبرنا النهر بواسطة
جسر خشبي ودهام، مخطرا للغاية ومن ثم سرنا في سفح جبل بير س حتى
وصلنا بيدرا لمتوسط الى شهري ومنزلنا في دار حاج حفظ أسعد الجلي سيدي الى ٣ تمر
ودهام شيخا طيبا وفي الصباح ١١\١٧ تحركنا باتجاه رنيا ثم حتى
وصلنا گه لي آشا وبعدها دخلنا جبل بيرس ودهام الجبل مكون من
عدة هضبات حيث كان صعبة وسكنا فيه الى ساعة بيتام

١٠/آيار/١٩٦٦

رئيس الوزراء : الفريق عبدالرحمن محمد عارف

نائب الرئيس : الفريق طاهر يحيى

« « : اللواء عبدالغني الراوي

« « : العميد فؤاد عارف

الدفاع : اللواء الركن شاكر محمود الشكري

داخلية عبدالستار عبداللطيف

خارجية عدنان الباجه جي

تربية عبدالرحمن القيسي

~~صحة عبد[illegible]~~

العدل مصلح النقشبندي

عمل وشؤون الاجتماعية ووكالة الصحة عبدالكريم هاني

ثقافة وإرشاد : محمد مطلوب

مواصلات فاضل محسن الحكيم

زراعة : عبدالمجيد الجميلي X

إصلاح زراعي : عبدالكريم فرحان

تخطيط : محمد يعقوب السعيدي X

اقتصاد : كاظم عبدالحميد

صناعة : خالد الشاوي

نفط : عبدالستار علي حسين

بلديات والإسكان إحسان شيرزاد X

وحدة عبدالرزاق محيي الدين

دولة عزيز الحاج أحمد

دولة إسماعيل خيرالله

دولة لرعاية الشباب : ياسين خليل

١٠/ تموز/ ٩٦٧

السيد طاهر يحيى	رئيس الوزراء ووزيراً للداخلية بالوكالة
اللواء الركن شاكر محمود شكري	وزير الدفاع
الدكتور عبدالرحمن الحبيب	وزير المالية
مصلح النقشبندي	وزير العدل
الدكتور عبدالرحمن القيسي	وزير التربية
أحمد الحبوبي	وزير العمل والشؤون الاجتماعية
الدكتور أحمد الشماع	وزيراً للصحة
الدكتور مالك دوهان الحسن	وزير الثقافة والارشاد
عبدالمجيد الجميلي	وزير المواصلات
عبدالكريم فرحان	وزير الاصلاح الزراعي ووزير الزراعة
الدكتور محمد يعقوب السعيدي	وزير التخطيط
أديب الجادر	وزير الاقتصاد
العميد خليل إبراهيم	وزير الصناعة
عبدالستار علي الحسين	وزير النفط
الدكتور شامل السامرائي	وزير الوحدة
عبدالهادي الراوي	وزير رعاية الشباب
عبدالفتاح الشالي	وزير شؤون الشمال ووزير البلديات بالوكالة
اسماعيل خيرالله	وزير دولة لشؤون رئاسة الجمهورية ووزير الخارجية
الدكتور عبدالرزاق محي الدين	وزير دولة

١٩ / ٧ / ٩٦٨

رئيس الوزراء — عبد الرزاق النايف

وزير الدفاع — ابراهيم عبد الرحمن الداود

" الخارجية — الدكتور ناصر الحاني

" الداخلية — صالح مهدي عماش

" الاقتصاد — عبد الله النقشبندي

" المالية — صالح كبة

" العدل — مصلح النقشبندي

~~" التربية — الدكتور احمد عبد الستار الجواري~~

" العمل والشؤون الاجتماعية — انور عبد القادر الحديثي

" الصحة — الدكتور عزت مصطفى

" الثقافة والارشاد — الدكتور طه الحاج الياس

" المواصلات — محمود شيت خطاب

" الزراعة — محسن القزويني

" الاصلاح الزراعي — عبد المجيد الجميلي

" الاشغال والاسكان — احسان شيرزاد

" التخطيط — الدكتور محمد يعقوب السعيدي

" الصناعة — خالد مكي الهاشمي

" النفط والمعادن — مهدي حنتوش

وزير الشؤون البلدية والقروية — غائب مولود مخلص

" رعاية الشباب — دياب العلكاوي

" شؤون الشمال — محسن دزه يي

" الدولة — اوقاف — عبد الكريم زيدان

" الوحدة — جاسم كاظم العزاوي

" الدولة — رئاسة الجمهورية — رشيد الرفاعي

" الدولة — ناجي عيسى الخلف

" الدولة — كاظم المعلى

١ / ٨ / ٩٦٨

أحمد حسن البكر	رئيس الوزراء
حردان عبد الغفار التكريتي	نائب رئيس الوزراء ووزير الدفاع
x صالح مهدي عماش	نائب رئيس الوزراء ووزير الداخلية
عبد الكريم عبد الستار الشيخلي	وزير الخارجية
أمين عبد الكريم	وزير ~~الخزانة~~ المالية
مهدي الدولعي	وزير العدل
x الدكتور أحمد عبد الستار الجواري	وزير التربية
(١ x) أنور عبد القادر الحديثي	~~وزير العمل والشؤون الاجتماعية~~
x الدكتور عزت مصطفى	وزير الصحة
عبد الله سلوم	وزير الثقافة والارشاد
x محمود شيت خطاب	وزير المواصلات
الدكتور عبد الحسين الوادي العطية	وزير الزراعة
x جاسم كاظم العزاوي	وزير الاصلاح الزراعي
x إحسان شيرزاد	وزير الاشغال والاسكان
الدكتور جواد هاشم	وزير التخطيط
الدكتور فخري ياسين	وزير الاقتصاد
x خالد مكي الهاشمي	وزير الصناعة
x الدكتور رشيد الرفاعي	وزير النفط والمعادن
x المهندس غائب مولود مخلص	وزير الشؤون البلدية والقروية
شفيق الكمالي	وزير رعاية الشباب
x محسن ديزه يي	وزير شؤون الشمال
الدكتور عبد الله الخضير	وزير الوحدة
عدنان أيوب صبري	وزير دولة
حامد الجبوري	وزير دولة
لبيد عبد الرحيم	وزير دولة
الدكتور حمدي الكيلاني	وزير دولة

٨
٨ / ١ /

المصادر

١- أحمد فوزي ـ عبد السلام محمد عارف سيرته ، محاكمته ، مصرعه . بغداد ـ مطبعة الديواني / ١٩٨٩ .

٢- أدمون غريب ـ الحركة القومية الكردية ـ دار النهار للنشر ـ سنة الطبع غير موجودة

٣- أمين هويدى ـ كيسنجر وإدارة الصراع الدولي ـ بيروت ـ دار الطليعة / ١٩٧٩ .

٤- پريما كوف ـ يوميات پريماكوف ـ دار كومپيوتر للدراسات والاعلام والنشر ـ بيروت/ ١٩٩١ .

٥- جلال طالباني ـ كردستان والحركة التحررية الكردية ـ الطبعة الثانية ـ بيروت - دار الطليعة / ١٩٧٠ .

٦- جمال خزنه دار ـ مرشد الصحافة الكردية .

٧- جمال مصطفى مردان ـ إنقلابات فاشلة في العراق ـ بغداد المكتبة الشرقية ـ سنة الطبع غير موجودة .

٨- حامد محمود ـ المشكلة الكردية في الشرق الاوسط .

٩- حبيب محمد كريم ـ حول التراث الوطني للبارزاني الخالد .

١٠- حبيب محمد كريم ـ تاريخ مؤتمرات الحزب .

١١- الحزب الديمقراطي الكردستاني ـ طريق الحركة التحررية الكردية ـ المؤتمر التاسع للحزب ـ ١٩٧٩ .

١٢- حسن العلوي ـ العراق دولة المنظمة السرية ـ قم ـ مطبعة أمير ـ ١٩٩٠ .

١٣- خليل ابراهيم حسين ـ ثورة الشواف حـ١ / بغداد ـ دار الحرية ـ ١٩٨٧ .

١٤- دانا شميدث ـ رحلة بين رجال شجعان في كردستان ـ ترجمة جرجيس فتح الله ـ بيروت ـ دار مكتبة الحياة ـ سنة الطبع غير موجودة .

١٥- ديفيد آدمسن وجرجيس فتح الله ـ الحرب الكردية وإنشقاق ٩٦٤ ـ ستوكهولم/ ١٩٩٠ .
١٦- ستيفن .س . بيلنه ر ـ الكرد عنصر عدم الاستقرار في منطقة الخليج ـ ترجمة سعدون محمود الدليمي .
١٧- سعيد حمو ـ مذكرات آمر لواء مشاة ـ بغداد ـ مطبعة التوجيه السياسي ـ ١٩٧٧ .
١٨- ش . ج . آشيريان ـ الحركة الوطنية الديمقراطية في كردستان العراق ٩٦١ـ٩٦٨
١٩- كريس كوجيرا ـ ميژوى كورد له سه ده ى ٢٠ـ ١٩ دا ـ وه رگيرانى ـ محمد ريانى ـ مطبعة كاروان ـ تهران ـ ١٣٦٩ .
٢٠- محمود الدره ـ القضية الكردية والقومية العربية في معركة العراق ـ بيروت ـ منشورات دار الطليعة / ٩٦٣ .
٢١- مسعود بارزاني ـ البارزاني والحركة التحررية الكردية حـ٤ . اسم المطبعة وسنة الطبع غير موجودة .
٢٢- نوري شاويس ـ مذكراتي ـ منشورات حزب الشعب الديمقراطي الكردستاني / ١٩٨٣ .
٢٣- وزارة الاعلام ـ الحكومة الوطنية ومشكلة الشمال ـ منشورات دار الجمهورية للطباعة والنشر / ١٩٦٥ .

الصحف والمجلات

١- جريدة الجمهورية البغدادية عدد (١٠٠٨) في ٣٠ /ت١ ١٩٦٦/ .
٢- جريدة التآخي عدد (٤٣) في ١١ /حزيران/ ١٩٦٧ .
٣- جريدة التآخي عدد (١٠٧) في ١١ /تموز/ ١٩٦٧ .
٤- جريدة التآخي عدد (١٣٩) في ١٧ /أيلول/ ١٩٦٧ .
٥- جريدة التآخي عدد (١٠٧) في ١٦ /آب/ ١٩٦٧ .
٦- مجلة الاحرار عدد (٦٥٩) في ١٢ /ك١ / ١٩٦٩ .
٧- مجلة الثورة العربية عدد (٩) في ١٩٦٩ .
٨- مجلة الاحرار عدد (٦٦٥) في ٢٣ /ك٢ / ١٩٧٠ .

المقابلات

١- مقابلة مع «علي خليل خوشقي» آمر هيز دهوك ١٩٦١-١٩٧٤ .
٢- مقابلة مع «عبد الرزاق گه رماڤي» آمر هيز دهوك ١٩٧٤-١٩٧٥ .

الصور والخرائط

احتفال الپارتي بيوم السلامة في دهوك /١٩٥٩

من اليمين محمد علي داود، احمد حجي محى ، محمد امين محمد، رافع عادل ، المؤلف.

احتفال الپارتي في دهوك /١٩٥٩

من اليمين يوسف ايشا ، المؤلف ، فرهاد محمد صالح ، كمال خياط ، محمد حسن عبو ، محمد طاهر شيخ سعيد بريفكي .

احتفال في دهوك / ١٩٦٠

من اليمين محمد طاهر يوسف ، سفر محمد ، ميكائيل طه ، محمد قاسم ، المؤلف ، قسيم ملا حسن .

المؤلف مع وفد اربيل لاتحاد طلبة كردستان في السليمانية / شباط / ١٩٦٢

مجموعة من البيشمه رگه في منطقة (بەری کەر ـ ئامیدی) ١٩٦٢ . من بينهم عبد الخالق أسپينداري ومحمد علي كوره ماركي .

البارزاني الخالد لدى استقباله طاهر يحيى عام / ١٩٦٣ في سه نكه سه ر

المرحوم اسعد خوشفي مع فيصل حسن نزاركي عام ١٩٦٣

الجالس في الوسط اسعد خوشفي وعلى يمينيه ملا حمدي عبد المجيد وعلى يساره
ملا علي بروشكي ومجموعة من البيشمه ركه عام / ١٩٦٣

في الوسط علي خليل خوشڤي وعلى يمينه ملا حمدي وعلى يساره ملا علي بروشكي .

عبيد الله بارزاني مع اسعد خوشڤي ومجموعة من الپيشمه ركه عام / ١٩٦٣ .

عبيد الله بارزاني مع عيسى سوار واسعد خوشفي عام / ١٩٦٣ .

ملا حمدي ـ عبيد الله بارزاني ـ شيخ سعيد شيخ احمد عام / ١٩٦٣
في قرية ده ركه لا شيخا / منطقة الدوسكي .

من اليمين ابراهيم شريف ، عارف بادي ، المؤلف ، اسلام طه ، يوسف اسلام
عام / ١٩٦٣ في مقر لجنة محلية دهوك / قرية كلنازك .

المؤلف مع توفيق طروانشي اثناد احدى الجولات الحزبية عام ١٩٦٣ .
گلي أردى ـ منطقة الدوسكي .

قيصر منصور سيجى مع الصحفية الفرنسية ليندا عام / ١٩٦٦ في قرية قه شه فر .

المولف في مقر لجنة محلية دهوك ـ قرية كلنازك ـ دوسكي عام / ١٩٦٦ .

احمد جرجيس اتروشي مع الصحفية ليندا والصحفي الكساندر الفرنسيين عام / ١٩٦٦
قرية جران ـ منطقة الدوسكي .

من اليمين حسين ملا طيب ، ملا علي و احد افراد البيشمه ركه عام /١٩٦٣

البارزاني الخالد لدى استقباله رئيس الجمهورية عبد الرحمن عارف عام / ١٩٦٦ في ديانا .

البارزاني الخالد لدى استقباله رئيس الجمهورية عبد الرحمن عارف عام / ١٩٦٦ في ديانا.

المؤلف مع مجموعة من اعضاء المؤتمر السابع للپارتي (وفد لجنة محلية دهوك) عام ١٩٦٦ / في گلالة .

سليمان سعيد (عريف سليمان) في الوسط مع مجموعة من البيشمه ركه .

محمد حسن باجلوري في الوسط مع مجموعة من البيشمه ركه .

المؤلف يتحدث الى السيد مسعود البارزاني
في مقر اتحاد الادباء الكرد / دهوك وبينهم السيد محافظ دهوك

المرحوم ملا أحمد نيروه يي عضو لجنة محلية العمادية
مع أحمد فه ره نكى خان ئاميدي وتوفيق بهاء الدين جيى .

الفهرست

المؤلف في سطور

١- ولد في قرية قارقاراڤا شمال مدينة دهوك /عام ١٩٤٦.

٢- انتقل مع عائلته الى مدينة دهوك. و اكمل دراسته الابتدائية و الثانوية فيها.

٣- تخرج من جامعة الموصل ـ كليه الاداب ـ قسم اللغة الانكليزية عام ١٩٧٤.

٤- عين مدرسا في ثانوية برايه تي في دهوك

٥- عين مديراً لمتوسطة مه مى ئالان ١٩٨٤

٦- نقل الى اعدادية دهوك المسائية كمدرس في عام ١٩٨٦.

٧- بعد الانتفاضة المباركة عين مديراً لاعدادية صناعة دهوك.

٨- عين مديراً عاماً للثقافة و الفنون في وزارة الثقافة في حكومة أقليم كوردستان في ١٩٩٣/٤/٨.

٩- اصبح عضواً في اتحاد الادباء الكورد في ١٩٧٠/١٠/١١

١٠- انتخب سكرتيراً لمعظم الهيئات الادارية لاتحاد الادباء الكورد/ فرع دهوك.

١١- انتخب عضواً في الهيئة الادارية لاتحاد الادباء و الكتاب الكورد في منطقة كوردستان ١٩٨٤ـ١٩٩١

١٢- انتخب عضواً في المجلس المركزي لاتحاد الادباء و الكتاب في القطر العراقي ممثلا عن فرع كوردستان في عام ١٩٨٦ـ١٩٩١

١٣- شارك في معظم موتمرات اتحاد الادباء الكورد. بالاضافة الي ثلاثة مؤتمرات لاتحاد الادباء و الكتاب في القطر العراقي و الموتمر الخامس عشر لاتحاد الادباء العرب المنعقد في اذار ١٩٨٦ ببغداد.

١٤- شارك في مهرجان المربد السادس و السابع و الثامن.

١٥- عضو تحرير لفترات عديدة/ لمجلة «به يان» التي تصدرها دار الثقافة والنشر الكوردية في بغداد.
١٥- عضو تحرير لمجلة «نوسه ري كورد» الدورة الثالثة.
١٦- عضو تحرير مجلة «په يڤ» التي تصدرها اتحاد الادباء الكورد في دهوك.
١٧- عمل كسكرتير لمجلة «مه تين» الدورة الثالثة من العدد (١ ـ ١٨) التي يصدرها الفرع الاول للحزب الديمقراطي الكوردستاني.
١٨- نشر عشرات المقالات و الدراسات الادبية و النقدية و الفلكلورية بالاضافة الي مواضيع عن التاريخ الكوردي في مختلف المجلات و الصحف الكوردية الصادرة في العراق.
١٩- جمع و حقق و طبع ديوان الشاعر الكردي «بكر بك الارزي» عام ١٩٨٢
٢٠- نقل و طبع مجموعة «مه يرو» القصصية للاستاذ محمد امين بوز ارسلان من الحرف اللاتيني الى الحرف الكوردى المتبع في العراق عام ١٩٨٥.
٢١- نقل و طبع كتاب «گولچن» للاستاذ ئورديخانى جليل من الحرف الاكليركي الى الحرف الكوردي المتبع في العراق عام ١٩٨٨.

رقم الأيداع (١١٦)

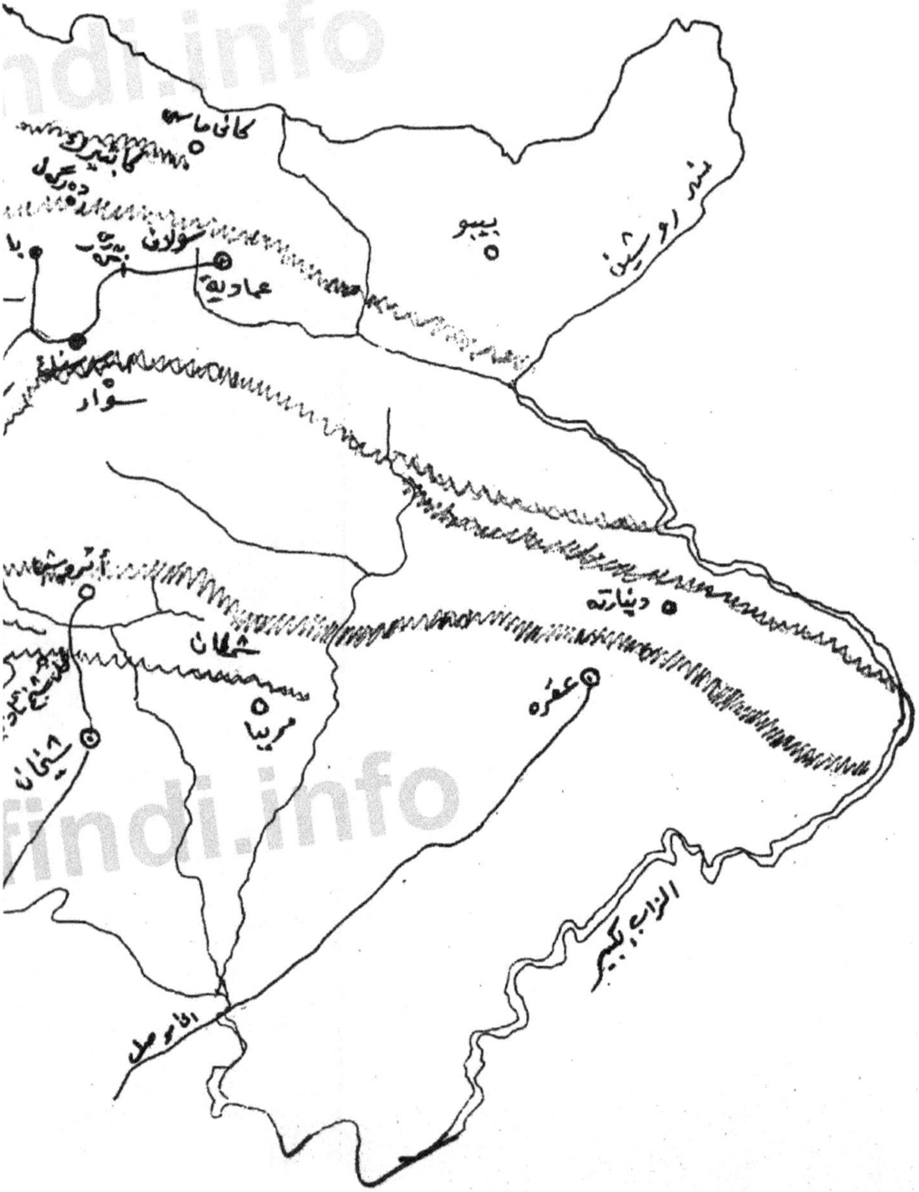
كاني ماسي
سولاف
عمادية
شيخان
عقرة
الزاب الكبير
الموصل

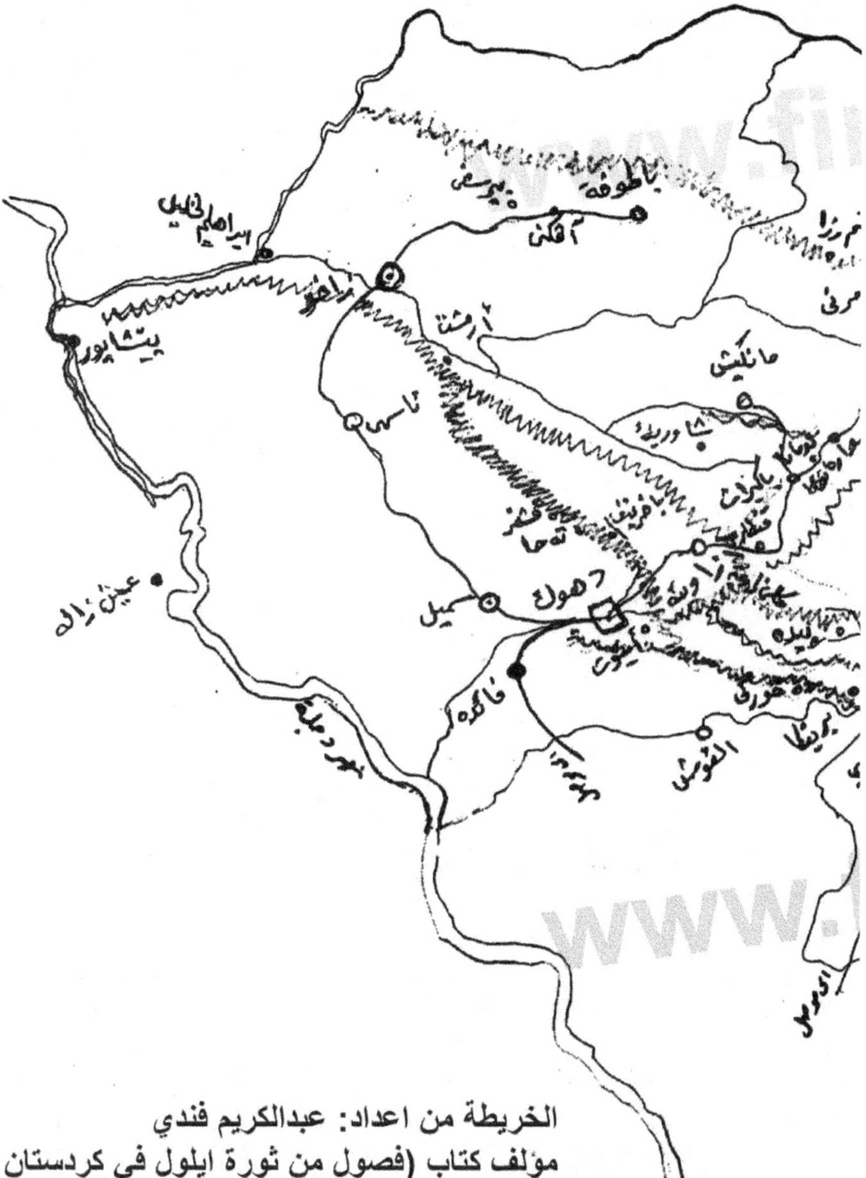

الخريطة من اعداد: عبدالكريم فندي
مؤلف كتاب (فصول من ثورة ايلول في كردستان العراق
www.findi.info